JN131015

ジェンダーと英語教育

－学際的アプローチ－

石川 有香　編著

大学教育出版

は じ め に

　本書は、男女共同参画社会を目指す中で、英語教育がどのように貢献していくことができるかということを教科書分析の観点から考えていくものである。本書の出版を企画するまでの経緯、本書の目的、構成と概要、ジェンダー研究に対する一般的な批判への本書の立場をここに記しておきたい。

1. 英語教科書分析とジェンダー研究

　筆者がジェンダーの観点から英語教科書の分析を行うようになったのは、1996 年春のことである。ある研究会で、服部幹雄氏（名古屋女子大学教授）の研究発表を拝聴する機会があった。ロビン・レイコフ氏の *Language and Woman's Place*（1975, Harper & Row）を踏まえ、Mrs/Miss/Ms の使用を含め、名前の呼び方における男女差について丁寧なテキスト分析が行われた。私自身が下の名前で呼ばれることが多かったこともあり、衝撃を受けた。ちょうど、英語教科書や英語辞書の記述研究においても、chairpersonなどの新語や総称用法の単数代名詞をどう扱うかが課題になっているときでもあり、また、上野千鶴子氏らの『きっと変えられる性差別語』（三省堂、1996）や中村桃子氏の『ことばとフェミニズム』（1995、勁草書房）が出版された頃でもあった。

　その後、姓名の記載方法、敬称や職種名称の使用、総称名詞や総称代名詞の使用などを中心に、英語教科書や英語辞書の分析を行ってきた。一般的テキストとの比較を行うために、論文、新聞、映画などさまざまなジャンルの英語も調査した。2003 年には、博士論文として、「フェミニズム言語学の視点に基づく英語性差別表現：コーパスに見るその現状と今後の展望 ― 職種名称・総称・敬称を中心に ― 」をまとめた。さらに、英語だけではなく、日本語の現状も確認しておきたいと考え、日本語の教科書、辞書、新聞の調査も行ってきた。

　ほぼ四半世紀が過ぎ、教科書の分析については、一通りの調査を終えたつもりであった。しかし、近年、学生にインタビューを行う中で、これまでの調査研究に抜け落ちていたものがあったことに気が付いた。教科書にどのような話が出てきたか、どのような単語が使用されていたかは覚えていないが、そこに出ていた挿絵や写真は記憶に残っているというコメントが多く出てきたのである。これは、筆者が研究手法の拠り所としてきたコーパス言語学の欠点でもあるわけだが、これまで、テキストのみを研究の対象とし、挿絵や写真などは「添え物」として、捨象していた。しかし、英語教科書におけるジェンダー問題を考えていくならば、挿絵や写真も分析対象とするべきであろう。

　ところが、実際に、教科書の画像を分析するためにデータベースを調べてみて、驚愕した。英語教科書のテキストのデータベースは数多く存在し、分析調査もなされているのに、挿絵や写真のデータベースはまったく存在していなかったのである。そこで、2016 年度より、科学研究費補助金を得て、中学校英語教科書に記載されたすべての挿絵・写真のデータベースを構築することにした。非常に時間とエネルギーのかかる作業で、研究協力者の助けがなければ成しえない作業であったと思う。本書では、科研プロジェクトで構築した中学校英語教科書の挿絵・写真データベースの一部を第 4 部で紹介している。

2. 縦横の 2 方向からの英語教科書研究

　現行の中学校英語教科書は、文部科学省の検定制度の下で発行されている。しかし、ジェンダーと英語教育の問題を考える時、我々は、現在の教科書を過去と切り離して考えることはできない。日本の教科書は、戦前にさかのぼる長い歴史を持つからである。そのため、英語教科書の歴史的観点からの分析を専門とする江利川春雄氏には、戦前の英語教科書を男女平等の観点から分析した論文を寄稿いただいた。また、英語教科書研究において題材論の分野を確立し、実際に 40 年近く中学校英語教科書の作成を担ってこられた森住衛氏には、男女平等の観点から、1970 年代以降の英語教科書の題材

の分析を行っていただいた。長期的視点に基づく日本の教科書分析が、本書の教科書研究の縦軸となる。

　さらに、日本の英語教科書に対して、より客観的な分析を行うためには、視野を広げ、海外の教科書との比較分析を行う必要がある。特に、文化的背景が似通っているアジア圏内の英語教科書の調査は不可欠と言えよう。海外の教科書研究を行うにあたっては、気鋭の2名の研究者に、研究分担者として科研プロジェクトに参加していただいた。本書では、原隆幸氏が中国の英語教科書の分析を、また、相川真佐夫氏が台湾の英語教科書の分析を、それぞれ男女平等の観点から行っている。海外の現行教科書の分析が、本書の教科書研究の横軸となっている。

3. 教科書研究から産出研究へ、調査対象の拡張

　教科書研究が学習者へのインプットの調査であるならば、学習者コーパス研究はアウトプットの調査となる。本書では、アジア圏最大の学習者コーパスである ICNALE を構築している石川慎一郎氏に、日本人大学生の発話における男女差についての論文を寄稿いただいた。これまでにも L1 となる母語においては、発話スタイルに男女差があることが報告されてきたが、日本人大学生の L2 となる英語においても、発話スタイルに男女差が見られることが計量的分析によって明らかにされている。

4. 教育から心理学・社会学へ、研究分野の拡張

　ジェンダー・ステレオタイプがどのように英語教科書に現れているか、どのように学習者に影響を与えているのかという問題を考える場合には、英語教育をとりまく他の研究分野の知見が不可欠となる。ジェンダー・ステレオタイプは、教師と学習者の心と行動の問題でもあり、学校をとりまく社会の問題でもあるからだ。本書では、心理学分野から、小学校教師のジェンダー・ステレオタイプを扱う矢野円郁氏の論考を、そして、スポーツ報道に見られるジェンダー・ステレオタイプを分析するメディア研究分野からは、小林直美氏とトニー・ブルース氏の論考を収録している。特に、トニー・ブ

ルース氏には、本書のプロジェクト全般にわたって温かい助言をいただいた。社会におけるジェンダー表象の問題に取り組む同志として、海を越え、大きな勇気をいただいた。異なる分野の研究者が連携することの意義を改めて強く感じている。

5．5つの批判に対する本書の解

「ジェンダーと英語教育」の研究においては、しばしば以下のような批判が聞かれる。

① 英語教科書はそれぞれの地域の現実を描くべきである。現実と異なる状況を描いた教科書は、不自然で、わかりにくいものになる。

② 研究の目的がはっきりとしない。批判だけでなく、教科書が目指すべき方向性を明確に提示するべきである。

③ 主観的な調査・分析に基づいて、政治的な主張を唱えることに終始している。学問とは呼べない。

④ 教科書を書き換えても、実際に社会を変えていくことにはつながらない。より重要な他のジェンダーの問題に目を向けるべきである。

⑤ 「ジェンダー」という語を使用しているが、LGBTQ などの多様な性に対する視点が欠如している。

本書はこれらの批判に対して、以下のように答えたい。

① 教科書は、学校という「権威」の中で使用される。一般に、教科書には、「正しい」または「標準的な」考え方や生き方が提示されていると考えられている。男性のパイロットが多いからと言って、男性パイロットだけを描くならば、「パイロットは男性」という固定観念が刷り込まれ、女子の人生選択の幅が狭められる可能性がある。教科書は、現実を映す鏡であると同時に、生徒に考え方や生き方を示す鑑でもある。

② 男女共同参画社会の推進を目的とした場合、あらゆる場面で男女が均等に描かれ、ステレオタイプが生じないようにすることが望ましい。しかしながら、現実社会において、すでに、パイロットは男性、受付案

内は女性といったジェンダー・ステレオタイプが刷り込まれている場合には、男女を平等に描写するだけではステレオタイプの払拭は難しい。石川（2017）「学校教科書に見るジェンダー表象 ― 量的研究と質的研究の融合 ― 」では、教科書には、一般的なジェンダー・ステレオタイプとは異なる性の表象を行うという、SIM（Stereotype Inversion Model）を提唱した。

　ここで、本書のカバーイラストを見ていただきたい。もし、読者が違和感を覚えられたのであれば、それは、SIM 効果であると言えよう。当初、「ジェンダーと英語教育」というタイトルから、本書のカバーイラストには、男性と思しき背の高い人物と、女性と思しき小柄な人物が見つめ合うイラストが提案された。男性は女性を見下ろし、女性は男性を見上げていた。そこで、2 人の首から上のみを入れ替えていただくようにお願いした。その結果、肩幅が広く背が高い女性に、背が低く細身の男性がそっと腕を絡ませ寄り添いながら、それぞれが、自分の興味に合わせて、異なる方向を見つめているという構図になった。背が高い女性もいれば、背が低い男性もいる。ところが、「逆」になったイラストを見るまで、我々は、自分の中のジェンダー・ステレオタイプに気付くことができないでいるのだ。SIM は生徒の「気付き」を促すツールになると考えている。

③　ジェンダーの観点からの教科書分析、特に、挿絵・写真の分析においては、主観による印象論であるとの批判も少なくない。科研プロジェクトでは、できるだけ、客観的なデータを収集することを目指した。男女複数の大学生が研究協力者となり、ETID（English Textbook Illustration Database）プロジェクトと名付けた作業において、共通プロトコルに従って、挿絵・写真の描写説明を行うことで、画像をテキスト化していった。データ構築の詳細は第 1 章に譲るが、誰が行っても同じ分析結果が得られるように、客観的なデータベースの構築を行っている。

④　国際連合は、2030 年までに人類が達成するべき目標として、SDGs

（Sustainable Development Goals「持続可能な開発目標」）を設定している。SDGs として挙げられている 17 の目標のうち、gender equality と empowerment of women and girls は、5 番目の目標とされる。4 番目の目標となる quality education とともに、教育における男女平等は、我々の社会を持続可能にするために取り組まねばならない課題とされている。教科書における男女平等は、決して、空理空論ではない。

⑤　LGBTQ などの多様な性のあり方が広く認識されるようになった。男女平等や女性の地位向上の推進を考える中で、こうした視点が欠けているという指摘は、謙虚に受け止めたい。残念ながら、本書では取り扱うことができなかったが、今後は、すべての人が人らしく生きることができる社会、自分の意思で選択を行い、それぞれの可能性を実現できる社会の構築に向けて、英語教育が貢献できることを考え続けていきたい。

　最後になったが、科研プロジェクトの研究分担者の先生方をはじめ、本書の趣旨に賛同いただき、玉稿をご寄稿いただいた先生方に、厚く御礼申し上げる。また、出版事情の厳しい状況において、本書の意義を認め、出版を快諾してくださった株式会社大学教育出版代表取締役の佐藤守氏に心より感謝を申し上げたい。教科書のテキストコーパスの作成や挿絵・写真のデータベースの作成に協力してくれた学生の皆さん、アンケートに協力してくれた学生の皆さんにもこの場を借りて感謝を述べたい。

2020 年 3 月 27 日

編者　石川　有香

ジェンダーと英語教育
—学際的アプローチ—

目　次

第3部　周辺分野 (心理学・メディア研究) から考えるジェンダー

第4部　男女共同参画社会を目指した英語教科書分析の資料

第1部

男女共同参画社会を推進する観点からの
英語教科書の分析研究

1. 日本の中学校英語教科書に見る女性表象
― 男女共同参画社会を目指した英語教材研究 ―

石川　有香（名古屋工業大学）
ishikawayuka.jp@gmail.com

Gender Representations in English Textbooks
― Towards a Gender Equal Society ―

ISHIKAWA Yuka（Nagoya Institute of Technology）

Abstract

School textbooks often have a decisive influence on the formation of the students' worldview. Therefore, gender representation in textbooks has been widely studied to date. However, many of the previous studies tended to 1) focus exclusively on stereotypical gender representation, 2) choose the data arbitrarily, 3) use the pre-determined analytical categories, and 4) discuss only the text. These limitations seem to have lessened the reliability and replicability of the analyses. Therefore, adopting a new analytical approach, this study will 1') focus on any type of gender representation, 2') use a more extensive range of data, 3') avoid dependence on pre-determined analytical frameworks, and 4') discuss the combined effect of text and illustrations. This study is expected to contribute to realizing gender equality and quality education, both of which are included in the seventeen Sustainable Development Goals（SDGs）to be achieved by 2030（UNESCO, 2015）. It will also shed new lights on reconsidering English education in Japan from a perspective of gender.

Keywords：gender representation, EFL textbooks, visual images, corpus-based approach

1. はじめに

1.1 なぜ学校教科書か？

学校教科書は、児童や生徒が最も頻繁に使用している書籍と言えよう。一般に、1年間またはそれ以上の年月をかけて学習に用いられ、教室内でまたは家庭において、時には覚えるまで、繰り返し読まれている。学校教科書には、「正しい」知識が適切に記載されていると考えられているため、わずかな分量や小さな事柄であっても、人種や民族、性に対するステレオタイプが示されていた場合には、次世代への子どもたちに偏見や差別的な考え方を植え付けてしまう危険性がある。学校教科書が学習者に及ぼす影響は、小さくはない。

他者に対するステレオタイプの中でも、ジェンダー・ステレオタイプは、特に社会的規範が強いとされる（青野・赤澤・松並、2008）。また、他のステレオタイプよりも早い発達段階から形成されはじめ（Thorne, 1993；伊藤，2006）、さまざまな人生経験を経たのちにも、払拭することが難しいステレオタイプであると言われている（Biernat, 1991）。なぜ、ジェンダー・ステレオタイプはかくも強固に我々を捉えて離さないのだろうか。その理由の一つとして、ことばの使用が挙げられる。

1970年代にはじまったフェミニズム運動は、性差別性を含んだことばが

我々の思考に影響を与えているとする立場から、法の下での平等など、目に見える形での性の平等の確保だけではなく、ことばの使用においても性の平等を確保すべきであるとして、フェミニズム言語改革を提唱した。たとえば、通常は男性を指す man や he 代名詞を、女性を含めた総称に使用したり、男性は生涯に亘って Mr を使用できるのに、女性だけに Miss と Mrs の使い分けを課すなど、両性に不平等なことばの使用を改めようとする主張である。フェミニズム言語改革に賛同する教科書出版社や教育関係団体が、教科書の中から性差別的表現を取り除くためのガイドラインを出版し（NCTE, 1975; Scott, Foresman, & Co. 1972 他）、これまでに、教科書の中の性の平等を確保するための研究調査も数多く行われて、教科書の改善がなされてきた（Blumberg, 2007; Brugeilles, Cromer, & UNESCO, 2009; Mills & Mustapha, 2015 他）。

　翻って、日本では、小中高等学校で使用されている教科書は、内容の正確性の他、学習指導要領への準拠性、児童生徒の発達段階への適応性、教材の客観性・公正性・中立性の観点から、文部科学省の検定を受け発行されている（文部科学省、2008）。現行の学習指導要領を見てみると、学校教育の目的として、個人の価値を尊重し、男女の平等を重んずる態度の育成が挙げられている。また、男女共同参画社会基本法においては、学校教育全体を通して男女の平等、男女相互の理解を指導することが求められている。

　教科に目を向けてみると、外国語科の教材の選定においては、価値の多様性に気付かせ、異文化を受容する態度を育てることを目標にすることが求められている。異文化を理解し、尊重する態度を育成すること、また、異なる文化的背景を持った人々と共に生きていく能力や資質を育成することが外国語科の教育目標の一つであるならば、学習者の最も身近な異文化となる異性を理解し尊重する態度を育成し、男女共同参画社会を支える資質を育成することもまた、外国語科が担うべき重要な課題の一つであると言えよう。本研究では義務教育で使用されている中学校英語教科書に焦点を当てる。

　我が国においても、これまでに、言語材料、題材、言語活動など、多角的観点から英語教科書研究が行われ、それによって、教科書の改善が行われて

きた。現行の中学校英語教科書を見てみると、教員への敬称は Ms と Mr で統一されており、主人公他、中学生の登場人物としては、女子生徒と男子生徒がともに紹介されているなど、男女共同参画社会推進の観点からも、工夫がなされているように思える。しかし、ジェンダー・ステレオタイプは、直接、表面には表れていない場合でも、詳細に調べてみると、一定の傾向が浮かび上がってくることもある。本研究では、男女共同参画社会推進の観点から、現行の中学校英語教科書を詳しく分析し、英語教科書におけるよりよい男女の表象のあり方を探っていく。

1.2 なぜ網羅的調査か？

　我が国においても、フェミニズムの観点から英語教科書に見られる性差別を明らかにする調査研究がいくつか行われてきた（石川、1999；石川、2004；Ishikawa, 2012；伊藤、1999；崎田、1996 他）。ジェンダー・ステレオタイプは、我々の日常生活や社会構造に深く組み込まれているために、教育の現場においても、意識化することが難しいものとなっている。こうした研究は、教科書の中のジェンダー・ステレオタイプの問題に光を当て、性差別的な態度や行為、考え方に対する「気付き」を促す資料を提示したという点において、一定の成果を上げてきたと言えよう。

　しかしながら、これまでの研究では、教科書の中に見られるジェンダー・ステレオタイプをいくつか取り上げ、指摘することが主な研究目的となっていた。研究対象も、多くの場合、敬称や職種名称、代名詞、形容詞など、特定の言語使用に限定されていた。また、挿絵や題材が調査対象となった場合であっても、社会的に評価の高い職種、特定のスポーツ、歴史上の偉人など、前もって規定されたカテゴリーに当てはまるものの中で、男女の表象数を数えるなど、限られた範囲での調査にとどまっていた。そのため、データの収集方法が恣意的であること、質的研究であれ、量的研究であれ、分析方法が偏っていること、教科書におけるジェンダー表象の全体像が捉えきれていないことなどに対する批判からは免れ得ない側面があった。また、たとえば、特定の職業や特定のスポーツが、男性または女性と結び付いたステレオ

タイプがあったとしても、職業の社会的地位や当該スポーツの普及状況は、文化によって異なる場合があるため、異なる国や文化圏で使用されている教科書の比較研究が困難であったという欠点も指摘されてきた（Brugeilles, Cromer, & UNESCO, 2009）。

　教科書を網羅的にまた多角的に分析することの重要性については言を俟たない。また分析のための統一の手法を有することも、比較研究においては不可欠となる。教科書には、テキストとともに挿絵や写真が掲載されているわけだが、これら双方を、網羅的に収集し、ジェンダー・バイアスを排除した客観的調査手法を用いて、多角的に分析を行うことが肝要となる。そのために、まず、教科書に記載されたテキストについては、すべてを取り込み、コーパス化することが考えられる。加えて、それぞれの登場人物が、どのような能力や役割を与えられ、どのような活動を行っているのかといった人物調査を客観的に行うには、テキストとともに、挿絵と写真も網羅的に収集し、客観的分析が可能なコーパス・データへと変換する必要がある。

　しかし、いったい、どのように、挿絵と写真をデータ化し、量的研究を可能な形式に変換すればよいのだろうか。たとえば、女性教師の服装や持ち物、顔の表情や姿勢を、男性教師のものと比較するためには、どのような手法で、何を数量化していけばよいのだろうか。

　教科書に見られるジェンダー・ステレオタイプの調査を目的とし、次章では、教科書に掲載されているテキストの収集方法に加え、挿絵と写真を網羅的に収集し、客観的に分析するための新たな手法を提案する。これによって、男女共同参画社会推進を目的として多角的観点から行う教科書分析や、教科書におけるジェンダー表象の全体的傾向を捉えるための新たな教科書研究、さらには、ジェンダー表象の観点からの海外教科書との比較研究を行うことが可能になると考える。次いで、第3章では、提案した手法に基づいて、実際に、日本で使用されている中学校英語教科書のデータを収集し、分析を行うこととしたい。

2. 調査手法

2.1 調査データ

　ここで、現行の中学校英語教科書の構成を確認しておきたい。現在、下記の6つの出版社から出版された6種類の英語教科書が、文部科学省の検定を通過して、生徒に無償配布されている。

表1　現行の中学校英語教科書と出版社

教科書名	出版社	
Columbus 21 English Course	光村図書	（以下、Col とする）
New Crown English Series（new edition）	三省堂	（以下、NC とする）
New Horizon English Course	東京書籍	（以下、NH とする）
One World English Course	教育出版	（以下、OW とする）
Sunshine English Course	開隆堂	（以下、Sun とする）
Total English（new edition）	学校図書	（以下、TE とする）

　それぞれ、1年生用の Book 1、2年生用の Book 2、3年生用の Book 3 の3冊組となっている。各冊子にはいくつかの単元が含まれているが、これらは、互いに関係する内容となっており、通常、大きな一つのストーリーを構成している。たとえば、NH の Book 1 では、単元1でアメリカ人の先生がボストン出身であることが示され、単元10で生徒がボストンへ旅行に行って、先生の友人と一緒に街を観光している。登場人物は、それぞれ、会話の参与者やナレーターとなって、こうしたストーリー構成を担っている。

　また、それぞれのコースブックは、中学生の主人公を設定しており、1年生用の Book 1 で、主人公は、日本の架空の中学に入学し、英語の勉強をはじめる。クラブ活動、文化祭や体育祭、遠足や海外ホームステイ、インターンシップなどの活動を含み、Book 1 では1年生の学校生活を、Book 2 では2年生の学校生活を、Book 3 では3年生の学校生活を送っている。多くの場合、Book3 の最後の単元では、3年間の中学校生活を振り返って、エッセイを書いたりスピーチを行ったりしている。

　なお、検定制度の下での学校教科書作成には、言語材料や題材、言語活動、ページ数など、さまざまな制約がある。本研究は、男女共同参画社会推進の観点からだけ教科書を分析し、個々の教科書について批判を行うものではない。網羅的データの収集、客観的手法による分析を通して、中学校英語教科書に見るジェンダー表象の全体傾向を捉えようとするものである。研究においては、個々の教科書名を特定する必要はないと考えているが、挿絵の分析においては、著作権保護の観点から引用元の記載が必要となるため、適宜、表1に記載した記号を用いて議論を進めることとする。

　すでに、現行の教科書においては、男女共同参画社会推進の観点からさまざまな工夫が見られる。たとえば、それぞれの主人公の中学生は、多くの場合、男女の2人組となっている。その他の中学生の登場人物で主人公のクラスメートとされる準主人公も、ほぼ男女同数となっている。Col のみ、主人公を男子の中学生1名に設定しているが、クラスメートの登場人物を女子2名、男子1名としており、全体としては、男女同数に調整されている。一方、Sun は、女子中学生の由紀と男子中学生の武史を人物紹介の中心においてはいるが、由紀の挿絵を中央に置いていたり、武史には、「由紀のクラスメート」と記しているなど、明らかに、主となる主人公を由紀としている。その上で、クラスメートの準主人公を2人とも男子に設定している。これまで、ともすれば、教科書の物語の中心人物は男子に設定されていることが多かったことを考えれば、Sun のこうした取り組みも、男女共同参画社会の推進を意識したものと言えよう。

　中学校英語教科書は、学習指導要領の改訂に伴って大きく様変わりをするが、それ以外の場合にもデザインの変更など、小さな変更がなされている場合がある。第3章で使用する主な教科書は、平成27（2015）年度に検定を受け、平成28（2016）年度に使用されたものである。さらに、一部の研究については、平成8（1996）年度に検定を受け、平成11（1999）年度に使用された教科書を、同じ手法を用いて分析し、比較している。調査教科書の出版社、著者、イラストレーション・挿絵担当者など、詳細については Appendix に記す。

2.2　網羅的データ収集

（1）　テキストデータの収集

　これまでにも英語教科書をコーパス化し、そこに現れる言語特徴を分析する研究はいくつか行われてきた（中條、2015；石川、2005；石川、2008；小篠・江利川、2004；杉浦、2002 他）。それぞれ研究目的に応じて、本文のみを対象とする場合や、練習問題まで含む場合、または、巻末の語彙リストまでを含む場合など、どの部分を調査対象とするかが異なっているが、研究対象とするテキスト部分をスキャナーで取り込んだり、また、電子データを使用したりして、研究対象部分をコーパス化し、網羅的調査を行っている。

　教科書のテキストデータのコーパス化を行えば、実際に使用されている英語とどのようなずれが生じているかを調査したり、また、使用年度による比較を行って、改訂によって生じた変化を明らかにしたりすることが可能となる。これまでの教科書コーパス研究においては、言語材料のあり方に焦点が当てられてきた。フェミニズム言語改革の観点から科書コーパスの分析を行った場合も、男女のバランスを欠いていると考えられる語句や表現が、記載されているのかどうか、また、記載されているとするなら、どの程度、記載されているかということが調査の対象となってきた。

　たとえば、ことばの中の性差別の問題に焦点を当てたフェミニズム言語研究では、石川（1998, 1999, 2004, 2005）が、高校用英語教科書を対象に、網羅的な調査を行っている。石川（1998）は、1998 年使用の高校用英語教科書 36 冊を用いて、policeman や sales woman などの性を明示する職種名称と、police officer などの性を明示しない職種名称の使用を調査し、男性を明示する職種名称が 22 種類、女性を明示する名称が 3 種類、性を明示しない職種名称は 13 種類、また、性を明示するが両性を併記している職種名称は 1 種類が使用されていることを明らかにしている。総称用法の単数代名詞については、石川（1999）が、1996 年使用の高校用英語教科書 21 冊を用いて調査を行い、28 例中 64%に当たる 18 例が he 代名詞となっていたことを明らかにしている。さらに、石川（2005）は、2000 年に使用された高校用英語教科書 48 冊をコーパス化した杉浦（2002）のデータを使用して調査

を行い、man および men の使用では、およそ 10%が総称的用法であったと
している。また、両性の敬称の使用では、石川（2004）が同上のコーパス
を用いて調査を行い、男性の敬称の Mr の使用は、女性の 3 つの敬称となる
Miss, Mrs, Ms の使用の合計の 1.4 倍であり、女性の敬称の中では、Mrs が
62%を占めていることを報告している。

　中学校英語科教科書の調査では、Ishikawa（2012）が、女性の敬称の使
用に関する網羅的調査を行っている。平成 17（2005）年度に検定を受けた
7 種の教科書に対して、女性の敬称となる Miss, Mrs, Ms の使用を調査した
ところ、フェミニズム言語改革の観点から英語に導入された Ms が、女性の
敬称の 68%を占めていたとされる。一方で、Miss の使用は 6%、Mrs の使
用も 26%残っていたと言う。さらに使用状況を詳しく調べたところ、Miss
は映画の登場人物への使用であり、また、女性の先生、男性の先生に対して
は、Ms と Mr が平等に使用されていることが分かったとされる。ところが、
Mrs に関しては、その基準があいまいになっているところが見られたという。
歴史上の人物を除くと、女性の婚姻状態に関係なく、主人公の友人の母親に
は Mrs が、教員には Ms が使用されていたと報告されている。

　こうした研究は、教科書に性差別的表現が残されていることを明らかに
し、一定の成果を上げてきた。しかし、教科書の登場人物像やジェンダー表
象に対する多角的調査を行う場合には、特定の語句や表現の使用だけではな
く、さらに詳しい調査が不可欠となる。たとえば、女性の登場人物の発話と、
男性の登場人物の発話では、頻度や量に違いがあるのか。あるとすれば、ど
のような違いが見られるのか。さらには、どの役割を担った、誰が、誰に、
何を、どのように言う傾向にあるのかといった細かな情報も分析対象となり
得るだろう。これまでのデータを含め、テキストにさまざまな情報を加えて
整理し、多角的調査を行うための分析手法が求められる。

（2）　画像データの収集

　挿絵や写真など視覚情報は、文字情報や音声情報よりも記憶に残りやす
いとされる（Pettersson, 1993）。小さな挿絵であっても、また、本文以外

で提示されたものであっても、学習者に影響を与える可能性はある。たとえ
ば、下記の会話例は、現行の教科書の巻末の英単語リストに、部活動に関す
る表現の例として提示されているものである。

A: What club are you in?
B: I'm in the calligraphy club. How about you?
A: I'm on the soccer team.

（NC3, p.127）

　上記の会話例の下には、2種類の挿絵が提示されている（図1）。部活動
に関する英語表現と、calligraphy や soccer といった英単語を学習するため
の巻末付録であり、挿絵の登場人物は、ブルーの体操服を着て、ブルーの
ソックスをはいてサッカーをしている男子の生徒と、ピンクの服を着て髪の
毛を後ろで結んで書道をしている女子の生徒である。小さいものであるが、
巻末で英単語や例文を学習する生徒にとっては、本文に添えられた挿絵と同
様に、文字よりも強い印象を受けて、記憶に残している可能性もある。その
ため、調査の範囲は、本文に限らず、表表紙から裏表紙まで、すべての挿絵
と写真とする。
　それでは、こうした画像データをどのように整理していけばよいのだろう
か。特に、中学1年生用教科書では、数多くの挿絵が使用されている。次節

図1　巻末付録の部活動に関する挿絵例（NC3, p.127）

では具体的な手法を提案する。

2.3　客観的方法論によるデータ整理
（1）テキストデータの整理

　ここでは、それぞれのテキストに対し、どのような状況で、誰が、誰に向かって行った発話かを、性別とともに記述していく手順を提案する。

　教科書本文では、会話テキストが大半を占める。その他、スピーチ、メール・手紙、ニュースや掲示など、さまざまな種類のテキストも見られる。また、本文以外でも、各単元の練習問題や Further Reading、巻末付録問題などが含まれている。それぞれの単元の冒頭部分や練習問題の解説部分には、どのような状況で、誰が、誰に、何について、発話している、どのようなテキストであるかについての情報が記載されている場合が多い。そうした情報が記載されている場合には、下記に示すように、データの中の各セクションの始まりの部分に、テキストの背景情報を〈　〉に入れて記載している。また、ジェンダー表象の調査の観点から、発話者とその性別が分かる場合には、それぞれ指定欄に記入をしている。なお、発話者や性別が明記されていない場合には、発話者欄・性別欄は「不明」としている。

　下記に本研究で整理した1）スピーチデータと、2）会話データの例を示す。スピーチでは、段落記号をつけて、1つの段落ごとに男子生徒の Kota の発話であることが分かるようにしている。また、教科書の単元名や単元解説のうち、必要な部分はテキスト冒頭に〈　〉内に入れて示している。なお、下記の例の場合、〈　〉内の NH3 や Unit 0 や、Unit 1 は、これらが、NH の3年生用テキストの、Unit 0 や Unit1 に記載されていることを示す。

　(1)　スピーチデータの例
　〈NH3〉
　〈Unit 0〉〈興味のある国について、写真や図表などの資料を見せながら紹介することができる〉
　〈Kota の授業でのスピーチ、カナダについての調査を発表している〉

〈M〉Kota: Hello, everyone. I'm Ito Kota. I'm going to talk about Canada.

Look at the map and the table. Canada is north of the United States. It's the world's second largest country, but its population is only thirty-three million.

There are many places to see in Canada, like Niagara Falls and the Canadian Rockies. A lot of people go to Canada to enjoy its beautiful nature. I want to go and see it myself.

Thank you.

(2) 会話データの例

〈NH3〉

〈Unit 1〉〈1-2 Dialog〉

〈Kota が Baker 先生にゴッホの浮世絵模写が載っている美術本を見せる。浮世絵についての会話が続く〉

〈F〉Ms. Baker:　Was this picture also painted by the same person?

〈M〉Kota:　　　Yes, it was.

〈F〉Ms. Baker: When was it painted? Is the year written in the book?

〈M〉Kota:　　　Yes. It was painted in 1887.

〈F〉Ms. Baker: I see. At that time, Japanese culture was popular in Europe.

〈M〉Kota:　　　Really? How about now?

なお、会話については、誰が発話したかを、"Kota" や "Ms. Baker" のようにテキストで示すのではなく、挿絵で示している場合もある。その場合は、話者名を〈　〉に入れて、上記と同様の形で整理している。テキストデータをこのような形に整理して、必要情報を埋め込んでいくことで、人物

別、男女別発話の量的分析が可能となる。また同時に、元のデータに戻って質的分析を行うこともできる。

（2）画像データの整理

　画像データを分類する際に、たとえば、スポーツをする男性、またはスポーツをする女性など、前もって設定した枠組みに当てはまるものだけを取り出すのではなく、すべての画像データを等しく客観的に数量化するために、下記の手順表を作成し、データ作成に用いている。

①　ページごとに、挿絵および写真に番号を付与する。なお、同ページに2つ以上が掲載されている場合には、左から順に、また、左右のレベルが同じ場合には、上から順に番号を付与する。

②　1つの挿絵または写真の中に判別可能な人物が出てくる場合には番号を振る。複数の人物が出てくる場合で、それぞれ人物が判別可能な場合は、左から順に、また、上から順に、番号を付与する。なお、動物は調査対象としないが、擬人化されている場合は、重要な役割を果たしている場合もあるので、人物と同様に扱う。たとえば、図2の画像の場合、男に1、ウサギに2、女に3を付与する。教科書の種類、学年、

図2　1つの画像の中の複数の人物の番号付け（NH1, 表紙）

ページ数、画像番号、人物番号の順に人物を特定していく。したがって、「男」は、NH1-表紙-1-1となる。

③　番号を付与した人物について、性、年齢、服装・持ち物、場所、行為、表情、態度などの人物の特徴を、教科書に記載された情報も使いながら、言葉で、説明を行っていく。なお、年齢については、分かっている場合はその年齢を書き込む。たとえば、1年生用教科書の場合は、生徒は13とする。2年生用では14とする。また、自己紹介や他の単元で、年齢が示されている場合には、その年齢を記載する。年齢がはっきりと示されていない人物の場合には、人物設定や画像の見た目で判断を行い、10代、20代、30代、40代など、10歳区切りで、おおよその年齢を記載していく。そのため、図2の場合、「1」の画像は、「男、10代、白のTシャツに緑のシャツを重ね着、右肩に旅行荷物のような大きな布バックをかけている、田舎の丘をゆっくりと登って、女とうさぎに近づいている。2人に左手を振っている」などとなる。このように、画像の描写説明を行い、画像をテキストデータに変換していく。

④　使用されているイラスト・写真を、クリッピングして、当該番号を付けて保存する。

⑤　集合写真が使用されている場合がある。10名を超える集合写真で人数が不明の場合には、おおよその男女比を下記の中から選択した上で、他と同様に、写真の全体の特徴を記述する。また、たとえば、ほとんど男性なのに、真ん中に女性が立っているなど、目に付く特徴があれば、指定欄に記述を行う。

1. ほとんど男性（90-100％）
2. 男性の方が多い（70-80％）
3. 男女ほぼ同数（40-60％）
4. 女性の方が多い（70-80％）
5. ほとんど女性（90-100％）

以上の手順を示し、複数の研究協力者の力を得て、網羅的に画像データを取り込むことにした。プロトコルを共有することで、恣意的な分析方法を用

いているとのこれまでの批判に応えることが可能となる。また、質的分析や量的分析の補完調査を行う場合には、クリッピングして整理されている画像データと、画像説明テキストデータとを合わせて考察を行うことで、客観性を高め、多角的分析を行うことができるようになる。なお、本研究では、画像説明テキストの作成作業をそれぞれ個別の研究協力者が担当し、テキスト作成後に、別の協力者が確認を行うという手順をとったが、状況が許せば、画像の描写説明作業そのものをペアまたは数名がチームになって行うということも考えられるだろう。　画像データの一部と画像描写説明データの一部を図3と図4に示す。なお、上述したように、画像ファイルの番号は教科書名、使用学年、記載ページ数、写真番号となっている。

図3　網羅的に収集整理された画像データ

	A	B	C	D	E	F	G	H
1	ページ	写真番	人物	性別	年齢	教科書説明	特徴	番号
269	51	4	1	女	13	百合香	服がピンクに変わる，Lilyと話す	NH1-51-4-1
270	51	4	2	女	13	Lily	服がブルーに変わる，百合香と話す	NH1-51-4-2
271	51	5	1	男	13	Peter	ギターを弾く	NH1-51-5-1
272	51	5	2	男	13	智志	ギターを弾くピーターの横に立って話しかける	NH1-51-5-2
273	54	1	1	男	13		英語の本を持つ	NH1-54-1-1
274	54	2	1	男	13		バレーボールをする	NH1-54-2-1
275	58	1	1	男	13	光太，文化祭でカレーを作る	カレーを作る，ハチマキと青いハッピ	NH1-58-1-1
276	58	1	2	女	13	Deepa Mitra	カレーの鍋を覗き込む，不思議に思っている	NH1-58-1-2
277	60	1	1	男	13	光太	どや顔	NH1-60-1-1
278	60	1	2	女	13	Deepa Mitra	カレーを食べる，おいしい顔	NH1-60-1-2
279	61	1	1	男	13	智志	英語の本を持つ	NH1-61-1-1
280	61	2	1	女	13	Lily	日本語の本を持つ	NH1-61-2-1
281	61	3	1	女	13	百合香	柔道着を着る	NH1-61-3-1
282	61	4	1	男	13	Peter	ゲームソフトを持つ	NH1-61-4-1
283	62	1	1	女	13	ベッキー	料理を指差し，ウインク，ヘアバンド，ロングヘア	NH1-62-1-1
284	63	1	1	男	13	智志	友達同士で話す	NH1-63-1-1

図4　網羅的画像描写説明データ

3. 教科書の分析調査

ここでは、上記で提案した手法を用いて収集した教科書データを使用して、男女共同参画社会推進の観点から教科書の分析を行った4つの研究を示す。

3.1 1999年度と2016年度に使用された教科書に見る女性表象の比較調査

我が国では、1999年に、男女共同参画社会基本法が施行され、男女の人権の尊重、社会制度や慣行の見直しと意識の改革、家庭生活と仕事・学習・地域活動の両立、国際的協調の必要性が確認された。翌2000年には、男女共同参画基本計画が閣議決定され、「男女共同参画を推進し多様な選択を可能にする教育・学習の充実」の具体的施策として、「学校教育全体を通じて、人権の尊重、男女の平等、相互理解・協力についての指導の充実を図るとともに、教科書などの教材においても適切な配慮がなされるよう留意する」(内閣府、2000) ことが求められている。

次いで、2006年には、教育基本法が改正されている。改正の理由は、科学技術の進歩や国際化に加え、我が国の少子高齢化、家族のあり方の変化など、教育をめぐる状況が大きく変化したことが挙げられている (文部科学省、2006)。教育の目標としては、「正義と責任、男女の平等、自他の敬愛と協力を重んずるとともに、公共の精神に基づき、主体的に社会の形成に参画し、その発展に寄与する態度を養うこと」と謳われている。外国語教育においても、男女共同参画社会の未来を切り拓くための教育を推進していく必要があると考えられる。

3.1.1 研究目的

本節では、上記の男女共同参画社会基本法の制定と教育基本法の改正を経て、中学校英語教科書がどのように変化をしているのか、第2章で提案された手法を用いてデータを収集し、比較調査を行う。比較調査には、平成8 (1996) 年に検定を受け、平成11 (1999) 年度に使用された中学校英語教科

書と、平成 27（2015）年に検定を受け、翌平成 28（2016）年度に使用され
た教科書を用いる。男女共同参画社会推進の観点から、どのような改訂の傾
向が見られるか、また、どのような課題が残されているのかを明らかにした
い。なお、前者は、価値観の多様化、核家族化、高齢化など、社会の変化に
対応した教育を行うために、平成元年に改訂された学習指導要領に基づいて
いる。また、後者は、「生きる力」の育成、思考力・判断力・表現力の育成
をバランスよく行うことを目的に平成 20 年から 21 年にかけて改正された
学習指導要領に基づいている。

　ここでのリサーチ・クエスチョンは、以下の 2 つとなる。

RQ1　1999 年と 2016 年の中学校英語教科書の挿絵・写真における女性の
　　　表象比率は変化しているか。

RQ2　1999 年と 2016 年の中学校英語教科書における女性発話数比率は変
　　　化しているか。

　先に述べたように、現行の教科書には、男女共同参画社会推進に配慮を示
した工夫が見られる。発話数や挿絵の中の女性の数にも配慮があったのかど
うか、実際の数値に現れているかどうか、確認しておきたい。ここでは、第
2 章で提案した手法を、限定された範囲のデータに適応して、予備的比較分
析を行う。

3.1.2　研究データ

　平成 28（2016）年使用の中学校英語教科書の中で、最も採択率が高いと
される NH を対象とする（日本経済新聞、2015, 10, 30）。中でも、1 年生用
教科書は、挿絵・写真が多いと思われるため、1 年生用教科書（28-NH1）
を調査の対象とする。また、同出版社が平成 11（1999）年に出版している
1 年生用教科書（11-NH1）を比較対象として用いる。

　画像データとテキストデータは、第 2 章で提案した手法を用いて収集し
ている。RQ 1 に関しては、収集された全画像データを使用している。RQ 2
に関しては、収集されたテキストデータのうち、会話部分の発話テキストの

みを取り出している。話者交代によって生じる発話数を調査対象とし、それぞれの発話の中の語数については調査対象としない。スピーチや手紙は除外している。

3.1.3 結果と考察

調査結果は下表の通りであった。

表2　NH1の11年度版と28年度版の比較

		11-NH1	28-NH1
挿絵・写真	女性数	267	332
	男性数	284	320
発話	女性数	75	122
	男性数	67	71

RQ1において、挿絵・写真における女性数比率(「女性数」／「男女合計数」)は、48%から51%に増えていることが分かった。また、RQ2においては、発話における女性数比率が53%から63%に大きく増えていることも分かった。いずれの場合も、女性率が増えているという大まかな傾向があると言えよう。

ただ、登場人物を詳しく見てみると、中学生の登場人物は、男女同数ではあるが、先生として登場している人物が11-NH1も28-NH1も女性となっている。特に、発話数に関しては、女性の先生の登場が、女性発話比率を高くしていることも推測される。たとえば、「先生」「男子生徒」「女子生徒」の発言では、男性発話1に対して、女性発話が2となるからである。発話数だけではなく、今後は、内容についての調査が必要であると考えられる。

ここで、11-NH1と28-NH1に掲載された、「先生」の挿絵を確認しておきたい。図5に11-NH1に掲載されたGreen先生を、図6には28-NH1に記載されたBaker先生を示す。スーツを着て、髪がセットされているGreen先生に比べると、前髪を伸ばし、片目を閉じてポーズをとっているBaker先生は、明らかに、生徒に近く、親しみやすい教師像となっていると言えよう。

図 5　NH1 に掲載された Green 先生
（NH1, 1999, p.15）

図 6　NH1 に掲載された Baker 先生
（一部）（NH1, 2016, p.11）

　こうした親しみやすい教師像への変化は、時代に即した、一般的なものなのであろうか。それとも、女性教員にのみ生じている変化なのだろうか。もし、女性教員と男性教員に差があるとすると、そこにはどのような影響があると考えられるだろうか。挿絵・写真を含め、教科書に見る先生像については、今後詳細な調査が必要であると考える。

3.2　2016 年英語教科書に見る挿絵・写真の網羅的調査
3.2.1　研究目的
　教科書の挿絵や写真に焦点を当てた先行研究としては、Ishikawa（2012）や崎田（1996）がある。崎田（1996）は平成 5（1993）年度に使用された中高の英語教科書 10 冊を調査し、物語文、練習問題、モデル文などに添えられた挿絵の中で、テキスト本体では性別を明示されていない職業に就く人物が、男女のどちらで描写されているかをまとめている。対象となった43 の職業のうち、女性は 30%、男性は 70%であり、それぞれの職業はジェンダー・ステレオタイプに結び付いていたとされる。Ishikawa（2012）は、平成 17（2005）年度に検定を受け、平成 18（2006）年度に使用された中学校英語教科書 7 種、21 冊を調査し、挿絵の中の女性は、買い物、料理、子ども、居間、ピアノと結び付く傾向があり、男性は、コンピュータ、サッカー、スポーツ、ギターと結び付く傾向があると報告している。また、英語教員の大半が女性として描かれることに対し、校長は、すべて男性であるこ

とを指摘している。

　先行研究では、挿絵・写真の中にもジェンダー・ステレオタイプが隠されている可能性が指摘されてきたものの、これまで、教科書に掲載された挿絵や写真の網羅的な調査研究は、ほとんどなされてこなかった。前節の調査も、データが非常に限定されていたため、結果を一般化することはできない。現行教科書では、中学生の登場人物を男女同数に調整しているなどの工夫が見られるが、挿絵・写真の登場人物も、男女同数に調整されているのだろうか。それとも、先行研究で指摘されるように男性の方が多いのだろうか。これまでは、調査方法が確立されておらず、教科書の画像情報に対して、網羅的に調査を行うことが難しかった。本研究では、前章で提案された方法を用いて網羅的調査を行い、男女共同参画社会推進の観点から、英語教科書の挿絵・写真に見るジェンダー表象の傾向を明らかにする。リサーチ・クエスチョンは下記の２つとする。

RQ3　中学校英語教科書の挿絵・写真の人物数は、全体として、男女同数に調整されているか。

RQ4　中学校英語教科書の挿絵・写真の人物数は、学年別に見た場合、男女同数に調整されているか。

3.2.2　研究データ

　調査対象データは、現行の中学校英語教科書となる NC、NH、OW、TE の４種類の教科書の分析データを用いている。調査範囲は、表表紙から裏表紙まで、大小にかかわらず、教科書に掲載されたすべての挿絵・写真とする。ここでは、男女の性が表されていると考えられる挿絵・写真のみを分析対象とし、男女の性別がはっきりとしないものや、集合写真と判断されたデータは除いている。

　調査対象となる４種の教科書は、人物設定に男女共同参画社会推進の観点からも工夫を行っているように見られる。たとえば、登場人物紹介に記載されている中学生を見てみると、どの教科書でもほぼ男女が同数となってい

る。また、英語の ALT は、すべて女性であり、先生と生徒の会話や、先生の授業での発話などには、しばしば女性の先生の挿絵が掲載されている。そのため、英語を習い始めた中学1年生用教科書には、女性の表象が多く使用されている可能性も考えられるが、全体として、挿絵・写真の人物の性別においては、男女が同数に調整されている可能性も考えられるだろう。

3.2.3　結果と考察

　調査の結果は、下表の通りとなった。なお、本研究では個別の教科書調査を目的としていないので、調査結果の教科書名は A、B、C、D とする。

表3　4種の英語教科書における挿絵・写真の男女数

	A		B		C		D		全体		
	女	男	女	男	女	男	女	男	女	男	総計
1年生用	427	484	332	320	292	349	382	416	1,433	1,569	3,002
2年生用	382	417	272	316	246	274	277	327	1,177	1,334	2,511
3年生用	277	327	140	180	189	248	312	272	918	1,027	1,945
合計	1,086	1,228	744	816	727	871	971	1,015	3,528	3,930	7,458

　RQ3 から順に見ていく。調査した12冊のうち、女性の方が多かったのは B 教科書の1年生用と D 教科書の3年生用の2冊にとどまり、その他の10冊においては、男性の数が女性の数を上回っていた。合計を見てみると、いずれの教科書を使用していた場合においても、3年間で、中学校英語教科書の挿絵・写真に描かれていた人物は、女性よりも男性の方が多いことが分かる。男女の数は調整されていないことが分かった。

　次に、学年別に結果を見てみる。右端の総数を見ると、1年生用から3年生用へと、学習が進むにつれて、挿絵・写真の数は減っている。しかし、いずれの学年においても、女性の表象数は男性よりも少なくなっている。全体における男女比率（「女性数」／「男性数」）を見ると、1年生用から順に、91.3%、88.2%、89.4%となっており、いずれも、女性数は男性数のおよそ90%前後となっている。RQ4 についても、男女の数は同数に調整されてはいないことが分かった。

　調査対象の4種の教科書はどれも、男女同数の中学生が登場しており、さらに、ALT はすべて女性に設定されている。そのため、挿絵・写真においては、女性が多いもしくは男女同数となる可能性があると予測されていたが、現行の12冊を調査したところ、予測とは異なる結果となった。本調査は、4種の教科書に調査対象が限られているため、さらに、残りの2種、6冊を加えた調査も行う必要がある。また、具体的に、どのように男女像が描かれているのかといった詳細な調査も今後の課題となる。

3.3　2016年英語教科書に見る敬称の網羅的調査

　1970年代に米国で盛んとなったフェミニズム運動によって、英語の中の性差別に目が向けられるようになった。たとえば、男性が生涯にわたって、"Mr" を使用する一方で、女性は婚姻状態によって、"Miss" と "Mrs" に2分されてきた。こうした不平等を解消するために、婚姻状態に関係なく使用できる女性の敬称として "Ms" の導入が提案された。1972年には国際連合においても Ms は正式に女性の敬称として採用されている。その後、多くの公的文書やビジネス文書では、Mr/Ms が併記されるようになり、Ms の使用が増えていった。一方で、百貨店やサービス業などでは、伝統的な Mrs の表記を好む顧客への配慮もあり、女性の敬称として Miss/Mrs/Ms の3種類を提示する業者も出てきた。さらに、現在では、多様な性への配慮から、Mr/Ms の2択で性別選択を求めることへの批判を受け、銀行や航空会社、政府機関などでは、Mx の選択を可能とする場合も増え始めている。

　こうした中で、敬称使用をどのように中学校英語教科書に取り組んでいくかという問題は、英語研究においても、教科書研究においても、また、学校教育の現場においても重要な課題となり得る。ジェンダーを切り口に、これまで、当たり前だと思っていた価値観に対して疑問を呈し、自分の価値観・考え方を客観的に捉え直す力、自分とは異なる価値観・考え方を理解し、尊重する態度、さらには、相手の立場に立って、多面的・多角的な視点から物事を批判的に分析する力、異なる意見を収集し整理して、公平な立場に立って、新しいものの見方や考え方を生み出して、問題を解決しようとする態度

の育成など、今後の国際社会で活躍し、世界の平和と人類の福祉に寄与する日本人の育成にもつながるものとなるからである。ここでは、まず、中学校英語教科書に使用されている男女の敬称を調査することとしたい。

3.3.1　研究目的

　Ishikawa（2012）では、平成 18（2006）年に出版された 7 種の教科書を使用して、女性と男性の敬称の使用を比較し、Miss/Mrs/Ms の使用を調査している。その結果、女性の敬称の使用においては、まだ、Mrs の使用は 26％を占めていたとされる。調査を行った時点から、学習指導要領が新しくなり、15 年以上が経過している。本研究では、現行の 4 種の英語教科書の 1 ～ 3 年生用の 12 冊を調査して、男女の敬称の使用状況を明らかにする。リサーチ・クエスチョンは下記の通りである。

　RQ5　中学校英語教科書で使用されている女性の敬称は何か。

3.3.2　研究方法と研究データ

　現行教科書のうち、テキストのデータ化が終わっている 4 種の教科書を対象に男女の敬称（Mr/Mr., Ms/Ms., Miss, Mrs/Mrs.）の 4 つの使用を調査した。なお、ここでは、ピリオドの有無は考慮しない。また、Dr や Prof などの敬称は、女性には使用されていないことを確認した。調査範囲は、教科書本体の表表紙から裏表紙までとし、Reading 課題の中で使用されている場合や、学習英単語としてリストや欄外に記述されている場合、練習問題などで使用されている場合も含む。ただし、別冊は調査から除いている。

3.3.3　結果と考察

　調査の結果は下表の通りとなった。比較のために、Mr の使用状況も一緒に記述している。ここでも、教科書名は A、B、C、D とする。

　中学校英語教科書においては、男性の敬称の Mr の使用は 157 であるのに対して、女性の敬称の Ms の使用は 250 で、およそ 1.6 倍の使用になっている。女性の敬称をすべて合わせると、Mr のおよそ 1.8 倍の使用になることが分かる。また、上表からは、女性の敬称として Miss は使用されておらず、

表4　英語教科書に見る敬称（Mr, Ms, Miss, Mrs）の使用数

	A	B	C	D	合計
Mr	31	74	16	36	157
Ms	75	63	51	61	250
Miss	0	0	0	0	0
Mrs	12	12	10	0	34

MsとMrsが使用されていることが分かった。女性の敬称としては、Msが使用の88.0%を占めており、Mrsは12.0%となっていた。なお、教科書Dは、女性の敬称にはMsのみを導入しており、MrとMsが平等に使用されていることが分かった。「実社会で使用されているMrsやMissを教科書に記載しなくてもよいのか」という批判もしばしば聞かれるところではあるが、教科書の記載は、「規範」として受け止められる可能性が高く、Mr/Msの敬称の使用は、男女共同参画社会を推進する観点からは、高く評価されるべき取り組みであると考える。

（1）Msの使用

　教科書A、B、Cにおいて、Msを使用しているのは、英語のALTや体育などの先生他、職業訓練所の女性、学校で講演をするデザイナーなど、学校の先生に準ずる立場の女性になる。また、教科書Bでは、病気の少年に手紙を書いた絵本作家もMs Potterとされる。本文では、病気の少年に書いた手紙が、*The Tale of Peter Rabbit* 制作のきっかけになったとし、それ以外の個人的な情報は書かれていないが、Potterが、教え子に送った手紙であることは広く知られている。当時の呼び名でMiss Beatrix Potterと記載する場合も多い中で、男女の平等な敬称の一つであるMsを使用していることも、「先生」と関連していると言えるかもしれない。

　欄外の注記を見てみると、女性の敬称を導入すると同時に、先生に対して呼びかける方法としての解説が記載されている。たとえば、1年生用教科書においては、「女性の先生には姓にMsを、男性の先生には姓にMrをつけて呼びます」（NH1, p.23）と、MsとMrの対比を行いながら、男女平等な敬称の使用方法を説明している場合もある。また、手紙の書き方を示した個

所では、Mr と Ms を並べて提示しており、たとえば、「Mr、Ms などの次に姓を書く」（NC1, p.85）とされる。こうした注記解説はすべての教科書で何らかの形で導入されており、平等な敬称使用への視点があると思われる。

（2）Mrs の使用

一方、教科書 A、B、C における、Mrs の使用場面を見てみると、歴史的人物への言及の他、ホームステイ先のホストマザーやクラスメートの保護者に対して使用されていることが分かった。こうした使用方法は、比率は下がったが中身は Ishikawa（2012）の場合と大きな変化がないと言える。歴史的人物の場合と、保護者の場合を分けて、順に考えておきたい。

今回、唯一、歴史的人物として Mrs を使用されていたのは、モンゴメリー市のバス・ボイコット事件の Mrs Rosa Parks である。バス・ボイコット事件は、公民権運動のきっかけとなった事件であり、彼女自身、活動家の Mrs Parks として名前がよく知られている。しかし、Potter を Ms Potter としたように、Parks を Ms Rose Parks や Ms Parks と呼ぶことができないわけではない。Ms を導入することは可能であったと言える。

なお、教科書にこうした歴史的人物が記されていた場合には、教室ではむしろ教材を活用し、ことばと社会の結びつきへの「気付き」を促すことを考えたい。なぜ、ここでは、Mrs が用いられているのかを学習者に問いかけ、1955 年当時の状況、公民権運動とフェミニズム運動の経緯、敬称の使用の問題、ことばによる差別社会の再構築の過程などについて、考えるきっかけとすることもできるであろう。

一方、ホストマザーやクラスメートの保護者については、教科書への記載方法に問題があると考える。もちろん、Ms がフェミニズム運動家や離婚をした女性を連想させるために、伝統的な Mrs の使用を好み、Ms で呼ばれることを嫌う女性がいることも事実である。実際の英語使用では、まだ Mrs が高い頻度で使用されている。しかしながら、さまざまな形態の家族が増えている中で、クラスメートの保護者にだけ、常に Mrs を使用する姿勢には問題があると言わざるを得ない。教科書が、何を基準に Ms と Mrs を使い分けているのか、生徒に説明をすることは難しいだろう。子どもの有無が

女性を Ms と Mrs に二分する基準となると誤解させる可能性もある。「標準的家族」に対するステレオタイプを植え付けてしまう可能性もある。なぜ、Mrs を使う必要があるのか、なぜ、Ms で統一することができないのか、教科書で女性の敬称を複数記載する意義を、再度検討する必要がありそうだ。

　ここで、Ms と Mrs の使用基準について、教科書がどのように触れているのかを確認するために、巻末の英単語リストを見ておきたい。単語リストに掲載された訳語と解説を下表にまとめている。

表5　巻末英単語リストにおける敬称の語義・解説の記述

	A	B	C	D
Mr	～さん［男の人の姓・姓名につける敬称］	～氏、～さん、～様、～先生（男性への敬称、mister（=master）の略、Mr. とも）	［男性について］～さん、先生	～さん、～先生〔男性について使う敬称〕
Ms	～さん［女の人の姓・姓名につける敬称］	～さん、～先生（Ms は（成人した）女性への敬称。女性だけ Miss, Mrs のように未婚・既婚の区別をするのは不当だとする考えから生まれた語。Ms. とも）	［女性について］～さん、先生	～さん、～先生〔女性について使う敬称〕
Mrs	～さん［既婚の女の人の姓・姓名につける敬称］	～夫人、～さん、～先生（結婚している女性への敬称、mistress（主婦）の略。Ms. とも）	［結婚している女性について］～さん、先生	

　教科書 A および教科書 C の単語リストからは、Ms と Mrs の区別は、婚姻の有無にあるように見られる。また、本文に戻ってみると、A と C では、Mrs をつけて呼ばれている女性は、すべてクラスメートの保護者またはホームステイ先のホストマザーとなっている。なお、ホームステイ先の家庭においても、子どもがいる設定となっている。一方、Ms を使用されている女性はALT や教員、または、職業訓練所職員となるが、それぞれが未婚であるという記述があるわけではない。授業においては、結婚して子どもを持ち、「標準的家族」となれば、Mrs と呼ばれるという誤った解釈を与えることがないように、注意する必要がありそうだ。

　教科書 B の巻末英単語リストの記述では、ことばの中の性差別の問題を

指摘している点に特徴がある。Ms の語義解説に、「（成人した）」を加える
かどうかは、議論の分かれるところではあろうが、全般として、生徒が読
んで理解ができる解説になっていると言えるだろう。授業では、Mr と Mrs
の解説に含められた master や mistress など、定義上は男女の対に見える
ことばの中にも性差別性が潜んでおり、こうした差別性のある語を意識する
ことなく使用している現状にも目を向けさせたいところである。

　ところで、巻末の Ms の解説においては、男女共同参画社会推進の観点か
ら優れた記述を記載している教科書Bの本文にも、先に述べたように、"Mrs
Parks" に加え、クラスメートの保護者に対する敬称に Mrs を使用している
ことが分かった。Mrs には「〜先生」という語義があるが、先生で、Mrs と
呼ばれている人物は設定されていないという分かりにくさもあった。巻末リ
ストに十分な説明があり、"Mrs Parks" によって、生徒たちは、公民権運
動を題材に、人権について深く考える学習を行っている。男女共同参画社会
を推進する立場に立って、クラスメートの保護者に対しては、Mr/Ms を使
用することもできたであろう。Mr/Mrs を使用した理由の調査については、
今後の課題としたい。

3.4　2016 年度英語教科書に見る教員像の調査

　文部科学省の学校教員統計調査によると、2016 年度の中学校での英語教
員の女性比率は、およそ 4 割とされる。しかし、免許教科別に見てみると、
英語教員の女性率はおよそ 65% となり、国語とともに高い数値を示してい
るが、社会や数学では、それぞれ約 25% と 30% と、女性比率が低いことが
分かっている（https://www.e-stat.go.jp/）。一方、英語指導助手（ALT）
については、上智大学（2017）が、全国の市町村教育委員会に協力を得て
2013 年に 1,807 名の調査を行ったところ、中学校の ALT では、女性の割合
は 38% であったとしている。これらの調査からは、中学校の教育現場では、
日本人英語教員は女性が多く、ALT は男性が多くなっていると言えそうで
ある。

　こうした状況は、学校教科書の中の教員像に何らかの影響を与えているの

だろうか。教員を表象する際の一つの考え方としては、現状がどのようであろうとも、男女同数を提示していくという方法があろう。もう一つは、現状を男女平等に近づけていくために、男性が多い場合には女性を、女性が多い場合には男性を多く提示していく方法であろう。こうした「逆の」提示を行うことで、「気付き」を促し、現実を変えていこうとする方法である。もっとも、教科書の中で女性が英語教員として活躍し、女子生徒にひとつのロールモデルを示すことができれば、女性活躍を推進する上では、良い効果が期待できる。一方で、英語教員は女性用の職種、数学教員は男性用の職種といったイメージを植え付けて、生徒の将来を狭めてしまうことがあれば、それは、我が国の「未来を切り拓く」学校教育で使用される教材としては問題があると言えよう。

　学校教育全体を通して、男女平等の意識を高め、男女共同参画社会を推進する教育を目標とする時、教材の中の教員像にも、配慮が必要となる。中学校英語教科書には、どのような「英語教員像」が示されているのだろうか。女性教員が多いのだろうか。男性教員が多いのだろうか。それぞれどのような役割を担っているのだろうか。上の研究では、Mr に比べて Ms が多く使用されていた。このことからは、女性教員が一定の割合で提示されていることが予測されよう。本研究では、現行の英語教科書に登場する「英語教員」を調査する。

3.4.1　研究の目的

　Ishikawa（2012）においては、学校長は常に男性として表象されているが、英語教員は女性として表象される場合が多いという指摘がある。我々は、第3章1節で、2016年度使用の教科書の会話部分においては、女性の発話が60%以上を占めていることを確認した。また、同時に、女性英語教員像が15年前とは大きく変化していることも確認した。こうした変化は、先行研究の教員像と関連しているのだろうか。また、第3章3節では、男性の敬称となる Mr と女性の敬称となる Ms は、およそ3対5の割合となっているということも明らかにした。Ms は、その多くが中学校英語教員に対して使用されていたが、Mr も同じ状況であろうか。

　本研究では、「中学校英語教員」に焦点を当てて調査を行う。ここでのリサーチ・クエスチョンは以下の通りである。

RQ6　中学校英語教科書の中の英語教員は、女性か、男性か。

RQ7　中学校英語教科書の中の英語指導助手（ALT）は、女性か、男性か。

RQ8　中学校英語教科書の中の英語以外の教員は、女性か、男性か。

RQ9　中学校英語教科書の中の先生の発話は、女性教員によるものか、男性教員によるものか。

3.4.2　研究方法

　中学校の「英語教員」としては、中学校教員免許状を取得している日本人教員と、教員免許状を持たない外国人英語指導助手（ALT）が考えられる。そのため、英語教員を1名のみ登場させるのであれば、以下の4種類が考えられる。

(1)　日本人女性教員

(2)　日本人男性教員

(3)　男性 ALT

(4)　女性 ALT

　また、先に見たように、中学校英語教科書では、多くの場合、英語を学習する中学生の男女2名が主人公となっているため、もし、英語教員も、男女2名を登場させるのであれば、考えられる組み合わせは、下記の通りとなる。

(5)　日本人女性教員　＋　男性 ALT

(6)　日本人男性教員　＋　男性 ALT

(7)　日本人女性教員　＋　女性 ALT

(8)　日本人男性教員　＋　女性 ALT

教科書ではどのような英語教員が描かれているのだろうか。上記の4つの RQ に答えるために、3種類の作業を行った。

作業1：現行の6種類の18冊の英語教科書の冒頭の人物紹介に記載され た「先生」を調査する。

作業2：現行の6種類の英語教科書のうち、第3章3節で用いた4種類の 教科書の1年生用〜3年生用の12冊のテキストコーパスを用い て、Mr/Ms の調査を行い、先生として表出されている人物を抽 出する。ここでは、担当教科が明示されている教員で、現在また は近い将来、または過去に、日本の中学校教育に携わった教員の みを調査対象とする。海外の学校で勤務する教員は除外する。な お、外国人名で、他の教科を担当していることが明記されていな い場合には、英語担当者として処理をする。

作業3：現行の6種類の18冊の英語教科書の会話部分の先生の発話を抽 出し、各教員の発話回数を明らかにする。ここでは、第3章1節 で行った発話調査と同様に、会話における話者交代で、発話を数 える。

3.4.3　結果

（1）作業1の結果として、下表が得られた。6種の教科書名は、A 〜 F としている。

教科書 A のみ、日本人男性教員を紹介していたが、その他の教科書では、 日本人英語教員は男女ともに記載されていなかった。外国人英語指導助手 は、6種類すべての教科書において紹介されており、全員が女性であること

表6　教科書の人物紹介で紹介された英語教員

教科書	A	B	C	D	E	F
日本人教員	男性					
ALT	女性	女性	女性	女性	女性	女性
合計	2	1	1	1	1	1

が分かった。

　(2) 作業2においては、6種のうち、4種の教科書データを調査している。その結果、表7が得られた。人物紹介に登場していた中心的な英語教員には下線を施している。

表7　教科書に表出された中学校教員の担当科目と性別

	女性		男性	
	英語	その他の教科	英語	その他の教科
A	<u>English Ms Brown</u> English Ms Johnson	PE Ms Yamada	<u>English Mr Oka</u> English Mr Davis English Mr White	math Mr Sato PE Mr Kikuchi music Mr Yoshida
B	<u>English Ms Baker</u> English Ms White		English Mr White	
C	<u>English Ms King</u> English Ms White		English Mr Harada English Mr Green English Mr Brown	science Mr Fujita math Mr Tanaka
D	<u>English Ms Allen</u> English Ms Hall English Ms Watan-abe		English Mr Kato English Mr Noda English Mr White	math Mr Yamada

※下線は人物紹介に掲載されている英語教員

　(3) 作業3においては、現行の6種類、18冊の英語教科書の中の会話部分を抽出し、教員による発話を数え上げた。その結果、男性教員の発話回数8に対して、女性教員の発話回数は138であり、教員全体の発話回数のおよそ95%を占めていることが分かった。

3.4.4　考察

　上記の結果をもとに、本研究で設定したRQに順に答えていく。

　RQ6「中学校英語教科書の中の英語教員は、女性か、男性か」については、作業1より、登場人物紹介に記載されている日本人教員は、教科書Aにおける男性教員の1名のみであることが分かった。また、作業2より、テ

キストに表出された日本人英語教員では、Mr Oka の他、Mr Harada、Mr Kato、Mr Noda の3名が男性教員であり、日本人女性教員は1名のみであることが分かった。これらの調査結果より、教科書に描かれる日本人英語教員は、男性となる傾向がありそうだと言えよう。

　RQ 7「中学校英語教科書の中の英語指導助手（ALT）は、女性か、男性か」については、作業1より、登場人物紹介に記載されている ALT はすべて、女性であることが明らかになった。また、作業2より、本文や練習問題などを含め、全テキストで描写されている ALT についても、女性が8名、男性が6名となっており、女性の方が多くなっていることが明らかになった。したがって、教科書に描かれている ALT は、女性が多いと言えよう。

　日本人英語教員として男性が描かれ、ALT としては女性が描かれている場面は本文中にも見られる。たとえば、下図左は、教室で使用される英語表現の紹介の場面であり、下図右は、ALT の自己紹介の場面となる。どちらの場合でも、隣の日本人男性教員は、ALT よりも年配で上位職にある教員のように見える。こうした違いは、教員免許状を持ち、クラス運営の責任を有する立場の日本人教員と、教員免許状の必要のない英語指導助手という立場の違いの表れであるとも考えられるが、責任ある立場の上位職には男性が、英語助手には女性が描かれるという構図になっている。ある種のジェンダー・ステレオタイプが描かれていると言えるのではないだろうか。

図7　日本人英語教員と外国人英語指導助手の組み合わせ

　ここで、作業1で調査した、登場人物紹介の挿絵を確認しておきたい。教科書で示された挿絵の一部を下図に示す。挿絵では、ALT として紹介されている女性の英語の先生は、みな若く美しく描かれていることが分かる。教科書CとDでは、紹介文章に ALT の年齢が示されており、まるで年齢にも大きな意味があるかのように見える。そして、どちらの ALT も、1年生用教科書では27歳、2年生用では28歳、3年生用では29歳と、同じ年齢になっていた。なお、紹介文には記載されていないが、教科書本文から、結婚して夫がいるとされる ALT が1名いた。

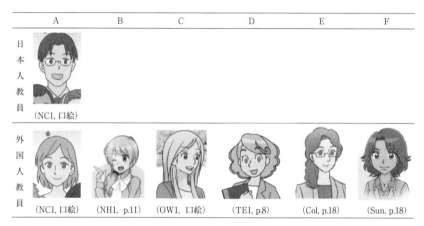

図8　主な登場人物として紹介されている英語教員・ALT の挿絵

　教員の紹介文においては、多くの場合、出身地の他、趣味や特技なども記載されている。ALT は、スポーツやスポーツ観戦、音楽、日本のアニメなどが好きだとされている。「自宅では毎日 CD で音楽を聞いている」（教科書D）という紹介文もある。さらに、教科書本文では、クラスの代表として男子生徒が質問をし、女性 ALT が出身地を答えるという場面がある。そこでは、生徒の質問が地元プロ野球チームに及ぶと、図9のように、ALT は、自分も野球チームのファンであると嬉しそうに答えている。趣味や嗜好など個人的な情報を開示し、親しみやすい教師像を提示しているとも言えそうだが、女性 ALT は、男子生徒と同レベルの人物、もしくは、男子生徒を喜ば

せようとポーズをとっている下の立場の人物として描かれているようにも見える。

図9　男子生徒の質問に答える女性 ALT
（NH1, p.26）

　教科書本文では、ALT が日本の文化や慣習について学んでいる場面も描かれている。ALT の母語となる英語や ALT の出身地の文化を、日本人生徒が一方的に学習するのではなく、ALT もまた、日本語や日本文化を学んでいることが示されているのである。外国語である英語を学習する生徒に、英語母語話者の言語能力・知識を絶対視させるのではなく、ALT を一人の「学習者」として描写することによって、言語や文化の相対化を促していると捉えることができる。

　しかし、ここで考えておきたいことは、こうした描写によって、ALT が、伝統的な「教師像」や「権威」からは遠ざかり、むしろ、「学ぶ」発達段階にある未熟な存在であり、生徒に近い存在、もしくは、生徒から「教わる」存在となっていることである。中学生に、外国語学習をより身近なものに感じさせる工夫とも言えるかもしれない。しかしながら、ALT がすべて女性として描写されていることを考えると、男女平等の観点からは、新たな問

題点が浮かび上がってくる。なぜ、日本人英語教員には男性が多く、なぜ、ALT は常に女性なのかという問題である。先に見たように、実社会においては、英語教員は女性が多く、ALT には男性が多いため、社会の現状を映しているわけではない。男女の偏りが見られるために、男女平等を目指しているわけでもない。それでは、実際には、女性の多い日本人英語教員を、逆に、男性とし、男性の多い ALT を、逆に、女性として描くことで、社会の男女平等を推進しようとしたものであると言うことはできるだろうか。次に、他の科目の中学校教員は、男性・女性どちらで表象されているのかを調べることによって、この問題を考えてみたい。

RQ 8「中学校英語教科書の中の英語以外の教員は、女性か、男性か」については、表 7 より答を得る。まず、女性教員では、体育担当とされる教員が 1 名のみ言及されている。その他の科目では女性の教員は描かれていない。一方、男性教員は、数学が 3 名、科学、音楽、体育がそれぞれ 1 名ずつとなり、幅広い科目における男性教員が描かれていることが分かる。また、実社会で男性教員の方が多くなっている数学の教員は、男性として描かれていることも分かった。これは、ALT が女性であったために、バランスをとって、他の科目の教員は男性として描写されているということも考えられるが、結果として、女性は、英語教員としてのイメージが、男性は、数学を含めて幅広い科目の教員としてのイメージが強められているということも否めない。

RQ 9「中学校英語教科書の中の先生の発話は、女性教員によるものか、男性教員によるものか」については、作業 3 より明らかになっている。教員の発話の 95% が女性教員によるものであった。教科書 A に日本人英語教員も描かれているが、主に本文に描かれるのは、先に述べたように、女性教員の ALT となっている。その結果、英語教員は、女性であり、英語指導「助手」という地位にあり、若く、未熟で、権威からは遠く、生徒との会話は多い存在として描かれていると言える。

4. ま と め

　本研究では、学校教科書を、男女共同参画社会を推進する観点から、テキストと挿絵・写真を含めて、網羅的科学的に分析する手法を提案した。本手法を用いれば、同じデータを用いて、質的分析・量的分析を客観的に行うことが可能となり、また、異なる時代、異なる文化を背景として使用されている教科書を比較分析することも可能になると考える。相川・石川・原（2019）では、本手法を用いて、日本・中国・台湾の教科書の比較分析を試みた。本論文では、当該手法を用いて、4つの研究を行い、下記の結果を得ている。

①　2000年に閣議決定された男女共同参画基本法と、2006年に制定された教育基本法改正法を挟んで、1999年度と2016年度に使用された同一英語教科書の異なる版の比較調査を行った。その結果、教科書の中に使用されている挿絵・写真に描かれた人物の女性率と、教科書に記述されている会話部分における女性の発話率は、両方とも、1999年度から2016年にかけて高くなっていた。

②　上記の調査結果を受け、現行の4種類の教科書の1年生用から3年生用までの12冊の教科書を対象に、教科書に収録された挿絵・写真を網羅的に調査したところ、予想に反して、1年生用教科書から3年生用教科書まで、いずれの学年においても、男性の方が女性よりも多く描写されてることが分かった。

③　次いで、4種の教科書12冊における女性と男性の敬称使用を調査した。その結果、Miss は使用されていないことが分かった。また、4種の教科書のうち、1種は、女性の敬称と男性の敬称を平等に使用していることが明らかとなった。その他の3種の教科書では、歴史的人物の他、中学生の保護者に対しては Mrs を使用していること、また、巻末の語彙リストにおける語義や解説についても、あいまいな記述が残されている場合があることが明らかとなった。

④　現行の6種の教科書に登場する英語教員を調査したところ、主要な登

場人物として描かれる英語教員は、ALT であることが分かった。日本人英語教員は男性として描かれる傾向が強く、主要な登場人物である ALT は、常に女性として描かれていた。女性の ALT は、若く、生徒とよく似た趣味を持ち、生徒にとっては身近な存在となっており、伝統的な教師像や権威からは遠い存在として描かれている場合が多いことも分かった。一方で、他の教科の中学校教員は男性として描かれることが多い傾向にあることも明らかとなった。

これまで、教科書に見られる女性像について、さまざまな調査研究がなされてきたが、テキストに加えて、挿絵・写真を網羅的に、また、客観的に調査する手法は提案されてこなかった。本研究で提案された手法を用いることで、教科書に記載されたテキストとともに、挿絵・写真を網羅的客観的に調査分析することが可能となった。4つの研究を行ったところ、いずれの場合も、英語教科書に表された女性表象の傾向を確認することができた。本手法は、教科書に見る女性像を多角的観点から、一定の客観性を持って測定することが可能なツールとなっていると言えよう。

「教科書を教えるのではなく、教科書で教える」とはよく言われることではあるが、我々個々人の中に潜むジェンダー・ステレオタイプは、意識化すること自体が難しい。知らず知らずのうちに次世代へ伝えてしまい、生徒の選択を狭めている可能性もある。教材研究によって、教科書に表されているジェンダー・ステレオタイプの傾向を把握し、生徒の「気付き」を促すことも、英語教員が担うべき役割の一つと考える。

謝辞

本研究は、JSP 科研費 16K13261 の助成を受けたものです。

引用文献

相川真佐夫・石川有香・原隆幸（2019）「東アジアの英語教科書に見る女性表象・男性表象 ― 男女共同参画社会の推進を目指して ― 」『全国英語教育学会第 45 回弘前研究大会予稿集』232-233.

青野篤子・赤澤淳子・松並知子（2008）『ジェンダーの心理学ハンドブック』京都：ナカニシヤ出版

Biernat, M. (1991). Gender stereotypes and the relationship between masculinity and femininity: A developmental analysis. *Journal of Personality and Social Psychology, 61* (3), 351-365.

Blumberg, R. L. (2007). *Gender bias in textbooks: A hidden obstacle on the road to gender equality in education.* Paris: UNESCO. Retrieved from https://unesdoc.unesco. org/ark:/48223 /pf0000155509

Brugeilles, C., Cromer, S., & UNESCO. (2009). *Promoting gender equality through textbooks: A methodological guide.* Paris: UNESCO. Retrieved from https://unesdoc. unesco.org/ark:/48223/pf0000158897_eng

中條清美 (2015)「英語教科書コーパスの構築と利用 ― 先行研究の概観」『英語コーパス研究』 *22*, 77-85.

石川慎一郎 (2008)『英語コーパスと言語教育』東京：大修館書店

石川有香 (1998)「異文化理解と性差別の問題」『言語文化学会論集』*11*, 21-29.

石川有香 (1999)「コミュニケーションの観点から見た英語語法 ― 高等学校英語科教科書に見る人称代名詞と性別の問題 ―」『言語文化学会論集』*12*, 179-189.

石川有香 (2004)「各種ガイドラインおよび高校英語教科書に見る敬称の問題」『女性学評論』 *18*, 39-57.

石川有香 (2005)『フェミニズム言語学の視点に基づく英語性差別表現研究：コーパスに見るその現状と今後の展望 ― 職種名称・総称・敬称を中心に ―』東京：雄松堂

Ishikawa, Y. (2012). Gender-discriminatory language and gender-stereotyped images in Japanese junior high school English textbooks. *The 32nd Thailand TESOL International Conference Proceedings 2012*, 126-135.

伊藤明美 (1999)「英語教育とジェンダー：中学校の教科書を中心に」『藤女子大学・藤女子短期大学紀要』*36*, 61-83.

伊藤裕子 (2006)「ジェンダーの心理学」海保博之・楠見孝 (監修)『心理学総合事典』(pp. 440-446) 東京：朝倉書店

上智大学 (2017)「小学校・中学校・高等学校における ALT の実態に関する大規模アンケート長打研究」https://www.bun-eido.co.jp/aste/alt_final_report.pdf

Mills, S., & Mustapha, A. S. (Eds.). (2015). *Gender representation in learning materials: International perspectives.* New York, NY: Routledge.

文部科学省 (2006)「改正前後の教育基本法の比較」https://www.mext.go.jp/b_menu/ kihon/about/06121913/002.pdf

文部科学省 (2008)「教科書検定制度について」https://www.mext.go.jp/b_menu/shingi/ tosho/003/gijiroku/08052214/001.htm

内閣府 (2000)「男女共同参画基本法の変更について」http://www.gender.go.jp/about_danjo/

basic_plans/1st/index.html

National Council of Teachers of English（1975）.*Guidelines for Nonsexist Use of Language in NCTE Publications.* Urbana, IL: The National Council of Teachers of English.

日本経済新聞（2015, 10 月 30 日）「三省堂の英語教科書は微減　中学教科書シェア」https://www.nikkei.com/article/DGXLASDG30H7Z_Q5A031C1CR8000/

小篠敏明・江利川春雄（編）（2004）『英語教科書の歴史的研究』東京：辞游社

Pettersson, R.（1993）.*Visual information*（2nd ed.）. Englewood Cliffs, NJ: Educational Technology.

崎田智子（1996）「英語教科書の内容分析による日本人の性差別意識の測定」『実験社会心理学研究』*36*（1），103-113.

Scott, Foresman, & Co.（1972）.*Guidelines for Improving the Image of Women in Textbooks.* Glenview, IL: Scott, Foresman & Co.

杉浦千早（2002）「高校英語教科書語彙リストの作成と使用語彙の検討」*Language Education & Technology*, *39*, 117-136.

Thorne, B.（1993）.*Gender play: Girls and boys in school.* New Brunswick, NJ: Rutgers University Press.

Appendix

本研究で使用した分析教科書の概要を記す。なお、紙幅の関係上、挿絵協力者や写真提供者については一部割愛している。

分析教科書

	検定年	発行年	発行者	著者	表紙イラスト	本文イラスト	挿絵
Columbus 21 English Course 1	2015	2016	光村図書	東後勝昭他	パンチハル	鳥羽雨	井上雪子／片山なのあ／加藤マカロン／五條瑠美子／此花あかり／多田歩実／タニグチコウイチ／パン チハル／山口晴代
Columbus 21 English Course 2	2015	2016	光村図書	東後勝昭他	パンチハル	鳥羽雨	Arnold Lobel ／井上雪子／片山なのあ／五條瑠美子／此花あかり／多田歩実／タニグチコウイチ／パン チハル／山口晴代
Columbus 21 English Course 3	2015	2016	光村図書	東後勝昭他	パンチハル	鳥羽雨	井上雪子／片山なのあ／五條留美子／此花あかり／多田歩実／タニグチコウイチ／パン チハル／宮澤ナツ／山内マスミ／山口晴代
New Crown English Series New Edition 1	2015	2016	三省堂	根岸雅史他	笠島久嗣	加藤アカツキ	内山洋見／岡村奈穂美／キモトアユミ／こやまけいこ／すみもとななみ／立本倫子／多田雅崇／田中斉／楢崎義信／松並良仁／丸茂昌勝／福田ゆうこ／輪島正裕
New Crown English Series New Edition 2	2015	2016	三省堂	根岸雅史他	笠島久嗣	加藤アカツキ	内山洋見／大庭賢哉／岡村奈穂美／小田ヒロミ／キモトアユミ／こやまけいこ／清水統夫／すみもとななみ／多田雅崇／田中斉／楢崎義信／丸茂昌勝／福田ゆうこ／輪島正裕

New Crown English Series New Edition 3	2015	2016	三省堂	根岸雅史他	笠島久嗣	加藤アカツキ	内山洋見／岡村奈穂美／キモトアユミ／こやまけいこ／すみもとなみ／田中斉／福田ゆうこ／楢崎義信／輪島正裕
New Horizon English Course 1	2015	2016	東京書籍	笠島準一他	Kouzou Sakai／東京書籍AD	電柱棒	イケガメシノ（SUGAR）／磯良一／エイブルデザイン／勝部浩明／神山ますみ／須藤敏明／高野真由美（アート・ワーク）／松尾かおる／山崎なみこ／山本郁子
New Horizon English Course 2	2015	2016	東京書籍	笠島準一他	Kouzou Sakai／東京書籍AD	電柱棒	イケガメシノ（SUGAR）／池田八恵子／石丸千里／浦本典子／エイブルデザイン／木村太亮／久木田知子／たかはしかず／松尾かおる
New Horizon English Course 3	2015	2016	東京書籍	笠島準一他	Kouzou Sakai／東京書籍AD	電柱棒	朝倉めぐみ／イケガメシノ（SUGAR）／エイブルデザイン／江頭路子／関根庸子／たかはしかず
One World English Course 1	2015	2016	教育出版	松本茂他	藤井啓誌	山元達也	青山剛昌／かきふらい／川端英樹／岸潤一／岸本斉史／桑原正俊／サタケシュンスケ／手塚プロダクション／武曽宏幸／山口絵美／ワタナベモトム
One World English Course 2	2015	2016	教育出版	松本茂他	藤井啓誌	山元達也	川端英樹／桑原正俊／サタケシュンスケ／浜野史子／武曽宏幸／ワタナベモトム
One World English Course 3	2015	2016	教育出版	松本茂他	藤井啓誌	山元達也	アベタケル／川端英樹／桑原正俊／サタケシュンスケ／武曽宏幸／山本重也／ワタナベモトム
Sunshine English Course 1	2015	2016	開隆堂	新里眞男他	ハンダタカコ		かほり／イクタケマコト／イラストメーカーズ（コヒラトモコ・ハヤカワトシヤ・祢津千和子・池和子・高村かい）／カモ／こしたかのりこ／さとうわきこ／ジョン・シェリー／竹内宏江／西田ヒロコ／ハンダタカコ／福井典子／前田まみ／見杉宗則／みやもとかずみ／DTP花立／KEI@Crypton Future Media, IN C.www.piapro.net ρiapro／MS企画
Sunshine English Course 2	2015	2016	開隆堂	新里眞男他	市川彰子		かほり／天野明子／石川黎／イチカワエリ／うちきばがんた／大矢正和／かたおかともこ／カモ／こしたかのりこ／鈴木康代／竹内宏江／西田ヒロコ／西谷直子／福井典子／三村久美子／若井丈児／DTP花立／MS企画
Sunshine English Course 3	2015	2016	開隆堂	新里眞男他	SHOZO		かほり／天野明子／石川黎／市川彰子／イチカワエリ／イラストメーカーズ（コヒラトモコ・ハヤカワトシヤ・祢津千和子・池和子・高村かい）／カモ／こしたかのりこ／佐々木悟郎／竹内宏江／西田ヒロコ／長谷川和子／福井典子／堀口順一朗／DTP花立／MS企画
Total English 1	2015	2016	学校図書	矢野裕士他	JUN KI-DOKORO DESIGN		石川日向／おおくまみゆき／倉本ヒデキ／須藤敏明／トリバタケハルノブ／ハラアツシ／ヨネシマアキコ／株式会社バージョン／YAB
Total English 2	2015	2016	学校図書	矢野裕士他	JUN KI-DOKORO DESIGN		石川日向／おおくまみゆき／倉本ヒデキ／平きょうこ／鳥飼規世／トリバタケハルノブ／ヨネシマアキコ／株式会社バージョン／YAB
Total English 3	2015	2016	学校図書	矢野裕士他	JUN KI-DOKORO DESIGN		石川日向／おおくまみゆき／倉本ヒデキ／須藤敏明／鳥飼規世／トリバタケハルノブ／ヨネシマアキコ／株式会社バージョン／YAB

| New Horizon English Course 1 | 1996 | 1999 | 東京書籍 | 浅野博他 | デザインオフィスK／駄馬寛 | デザインオフィースK | （写真含む）我孫子市鳥の博物館／アメリカンフォトライブラリー／オリオンプレス／カメラ東京／木下裕之／キーフォトス／柴田光夫／世界文化フォト／せべまさゆき／駄馬寛／千金美穂／中道淳司／任天堂／ノーボスチ通信社／芳賀ライブラリー／長谷川直哉／平山一美／毎日新聞社／丸失秀子／渡部新平／GPL／JPフォト／PPS通信社 |

2. 中国の教科書に見られる性の平等性
― 中学校の英語教科書を中心に ―

原　隆幸（鹿児島大学）

yuenlunghang@yahoo.co.jp

Gender Equality in Textbooks in China
― Focusing on Secondary English Textbooks ―

HARA Takayuki（Kagoshima University）

Abstract

The purpose of foreign language education is to cultivate students with proficiency in foreign languages and some knowledge of foreign countries and areas, culture and customs, behavior and the way of thinking, that is, intercultural competence. As Aikawa et al. mentioned, dealing with gender equality in foreign language education is also important.

In this study, we investigate English language education in Chinese secondary schools in the context of promoting a gender-equal society and examine better English textbooks in terms of intercultural understanding. Firstly, we review society, schools, and teachers in China. Secondly, we analyze and consider English textbooks on subjects, textbooks, photos, and illustrations. Through analysis focusing on male and female representations, we found the following: 1) the number of female elementary and junior high school teachers is more than 50%, while its senior high school one is less than 50%. 2) Female representation is less than male representation. 3) Western characters are more than Chinese ones. Finally, based on the results, we consider how to deal with gender equality in classrooms in Japan.

1. は じ め に

　外国語教育の目的は、幅広い教養を外国語教育を通して身につけることである。それは語学力に加え、その言語が話されている国や地域を理解すること、具体的には、文化やその言語を使用している世界、その言語を話している人々、その人たちの歴史、社会、考え方なども身につけることである。別の言葉で言い換えれば、異文化理解能力を育成することも含まれる。また、相川他（2019）では、「学習者にとって身近な『他者』である異性への理解も外国語教育を通して、養いたいものである。すなわち、男女共同参画社会への貢献もこれからの英語教育に強く求められると期待する」と記し、異性への理解の重要性を挙げている。

　さらに相川他（2019）では、"Gender equality" にも言及している。「"Gender equality" は "Transforming our world: The 2030 Agenda for Sustainable Development"（UNESCO, 2015）で挙げられた 17 目標のうちの第 5 目標として位置づけられ、教育分野が率先して取り組んでいかなければならない課題である」。中国でも、政府機関や企業など様々な場で活躍する女性の存在は一般的になってきており、女性幹部や経営者も増加している。背景には女性の社会進出を支援する各種制度の整備、男性の家事労働に対する意識の変化、社会全体で育児をサポートする態勢などが挙げられる。

　そこで本稿では、中国における中学校の英語教育を取り巻く環境を男女共同参画社会推進の観点から捉えなおし、異文化理解教育の観点から英語教科

書のあるべき姿を考察する。そのために、まず、社会、学校、教員などの構成データを分析し、次に、使用されている英語教科書を題材、テキスト、写真・挿絵などから分析・考察する。最後に、分析・考察結果を踏まえ、日本では、教室内で、男女の表象をどのように扱うべきか、また、英語教科書編纂の際にはどのような基準を設けるべきか考えていきたい。

2. 先 行 研 究

2.1　中国の言語教育（英語教育を含む）

　中国における言語教育（英語教育を含む）の研究は、中国内外で行われている。ここでは、最近の代表的なものだけを見ていく。

　沖原・東（2004）では、中国を外国語教育政策の観点からまとめている。具体的には、歴史・変遷、教育政策・教育制度、教科書・教材、教員養成・教員資格、入試制度・入試、考察・所感の構成になっている。建国前から2000 年初めまでの概要を捉えることができる。

　フフバートル（2007）は、中国の言語政策のうち、中国語（普通話）教育と少数民族語教育を中心に述べているため、英語教育に関する記述はない。

　本名（2007）は、中国政府がとる自国の国際化にあたり、国際コミュニケーション戦略を重要視している点に注目している。その戦略の中でも英語政策が重要であり、隣国の事情を理解するとともに、日本にとって参考になることがらを考察している。特に、大学の卒業要件としての英語テストに関してと、社会人向けの英語テストに関する内容は、それまでの研究で扱われていない内容である。

　原（2010）は、中国の高等教育における英語教育に焦点を当てて記している。特に、大学と大学院における英語のカリキュラムや大学卒業要件としての英語テストについて分析と考察を行っている。

　相川（2015）では、中国の外国語教員養成の観点からまとめており、教員（特に外国語教員）養成制度、外国語教員の教育環境と教員研修の詳細が

記されている。

2.2　ジェンダー

　次に、ジェンダーに関する研究を見ていく。

　Biernat（1991）は、ジェンダー・ステレオタイプについて述べている。ジェンダー・ステレオタイプは、子どもの社会化の過程において、最も早くから形成され始め、さらには、様々な経験を経た後も払拭することが難しいステレオタイプの一つであると記している。

　福富（2006）、Brugeilles, Cromer & Unesco（2009）、Ishikawa（2012）、河野・福田（2018）Mills & Mustapha（2015）で述べられていることは、知識や能力を伸ばすとともに、豊かな人間性を育み、将来の可能性を広げるための学校教育においては、学習者のステレオタイプが助長されることがないように、教育環境を整えることが不可欠である。中でも、「教科書」は、正しい知識を伝える「権威」として、授業でも家庭学習でも繰り返し使用されるため、教科書からジェンダー・ステレオタイプを取り除く重要性が広く認識されている、という点である。

　このように見てくると、中国の外国語（英語）教育やジェンダーに関しての研究はあるが、この2つを合わせた研究は石川などで見られるが、それほど多くはないのが現状である。

3.　中国における言語教育とナショナル・カリキュラム

3.1　中国の言語教育

　中国の言語教育には、国内における共通語（普通話＝標準中国語）普及と、いわゆる外国語教育がある。中国は多民族国家であり、92％の漢族以外に55の少数民族がいる。少数民族にとって普通話は外国語と同じであるが、外国ではないので第二言語教育としての教育が行われる。漢族もそれぞれの地域の方言の隔たりが大きいため、共通語としての普通話教育が小学校1年生から行われる。一方、外国語教育は漢族の住む地域では基本的に小学校3

年生から英語の授業が始まるが、北京や上海といった都市部では小学校1年生から始めるのが一般的である。

2001年からのカリキュラムでは、中学校で英語、日本語、ロシア語の3言語の中から選択することになっているが、実際はほとんどが英語を選択する。そのため、小学校から高校まで英語を勉強することになる。しかし一部の中学校（特に中国の東北部の学校）で日本語を第一外国語、または第二外国語として勉強するところもある。また、ロシア語を学ぶ学校もある。中国における第二外国語教育には日本語とロシア語のほかに、ドイツ語、フランス語、スペイン語、アラビア語などがある。

チベットやウイグルなど少数民族が多く住む地域の小学校や中学校では、各民族語と普通話（中国語）による二言語教育（バイリンガル教育）が行われているため、英語を学ぶ場合は三言語教育が行われることになる。

中国の外国語教育の特徴の1つは中等教育から大学まで英語、日本語、ロシア語、ドイツ語、フランス語などのカリキュラムがあることである。そのため大学では、一定レベルの外国語能力を身につけられるように教育が行われている。

3.2　中国の英語教育

小学校では正式に3年生から導入されているが、実際、北京、上海、広州といった主要都市では、小学校1年生から英語教育が導入されている。小学校3年生から開始する場合、週4時間（1時間：40分前後）を基準に英語を学習する。ただし、授業時間は各地各校の事情に合わせて変えることができる。また農村部などでは、英語の必要性を感じられない、英語教師が十分にいないなどの理由から、英語をほとんど、または、まったく学ばない児童がいることもある。中等教育に目を向けると、英語の授業は必修であり、週に4～5時間（1時間：50分）が充てられている。

3.3　中国のナショナル・カリキュラム

　世界のグローバル化に対応するため、中国は様々な国家政策を立てており、中でも英語教育には力を入れている。英語は小学校から大学院まで実質的に必修であるが、3.1 に記したように、英語の代わりに日本語などを学ぶ学生もいる。

　教育部は 2001 年に『全日制義務教育普通高級中学　英語課程標準（実験稿)』（以下、『英語課程標準』）を制定した。この『英語課程標準』の基本理念は、生徒の素質の伸張、一貫した目標と柔軟かつ適正な遂行、生徒主体と個性の尊重、活動、体験、参加の奨励、学習プロセスの評価重視による生徒の学習の促進と課程教材開発であるとしている。さらに、英語授業の狙いを、総合的な言語運用能力の育成とし、その構成要素を「言語技術」「言語知識」「学習意欲・態度」「学習ストラテジー」と「文化理解」と定義している。また『英語課程標準』は、英語学習開始から高等学校卒業までの到達目標を 9 つの級（レベル）に分け、各級の到達目標を Can-Do リストで具体的に示している（図 1 参照）。

　2 級を小学校修了時レベル、5 級を中学校修了時レベル、8 級を高校卒業レベルと指定している。9 級は高校優等卒業レベルとしている。3 級、4 級、6 級、7 級はそれぞれ 2 級、5 級、8 級の間の移行級である。図 1 にあるように下から上に級が上がるにつれて、レベルが徐々に高くなっているのがわ

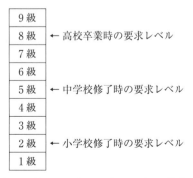

図 1　中国の英語課程標準の級と目標の構成（2001）

かる。また、「言語技能」については1級から9級まで、「言語知識」「学習意欲・態度」「学習ストラテジー」については、2級から8級までにレベル分けしており、「文化理解」については2級、5級、8級修了時に到達すべきレベルが示されており、学習者の知的発達に応じてどこまで到達させるべきか考慮されている。

4. リサーチデザインと手法

4.1 研究目的とリサーチ・クエスチョン（RQ）

本稿では、まず、中国における教育を取り巻く調査状況を男女共同参画推進の視点から捉えなおす。次いで、石川（2018）において提案した教科書分析の枠組みを踏まえ、中国の中学校英語教科書を、一部日本と比較しながら分析を行う。

そこで下記のRQを設定する。

(1) 中国における社会、学校、教員の構成は、どのようになっているのか。

(2) 中国の英語検定教科書の題材、テキスト、写真・挿絵の使用の割合はどのようになっているのか。

(3) 中国の英語教科書の題材、テキスト、写真・挿絵にはどのような特徴があるのか。

4.2 データ

まず、調査項目として、a) 中国における社会、学校、教員、生徒の構成を調査、b) 英語検定教科書の題材、テキスト、写真・挿絵の使用を調査する。次に、調査対象教科書は、中国の2011年「義務教育英語課程標準」に基づく教科書2種とする。1つは人民教育出版社の『Go for it!』（便宜上、RJとする）、もう1つは北京師範大学出版社の『English』（便宜上、BDとする）。

4.3 手 法

4.3.1 データの事前処理

対象となる英語のテキストは、事前に PDF 化する。

4.3.2 分析の手順

分析の手順は次に示す通りである。

① すべてのイラスト・写真に番号を付与する。

② 各画像内の判別可能な人物が 10 名未満の場合、既定順に人物に番号を付与する。動物は調査対象をとしない。ただし、擬人化された動物は対象とする。

③ 番号を付与された人物について、性、年齢、行動・服装・持ち物などの特徴を、テキスト情報を参考に記述する。性は、画像からもテキストからもわからない場合には、「不明」とする。年齢は、人物が生徒の場合は、学年に合わせて記入する（中学 1 年生は 13 歳とする）。テキスト中に手がかりが記載されていない場合には、画像から判断して、20、30、40 など、10 歳区切りで、おおよそ推定した年齢を記載する。

④ 10 名以上の集合写真で人数が不明の場合は、おおよその男女比を既定の中から選択する。

5. 結果と考察

5.1 RQ1 中国における社会、学校、教員の構成は、どのようになっているのか

RQ1 の結果を述べるにあたり、学校調査の結果を示す。表示するにあたり、日本の結果も示す。日本の資料は相川他（2019）より引用する。

中国と日本のデータ結果であるが、中国の方が古く、日本と比較する際には注意を要する。これは中国では毎年女性教員のデータを公開していないことによる。教員数は、中国は小学校、中学校、高校と進むにつれて若干減少しているが、50％近くは維持している。それに対し、日本は小学校では女性

表1 中国・日本の女性教員と女性校長の比率

国	小学校		中学校		高校	
	教員	校長	教員	校長	教員	校長
中国	58.6%	na	50.1%	na	48.3%	na
日本	62.3%	19.2%	43.0%	6.3%	31.7%	7.8%

注：中国は『教師藍皮書 中国中小学教師発展報告（2014）』社会科学文献出版社による。
　　日本は「学校教員統計調査」(http://www.mext.go.jp/b_menu/toukei/main_b8.htm)
　　による。

教員は中国より多いものの、中学校と高校では中国より少なくなっていることがわかる。次に、女性校長の割合であるが、中国の資料には女性校長の人数がデータとして公開されておらず、日本と比較することはできない。

5.2　RQ2 中国の英語検定教科書の題材、テキスト、写真・挿絵の使用の割合はどのようになっているのか

中国の英語教科書であるが、1年生と2年生は前期と後期で分かれており、前期は上巻、後期は下巻となっている。3年生は通年1冊で全巻となっているが、ここでは特に表記しない。次に教科書の構成であるが、3.2に記したように中国では小学校から英語教育を導入しているため、中学1年生前期の教科書のはじめには小学校での内容を簡単に復習する課が設けられてい

表2 中国の中学校英語教科書の構成

出版社	RJ		BD	
学年	内容（Unit 数）	ページ数	内容（Unit 数）	ページ数
1年生用上	Starter Unit 1-3, Unit 1-9	S1-12, 1-111	Get Ready, Unit 1-4	1-130
1年生用下	Unit 1-12	1-141	Back to School, Unit 1-6	1-138
2年生用上	Unit 1-10	1-143	Back to School, Unit 1-6	1-150
2年生用下	Unit 1-10	1-137	Back to School, Unit 1-6	1-150
3年生用	Unit 1-14	1-185	Unit 1-9	1-210

注：RJ は Go for it!（人民教育出版社）、BD は English（北京師範大学出版社）を意味する。

る。RJ は国定教科書であり、中国で広く使用されている教科書である。一方、BD は北京師範大学付属中学校をはじめ、少しレベルの高い中学校向けとなっている。そのため、表2にあるように、ページ数を比較すると BD の方がやや多いのが特徴である。

　次に、中国の英語教科書の挿絵・写真における女性比率を見ていく。中国の1年生用と2年生用英語教科書は上下巻に分かれているため、日本の教科書との比較を容易にするため、上下巻を合計したデータも記すこととする。まず、表3にあるように各教科書の挿絵・写真における女性比率は、RJ では 0.72 から 1.32、BD では 0.73 から 1.02 となっている。また、学年別で見ると、RJ では 0.72 から 1.32 で平均 0.99、BD では 0.73 から 0.94 で平均 0.85 となり、2種類の教科書の平均は 0.92 である。このことから、中国の英語教科書の挿絵・写真における女性比率は若干男性の数が多いことがわかる。

　次に日本の英語教科書の挿絵・写真における女性比率と比較すると、NC の平均は 0.88、NH の平均は 0.90、OW の平均は 0.83 となっており、3種類の教科書の平均は 0.87 である。中国の平均と日本の平均を比較すると、0.05 の差しかないため、中国と日本の教科書では女性比率に大差はないと考えら

表3　中国の英語教科書の挿絵・写真における女性比率
（「女性表象数」／「男性表象数」）

出版社	RJ		BD	
学年	女性／男性	比率	女性／男性	比率
1年生用上	175／154	1.13	179／197	0.90
1年生用下	154／189	0.81	96／94	1.02
1年生用合計	**329／343**	**0.95**	**275／291**	**0.94**
2年生用上	137／168	0.81	147／176	0.83
2年生用下	63／109	0.57	142／149	0.95
2年生用合計	**200／277**	**0.72**	**289／325**	**0.88**
3年生用	150／113	1.32	92／126	0.73

注1：RJ は Go for it!（人民教育出版社）、BD は English（北京師範大学出版社）を意味する。
　2：ここでは、はっきりと女性または男性であることが示されていない挿絵や写真は調査の対象外とする。また、集合写真も調査対象から除いている。

表4 日本の英語教科書の挿絵・写真における女性比率
（「女性表象数」／「男性表象数」）

出版社	NC		NH		OW	
学年	女性／男性	比率	女性／男性	比率	女性／男性	比率
1年生用	405／454	0.89	331／315	1.05	292／349	0.84
2年生用	278／321	0.87	272／316	0.86	246／274	0.90
3年生用	264／299	0.88	140／180	0.79	189／248	0.76

注1：NC は New Crown（三省堂）、NH は New Horizon（東京書籍）、OW は One World（教育出版）を意味する。
　2：ここでは、はっきりと女性または男性であることが示されていない挿絵や写真は調査の対象外とする。また、集合写真も調査対象から除いている。

れる。

5.3 RQ3 中国の英語教科書の題材、テキスト、挿絵・写真にはどのような特徴があるのか

　1つ目は、中国の中学校英語教科書の Unit の内容であるが、日本の教科書との大きな違いは、登場人物の設定がないことである。日本の教科書は最初の方に、教科書に出てくる登場人物の紹介があり、それらの人物が各課に登場し、本文の内容を構成している。一方、中国の教科書は登場人物の設定はなく、Appendix 1 に示したように各 Unit が独立した内容となっているため、登場人物も毎回異なるのが特徴である。また、日本の教科書は Unit のタイトルに加え文法事項が主に掲載されているが、中国の教科書は Unit タイトルに加え、Topics と Functions が掲載されている。例えば、RJ の1年生用上の Unit 2 This is my sister. では、Topic として The family, Functions として Introduce people と Identify people が掲載されている。また、BD の1年生用上 Unit 1. Family では、Topic が Reading: Photos of us; What do they look like?, Listening: Happy birthday!, Speaking: Introducing family members; describing a person, Writing: My family のように技能別に掲載されている。Functions として Introducing a person と Likes and dislikes と掲載されている。

　さらに Appendix 1 からわかるように、RJ ではアメリカ英語、BD では
イギリス英語で表記されている。

　2つ目は、写真・挿絵であるが、RJ と BD ともに学年が上がるにつ
れ、挿絵・写真の数は減少する（RJ：1年生686、2年生482、3年生267、
BD：1年生、2年生、3年生）。これは学年が上がるにつれ、挿絵や写真に
頼らなくとも内容を理解できるようになることと、学年が上がるにつれ、文
字情報が多くなるためであると推測される。そして女性比率に関してみてい
くと、RJ では中学1年生と2年生では男性の挿絵・写真が多いが、中学3
年生では女性が多くなるのに対し、BD ではどの学年も男性が多いことが表
3よりわかる。BD の傾向は、表4にあるように日本の英語の教科書と傾向
が似ている。また、RJ では全体として写真より挿絵の方が多いが、BD で
は挿絵より写真の方が多く使用されている。

　3つ目は、登場人物の名前は西洋の名前が多く、中国人の名前はかなり少
ない。また、西洋の名前は Bob や Helen など名前のみの表記が多いのに対
し、中国人の名前は Wang Wei や Yu Mei などフルネームで表記される傾
向にある。

　4つ目は、人物の挿絵と写真の多さであるが、RJ では写真は西洋人が多く、
中国人は少ない。BD では、挿絵や写真は西洋人と中国人ほぼ同じく使用さ
れているが、若干西洋人が多い。また、BD では西洋人写真ではビートルズ、
レオナルド・ダ・ヴィンチ、ライト兄弟、ニュートン、マザーテレサなど、
中国人では NBA のバスケットボールプレーヤーである Yao Ming、航空力
学研究者である Qian Xuesen、中国人民解放軍の模範兵士である Lei Feng、
女性の公安局局長である Ren Changxia などが掲載されている。またかつて
オリンピックで活躍しメダルを取った中国人選手や中国人宇宙飛行士なども
扱われている。挿絵や写真の設定場面は、RJ では中国以外のものが多いが、
BD では中国も多い。また、西洋の Halloween などの行事以外に、中国の
Dragon Boat Festival, Chinese Spring Festival, Langtan Festival などの行
事も扱っている。取り扱う話としてトムソーヤ大冒険、裸の王様、ギリシャ
神話など西洋のものと、西遊記や中国神話など中国のものを等しく扱ってい

る傾向にある。これらは英語を通して西洋のものごとを学ぶだけでなく、中国のことも英語で学ぶように構成されている。これは『英語課程標準』の総合的言語運用能力を構成する5つの項目（「文化意識」「言語知識」「言語技能」「学習方略」「情感・態度」）の中で「文化意識」と「情感・態度」を反映している。「文化意識」は「文化知識」「文化理解」「文化交流」「意識と能力」から構成されており、「情感・態度」は「国際視野」「祖国意識」「協力精神」「自信・意志」「動機・趣味」から構成されている。これらの要素が教科書で取り扱う人物、行事、話に影響を与えている。

6. ま　と　め

　本稿では、まず、中国における教育を取り巻く調査状況を男女共同参画推進の視点から捉えなおした。次いで、石川（2018）において提案した教科書分析の枠組みを踏まえ、中国の中学校英語教科書を、一部日本と比較しながら分析を行った。

RQ1：中国における社会、学校、教員の構成は、どのようになっているのか。

　　　小学校と中学校では女性教員は50%以上であるが、高校は50%を下回る。全体として小学校、中学校、高校と進むにつれて若干減少しているが、50%近くは維持している。

RQ2：中国の英語検定教科書の題材、テキスト、写真・挿絵の使用の割合はどのようになっているのか。

　　　RJでは0.72から1.32、BDでは0.73から1.02となっている。また、学年別で見ると、RJでは0.72から1.32で平均0.99、BDでは0.73から0.94で平均0.85となり、2種類の教科書の平均は0.92である。このことから、中国の英語教科書の挿絵・写真における女性比率は若干男性の数が多いことがわかる。

RQ3：中国の英語教科書の題材、テキスト、写真・挿絵にはどのような特徴があるのか。

1つ目は、中国の中学校英語教科書の Unit の内容であるが、日本の教科書との大きな違いは、登場人物の設定がないことである。

2つ目は、写真・挿絵であるが、RJ と BD ともに学年が上がるにつれ、挿絵・写真の数は減少する。

3つ目は、登場人物の名前は西洋の名前が多く、中国人の名前はかなり少ない。また、西洋の名前は Bob や Helen など名前のみの表記が多いのに対し、中国人の名前は Wang Wei や Yu Mei などフルネームで表記される傾向にある。

4つ目は、人物の挿絵と写真の多さであるが、RJ では写真は西洋人が多く、中国人は少ない。

BD では、挿絵や写真は西洋人と中国人ほぼ同じく使用されているが、若干西洋人が多い。

　このように見てくると、意識的・無意識的な表象の取り込みが考えられる。では、今後の英語の教材で女性表象と男性表象をどのように取り扱っていけばよいのであろうか。ここでは2つを挙げてみたい。1つ目は、すべての表象において、男女が平等となるように表象を取り入れる。2つ目は、1回しか取り入れられない場合には、現実社会で優勢を占める性と反対の性を取り入れることを検討する。具体的には、2回取り入れ可能な場合、男性1回と女性1回にする。1回のみ取り入れ可能な場合で男性が多い時には女性にし、女性が多い時には男性にする、などである。

　本研究では、中国で使用されている2種類の中学校の英語の教科書（人民教育出版社の教科書と北京師範大学出版社の教科書）を取り扱った。北京市であれば上海外国語大学出版社の教科書使用いるが、今回は入手できていない。そのため、今回得られた分析結果は十分ではない。今後、上海外国語大学出版社のものを加えると、少なくとも北京市の教科書の傾向より正確に捉えることができる。ただ、中国全土で人民教育出版社の教科書が使われる傾向にあるが、レベルの高い中学校では地域ごとに異なる英語の教科書をしているため、その代表的な教科書をすべて分析しないと、分析結果を一般化するのは難しい。

謝辞

　本研究はJSPS科研費（JP16K13261）挑戦的萌芽研究「日中韓の英語教科書に見る女性表象 ― 男女共同参画社会を目指した英語教材のあり方（平成28～31年度）」の助成を受けて行ったものである。代表者である石川有香教授（名古屋工業大学）に謝意を表したい。

引用文献

相川真佐夫（2015）「中国」大谷泰昭他（編）『国際的にみた外国語教員の養成』（pp.68-80）. 東京：東信堂

相川真佐夫・石川有香・原隆幸（2019）「東アジアの英語教科書に見る女性表象・男性表象 ― 男女共同参画社会の推進を目指して ―」『全国英語教育学会第45回弘前研究大会発表予稿集』232-233.

Biernat, M. (1991). Gender stereotypes and the relationship between masculinity and femininity: A developmental analysis. *Journal of Personality and Social Psychology, 61* (3), 351-365.

Brugeilles, C., Cromer, S., & UNESCO. (2009). *Promoting gender equality through textbooks: A methodological guide*. Paris: United Nations Educational, Scientific and Cultural Organization.

福富護（編）（2006）『ジェンダー心理学』東京：朝倉書店

フフバートル（2007）「現代中国の言語政策：普通話普及と少数民族語」山本忠行・河原俊昭（編）『世界の言語政策 第2集：多言語社会に備えて』（pp.75-108）東京：くろしお出版

原隆幸（2010）「中国の高等教育における英語教育：日本への示唆を求めて」*Journal of Hospitality and Tourism*（明海大学）*6*, 58-65.

本名信行（2007）「国家政策としての英語教育は可能か：中国のトップダウン型国際コミュニケーション政策から学ぶこと」『英語展望』（ELEC）*114*, 42-48.

石川有香（2018）「中学校英語教科書に描かれたジェンダー・イメージ ― 調査対象と調査方法に関するパイロットスタディ ―」『全国英語教育学会第44回京都研究大会発表予稿集』128-129.

Ishikawa, Y. (2012). Gender-discriminatory language and gender-stereotyped images in Japanese junior high school English textbooks. *The 32nd Thailand TESOL International Conference Proceedings 2012*, 126-135.

河野銀子・藤田由美子（編）（2018）『教育社会とジェンダー』東京：学文社

沖原勝昭・東眞須美（2004）「中国」大谷泰昭他（編）『世界の外国語教育政策：日本の外国語教育の再構築にむけて』（pp.44-78）東京：東信堂

Appendix 1　中国の中学校英語教科書 2 種類の Unit, Topics, Functions

表 1　RJ1 年生用上　Contents

Starters Units	Topics	Functions
1. Good morning!	Meeting friends	Greet people
2. What's this in English?	Things around you	Identify things Spell words
3. What color is it?	Colors	Identify colors

Units	Topics	Functions
1. My name's Gina.	Making new friends	Introduce yourself Greet people Ask for and give telephone numbers
2. This is my sister.	The family	Introduce people Identify people
3. Is this your pencil?	Things in the classroom	Identify ownership
4. Where's my schoolbag?	Things around the house	Talk about where things are
5. Do you have a soccer ball?	Spending time with friends	Talk about ownership
6. Do you like bananas?	Food	Talk about likes and dislikes
7. How much are these socks?	Shopping	Ask about prices Talk about clothing Offer help Thank someone
8. When is your birthday?	Dates	Talk about dates
9. My favorite subject is science.	School subject	Talk about preferences Give reasons

表 2　RJ1 年生用下

Units	Topics	Functions
1. Can you play the guitar?	Joining a club	Talk about abilities
2. What time do you go to school?	Daily routines	Talk about routines Ask about and say times
3. How do you get to school?	Transportation	Talk about how to get to places
4. Don't eat in class.	Rules	Talk about rules
5. Why do you like pandas?	Animals in a zoo	Describe animals Express preferences

6. I'm watching TV.	Everyday activities	Talk about what people are doing
7. It's raining!	The weather	Describe the weather Describe what you are doing
8 Is there a post office near here?	The neighborhood	Ask for and give directions on the street
9. What does he look like?	Physical appearance	Describe people's looks

表3 RJ2年生用上

Units	Topics	Functions
1. Where did you go on vacation?	Holidays and vacations	Talk about past events
2. How often do you exercise?	Free time activities	Talk about how often you do things
3. I'm more outgoing than my sister.	Personal traits	Talk about personal traits Compare people
4. What's the best movie theater?	Your town	Discuss preferences Make comparisons
5. Do you want to watch a game show?	Entertainment	Talk about preferences Make plans
6. I'm going to study computer science.	Life goals	Talk about future intentions
7. Will people have robots?	Life in the future	Make predictions
8. How do you make a banana milk shake?	Cooking	Describe a process Follow instructions
9. Can you come to my party?	Invitations	Make, accept and decline invitations
10. If you go to the party, you'll have a great time!	Decision making	Talk about consequences

表4 RJ2年生用下

Units	Topics	Functions
1. What's the matter?	Health and first aid	Talk about health problems and accidents Give advice
2. I'll help to clean up the city parks.	Volunteering and charity	Offer help

3. Could you please clean your room?	Chorea and permission	Make polite requests Ask for permission
4. Why don't you talk to your parents?	Interpersonal communication	Talk about problems Give advice
5. What were you doing when the rainstorm came?	Unforgettable events	Talk about past events Tell a story
6. An old man tried to move the mountains.	Legends and stories	Tell a story
7. What's the highest mountain in the world?	Facts about the world	Talk about geography and nature
8. Have you read *Treasure Island* yet?	Literature and music	Talk about recent events and experiences
9. Have you ever been to a museum?	Fun places	Talk about past experiences
10. I've had this bike for three years.	Living environment	Talk about possessions and things around you

表5 RJ3年生用

Units	Topics	Functions
1. How can we become good learners?	Learning how to learn	Talk about how to study
2. I think that mooncakes are delicious!	Festivals	Give a personal reaction
3. Could you please tell me where the restrooms are?	Getting around	Ask for information politely Follow directions
4. I used to be afraid of the dark.	How we have changed	Talk about what you used to be like
5. What are the shirts made of?	Things made in China	Talk about what products are made of and where they were made
6. When was it invented?	Inventions	Talk about the history of inventions
7. Teenagers should be allowed to choose their own clothes.	Rules	Talk about what you are allowed to do Agree and disagree
8. It must belong to Carla.	Mysteries	Make inferences

9. I like music that I can dance to.	Music and movies	Express preferences
10. You're supposed to shake hands.	Customs	Talk about customs and what you are supposed to do
11. Sad movies make me cry.	Feelings	Talk about how things affect you
12. Life is full of the unexpected.	Unexpected events	Narrate past events
13. We're trying to save the earth!	Protecting the environment	Talk about pollution and environmental protection
14. I remember meeting all of you in Grade7.	School days	Share past memories and experiences Look ahead to the future

表6　BD1 年生用上

Get Ready	Topics	Functions
Get Ready: A	You	Meeting people Talking about nationalities Greetings
Get Ready: B	Your Friends	Introducing a person Greetings Expressing thanks Asking for and giving directions
Get Ready: C	Your Family	Talking about people Talking about jobs Talking about time Talking about routine
Get Ready: D	Your Classroom	Talking about things in a classroom Giving instructions
Get Ready: E	Your Room	Talking about a bedroom Talking about colour
Units	**Topics**	**Functions**
1. Family	Reading: Photos of us; What do they look like? Listening: Happy birthday! Speaking: Introducing family members;	Introducing a person Likes and dislikes

	describing a person Writing: My family	
2. School Life	Reading: School things; Before class Listening: A school day Speaking: Talking about school things and school activities Writing: My favourite school day	Asking for and offering help
3. Home	Reading: Time to tidy; near my home Listening: Whose ball is this? Speaking: Talking about things in and around your home Writing: My room	Talking about things in and around your home Talking about existence
4. Interests and Skills	Reading: My interests; China's got talent Listening: A skills survey Speaking: Talking about skills and interests Writing: My friend and I	Agreeing and disagreeing Likes and dislikes

表 7　BD1 年生用下

Units	Topics	Functions
1. Daily Life	Reading: A dangerous job; Safety first Listening: After school Speaking: Talking about weekend activities; Asking for and giving directions Writing: My day	Talking about daily routine
2. On the Weekend	Reading: Helping at Home; Talking to Friends Listening: Going Out Speaking: Talking about weekend activities; Asking for and giving directions Writing: A text message	Asking for and giving directions
3. Food and Drink	Reading: At a restaurant; Food for Sport Listening: Shopping for food Speaking: Shopping for food; Ordering food in a restaurant Writing: A survey report	Shopping Eating out

4. Seasons and Weather	Reading: Weather in Beijing; Summer holiday Listening: Weather around the world Speaking: Talking about weather and holidays Writing: A seasonal travel guide	Talking about weather
5. Now and Then	Reading: Changing in our town; My First Day Listening: My favourite teacher Speaking: Talking about the present and the past Writing: My English learning experience	Talking about the past and the present
6. The Animal Kingdom	Reading: Interesting animals; An animal story Listening: My favourite animal Speaking: Talking about animals Writing: A trip to the zoo	Asking for and giving reasons

表 8　BD2 年生用上

Units	Topics	Functions
1. Television	Reading: Reviews for last week's TV; The big game Listening: An interview on TV Speaking: Talking about a TV programme; using exclamations Writing: My favourite TV programme	Exclamations
2. Teams	Reading: Class project rules; A special team Listening: Teamwork Speaking: Talking about school rules and special teams Writing: My teams	Preferences
3. Faster, Higher, Stronger	Reading: Olympic Winners; Together to the Poles Listening: Time to exercise Speaking: Making comparisons Writing: School sports day	Comparison

4. Healthy Living	Reading: Health advice; Healthy bones Listening: Going to the doctor Speaking: See a doctor; giving health advice Writing: My health habits	Seeing the doctor
5. Helping	Reading: Helping each other; Young girl warns others about Tsunami Listening: Helping your community Speaking: Asking for and offering help Writing: A special day	Requests and replies
6. The Unexplained	Reading: Amazing animals!; True stories? Listening: Dreams Speaking: Talking about unusual experiences Writing: A strange dream	Showing surprise

表 9　BD2 年生用下

Units	Topics	Functions
1. Technology and the Future	Reading: Schools of the future; Tomorrow's jobs Listening: Online life Speaking: Talking about the future Writing: What will my life be like in 20 years	Giving opinions Agreeing and disagreeing
2. Co-mmunication	Reading: Animal talk; The texting generation Listening: Meeting people Speaking: Talking about different ways of communication Writing: Communication tool in my family	Asking for suggestions Offering suggestions
3. Festivals and Holidays	Reading: Chinese New Year; Thanksgiving Listening: A picnic Speaking: Talking about festivals and holiday activities Writing: Mid-Autumn Festival	Taking messages

4. Dealing with Problems	Reading: Problem page; Generation gap Listening: Online time Speaking: Talking about problems and solutions Writing: A letter to Johnny	Making suggestions Responding to suggestions
5. Memories	Reading: A daughter's letter; Life in the 1950s Listening: Grandpa's memories Speaking: Talking about past experiences Writing: My most unforgettable experience	Expressing surprise, excitement, disappointment or sadness
6. Detectives	Reading: A detective story (I); The mystery writer Listening: A detective story (II) Speaking: Talking about detective stories and writers Writing: A book review on detective stories	Asking permission

表 10　BD3 年生用

Units	Topics	Functions
1. Language	Reading: Body language; Language learning tips Listening: Different kinds of English Speaking: Talking about English learning tips Writing: Tips for English learning	Checking for clarification
2. Books	Reading: Classics; Tom Sawyer Listening: The book club Speaking: Introducing books Writing: Which is better — Paper textbooks or e-textbooks?	Judgement and evaluation
3. Creativity	Reading: A famous inventor; Creative minds Listening: Good or bad? Speaking: Introducing scientists and inventors Writing: My favourite scientist; Inventor	Stating opinions

4. Space	Reading: Life in space; The spaceship Listening: The amazing Shenzhou Speaking: Talking about life in space Writing: A letter to an astronaut	Logical relations
5. Literature	Reading: Meeting Anne; A famous writer Listening: The dark room Speaking: Acting out a play Writing: A story	Judgement and evaluation
6. Role Models	Reading: Basketball star — Yao Ming; Steve Jobs Listening: People in our lives Speaking: Introducing a person Writing: My role model	Introducing a person Stating reasons
7. Journeys	Reading: The Silk Road; life is a journey; To the South Pole Speaking: Talking about journeys Writing: My journey	Describing a journey
8. Discoveries	Reading: Famous discoveries; An experiment report Listening: Discovery of the year Speaking: Giving a formal speech Writing: My discovery / Experience	Making a formal speech
9. Save the Planet	Reading: Going Green; Tree Heroes Listening: Our river Speaking: Talking about ways to protect the environment Writing: Save the Planet	Interview

3. 台湾の中学校英語教科書にみられるジェンダー表象の実態調査
— 挿絵・写真におけるイメージを通して —

相川　真佐夫（京都外国語短期大学）

m_aikawa@kufs.ac.jp

A Study of Gender Images Through Illustrations and Photographs of the Junior High School English Textbooks in Taiwan

AIKAWA Masao（Kyoto Junior College of Foreign Languages）

Abstract

This paper examines how gender images are presented in junior high school English textbooks in Taiwan through illustrations and photographs. Three publishers' textbooks based on the 9-year consecutive curriculum and approved by the Ministry of Education were analyzed in this study. In terms of sports that people play and professions in which people work, gender was quantitatively investigated and its characteristics were identified. Results show that the ratio of females to males in two publishers' textbooks is relatively larger. Gender representation in the majority of sports activities and professions does not seem to be stereotypical, but in some, like baseball and cheerleading, representation might be stereotyped.

1. は じ め に

"Gender Equality（ジェンダー平等を実現しよう）"は、2015 年に国際連合が採択した "Transforming Our World: The 2030 Agenda for Sustainable Development" における 「世界を変えるための 17 の目標」のうちの第 5 の目標として位置づけられている。2030 年までに達成すべき課題とするこの目標に、教育界の果たすべき役割は大きいはずである。とりわけ、異文化理解すなわち「異なる立場の人々への理解を深めること」を中心に扱う教科でもある外国語教育では、民族、人種、言語など、国境を跨ぐような異文化の理解だけを求めるのではなく、学習者にとって身近な「他者」である異性への理解も同様に養いたいものである。それ故に、男女共同参画社会への貢献もこれからの外国語教育に強く求められるものと期待する。その理念が学校教育に反映される媒体として存在するものは教科書である。本研究は、日本と同じ東アジアに位置する台湾に目を向けて、その中学校英語教科書の挿絵や写真におけるジェンダー表象の実態を調査するものである。とりわけ、スポーツ、職業に見られる表象を取り上げ、ジェンダーのステレオタイプがどのように教科書に反映されているのかをデータにより把握することを試みる。

2. 台湾における男女共同参画社会について

世界経済フォーラム（WEF）により発表されたジェンダー・ギャップ指数（Gender Gap Index：GGI）2018 年度版によると、中国 103 位、日本 110 位、韓国 115 位と、これら東アジアの 3 国は、いずれも指数が平均値以下の低い位置にある。台湾は一国家として認められていないことから、同統計には入っていないが、行政院性別平等所（2019）が GGI の計算式を使って独自に積算し、想定される順位を割り出したところ、世界 32 位、ア

ジアで1位にあたると報告した。それにより、台湾はアジア地区では最も男女格差のない社会と示している。日本の国会議員の女性比率が約10％に留まる一方で、台湾では2005年からクオータ制度（割り当て制度）が憲法に規定され、現在、日本の国会議員に当たる立法委員の約40％を女性議員（2020年1月現在で、立法委員113名中46名が女性）が占めている。さらに、2016年には女性の総統である蔡英文が国民の直接選挙によって選ばれ、2020年には再選されたことは記憶に新しい。このようなことからも女性の社会における活躍は目覚ましいと考えることができるであろう。

　教育現場に目を向けると、表1に示すように、台湾における女性の教員の比率は、小中高の全ての学校種において半数を超えている。校長職においては全国平均で示すとそれほど高くはないが、日本との比較においては相対的に多いと言えるであろう。なお、台湾の都市別に注目すると、小学校と中学校の女性校長の割合が、台北市で45.0％と42.6％、新竹市で51.5％と46.2％、新竹県で41.9％と51.7％と、約半数が女性の校長というところも存在する。高校においても台北市立高校では45.5％、新北市立高校では40.0％が女性校長である。また、小学校・中学校に於ける主任レベルの女性就任率は全国統計で小学校で49.4％、中学校で52.0％である（教育部統計所、2017）。校長職でなくても、重要なポストについている男女の比率はほぼ等しいと言えよう。

表1　日本・中国・台湾の女性教員と女性校長の比率

	小学校		中学校		高校	
	教員	校長	教員	校長	教員	校長
日本	62.3%	19.2%	43.0%	6.3%	31.7%	7.8%
中国	58.6%	na	50.1%	na	48.3%	na
台湾	71.3%	30.8%	69.1%	34.3%	58.1%	21.6%

日本は「学校教員統計調査」（http://www.mext.go.jp/b_menu/toukei/main_b8.htm）による
中国は『教師藍皮書 中国中小学教師発展報告（2014）』社会科学文献出版社による
台湾は「教育部統計所」（https://depart.moe.edu.tw/ed4500/Default.aspx）2018年データ
（本表は、相川・石川・原（2019）より引用）

　英語教員に焦点を当ててみる。表2は小学校、中学校における英語教員の女性率を示している。得られる最新のデータである2018年から5年と10年を遡ったデータを示しているが、10年前から女性教員の比率はさほど変わっていない。小学校においても中学校においても85%以上が女性教員であり、もはや男女共同参画社会というよりは女性が優勢な職であると言っても過言ではない。

表2　台湾の小学校・中学校における英語教員女性率

	小学				中学			
	総計	男	女	女性率 (%)	総計	男	女	女性率 (%)
2008 年	3,843	483	3,360	87.4	6,921	984	5,937	85.8
2013 年	4,660	554	4,106	88.1	6,513	879	5,634	86.5
2018 年	5,118	599	4,519	88.3	5,591	740	4,851	86.8

　台湾の学習指導要領に相当する「十二年國民基本教育課程綱要」の七大課題の1番目に「両性平等教育」が位置付けられている。文字通り、男女平等社会を唱うものである。「各級、各学校種の関係するカリキュラムと教材においては、多元文化の観点から考慮し、性別平等、各民族の歴史文化の価値観、異文化間理解の点を尊重せよ」との指針が与えられている。台湾は95%の漢民族に加え、2.1%の16種族の原住民族がいる多民族社会である。また近年は東南アジアからの移民も多い。それら国内外の他民族への異文化理解とともに、ジェンダー問題は取り組むべき大きな課題となっている。そのような社会の現状とその方針の下に作られる台湾の教科書において、ジェンダー表象の実態がどういうものであるのかを明らかにすることは興味深いことと言えるであろう。

3. 先 行 研 究

Biernat（1991）によると、ジェンダーに関するステレオタイプは、子ど
もの社会化の過程において早くから形成され、さらに、払拭されにくいステ
レオタイプの一つだという。知識や能力だけでなく、豊かな人間性を育むた
めの学校教育においては、学習者のステレオタイプが助長されることがな
いよう、教育環境を整えることが不可欠である。中でも、教育内容の媒体と
なる「教科書」は、授業でも家庭学習でも繰り返し使用されるため、ジェン
ダーによるステレオタイプを取り除く重要性が認識されている（Brugeilles,
Cromer & Unesco, 2009; 福富, 2006; Ishikawa, 2012; 河野・藤田, 2018; Mills
& Mustapha, 2015）。

　英語の教科書のジェンダー表象を扱った先行研究として、これまでも様々
な研究が蓄積されている。例えば、Gupta & Lee（1990）は、シンガポー
ルの小学校で使用されている2つの基本的なリーダーシリーズにおける男
女の登場人物について分析している。男性の比率、キャラクターに与えられ
るスピーチの量など、どちらのシリーズにおいても男性登場人物の重要性が
レベルが上がるにつれて大きくなる実態を明らかにし、この不均衡がシンガ
ポールの教育システムにとって懸念材料であることを指摘している。Lee &
Collins（2009）は、オーストラリアの中級学習者向けの10セットの英語教
科書において、言語と絵の両方の性別のステレオタイプ化の性質と範囲を調
査している。オーストラリアの現代社会における女性の地位をどれほど正確
に反映するかを決定するために、とりわけ、男性と女性のキャラクターの比
率、社会的および国内の女性と男性の描写に焦点を当てた内容と言語分析が
行われた。ほとんどの編者がジェンダー問題に対して一般的に高いレベルの
意識を示したにも関わらず、男女バランスの取れた扱いにはまだ達成されて
いないことを示唆している。さらに、Lee & Collins（2010）は、オースト
ラリアと香港での性別問題の認識の発展が、それぞれの英語の教科書10冊
ずつの性別表現のパターンに反映されているかどうかを調査した。どちら側

も男性優先の慣習を維持し、女性の社会的役割をより限定的な範囲で描写し、男性よりも弱く受動的であるという女性のステレオタイプを掲載していると指摘している。

Lee（2014）は、香港の女性の地位の改善が、香港で使用されている小学校の教科書のジェンダー表現のパターンに反映されているかどうかを調査した。2005 年に出版された小学校英語の教科書シリーズと 1988 年に出版された同じシリーズ（合計 12 冊）を比較すると、男性よりも限られた社会的役割の範囲で女性のステレオタイプ化されたイメージが反映されていることを明らかにした。 男性優先の現象と女性の表象不足が新しい教科書でもまだ一般的であることを指摘している。Law & Chan（2016）は、1995 年から 2000 年に発行された香港の小学校で使用される中国語の教科書について男女の登場人物の登場する設定、家庭と家庭外での役割の描写、職業的役割を教科書に使用される写真から調査した。その結果、依然としてステレオタイプはあるが、以前の調査結果と比較すると、ある程度のステレオタイプは軽減されていると分析した。Lee（2016）は、2011 年に出版された 4 社の日本の英語教科書を分析し、女性と男性の出現率、性別の使用範囲を調査している。ジェンダーを含む語彙（例：店員、給仕係）の一般的な使用や女性向けの中立アドレスタイトル Ms など、中立な表象が現れている一方で、男性優先の現象は、現代の日本の教科書でも依然としてあり、女性の二次的な地位を示唆している。

4. 台湾の中学校英語教科書におけるジェンダー表象

4.1 研究目的とリサーチクエスチョン

比較的女性の社会参画度が高い台湾において、その男女平等の意識を高めていると考えられる教科書はジェンダー表象の均衡がどれほどとれているものなのか期待するところである。本研究では、教科書にどのように現れているのかを実態調査し、社会とのギャップを考察する。本調査のリサーチクエスチョンは、3 社の中学英語教科書における次の 3 点の実態を明らかにする

ことである。

(1) 使用される挿絵、写真における男女の表象数とその比率

(2) スポーツを示す挿絵、写真における男女の表象数とその特徴

(3) 職業を示す挿絵、写真における男女の表象数とその特徴

調査項目とすべき観点は無限に存在するであろうが、(1) の総数は全体像を見るために取り上げ、(2) のスポーツと (3) 職業については、ジェンダーによるステレオタイプが生じやすいものと考えられるため、それらの観点を取り上げることにした。

4.2 データ

調査に用いた教科書は、2018 年（民国 97 年）に教育部（日本の文部科学省に相当）より公示された「国民中小学九年一貫課程綱要」に基づいて編集され、教育部により審査を受けて合格した 3 社の教科書である。台湾は 1 学年 2 学期制である。それぞれの学期で 1 冊の教科書を使用するため、1 学年に 2 冊（上・下巻）の教科書が準備される。本論文では出版社名は伏せることとし、それぞれ A 社、B 社、C 社と呼ぶことにする。それぞれの市場シェアは公開されていないが、筆者の入手した全国中学学年別教科書採択一覧によると、2019 年度においては、それぞれ 44.1％、37.3％、18.1％ということが判明している（0.5％は不明）。教科書採択は日本のように広域採択制ではなく、各学校で学年別に教科書が毎年選定される。そのため、上記の採択率は母数が学校数ではなく学校数に学年数の 3 をかけたものとなる。

4.3 データの収集方法

4.3.1 データの事前処理

各教科書に掲載されている挿絵、写真に現れる人物をページ毎に番号を付け、性別情報、その人物が何をやっているところかの記述情報をエクセルに入力しデータ化を試みた。同じページ内で同一人物が 2 回出てきた場合は、2 人分の出現とみなした。ここでは、はっきりと女性または男性であることが示されていない挿絵や写真は調査の対象外とし、擬人化された動物、怪

物、宇宙人、ロボットなどは、数に加えていない。個人が重要視されないような集合写真は調査対象から除いている。

4.3.2　分析の手順

　エクセルで性別情報と記述情報をソートし、3つの調査項目について、男女間の表象の量的な比較を行う。また、リサーチクエスチョン（1）については、日本の教科書との比較を行う。（2）と（3）については、表象数を量的に調査した上で、一般的なステレオタイプとのギャップを見ることで教科書に見るジェンダー表象の特徴を探る。

5.　結果と考察

5.1　使用される挿絵、写真に現れる男女比

表3　台湾の中学校英語教科書の挿絵・写真における女性比率
（「女性表象数」／「男性表象数」）

	A 社		B 社		C 社	
	女性／男性	比率	女性／男性	比率	女性／男性	比率
1 年上	213 ／ 214	1.00	297 ／ 324	0.92	198 ／ 176	1.13
1 年下	208 ／ 190	1.09	233 ／ 334	0.70	129 ／ 128	1.01
2 年上	304 ／ 300	1.01	252 ／ 309	0.82	268 ／ 328	0.82
2 年下	255 ／ 218	1.17	203 ／ 268	0.86	208 ／ 213	0.98
3 年上	227 ／ 209	1.09	222 ／ 271	0.82	285 ／ 251	1.14
3 年下	96 ／ 89	1.08	213 ／ 250	0.85	162 ／ 120	1.35

　台湾の中学校英語教科書の挿絵・写真における男性表象、女性表象および女性比率を表3に示す。結果から、出版社によってある程度の特徴が見られる。A社は、男女の比率はほぼ同じぐらいであるが、3学年を通していずれの教科書も女性の出現率がやや高い。B社は3学年を通して男性の出現率の方が高く、1年生の下巻においてはほぼ100人分の差がある。C社は2年生の上下巻を除いて、全体的に女性表象の出現率が高い。

　日本の英語教科書（3社のみ）の挿絵・写真における女性比率は表4に示

すとおりであるが（相川・石川・原、 2019）、男女比はほぼ全ての教科書で女性の表象数が男性のそれを下回っている。その出現率は台湾のＢ社の教科書と似ている。日本ほどの不均衡さは、確かに日本における男性優位性を示していると考えることもできるが、台湾のＢ社の教科書にも同様の不均衡があり、それが社会を反映しているとも言い難い。しかしながら、できるだけ均衡であることはジェンダーのギャップを埋める意味でも理想的ではあろう。

表4　日本の英語教科書の挿絵・写真における女性比率
（「女性表象数」／「男性表象数」）

	NC		NH		OW	
	女性／男性	比率	女性／男性	比率	女性／男性	比率
1 年生用	405 ／ 454	0.89	331 ／ 315	1.05	292 ／ 349	0.84
2 年生用	278 ／ 321	0.87	272 ／ 316	0.86	246 ／ 274	0.90
3 年生用	264 ／ 299	0.88	140 ／ 180	0.79	189 ／ 248	0.76

注：ここでは、はっきりと女性または男性であることが示されていない挿絵や写真は調査の対象外とする。また、集合写真も調査対象から除いている。（相川・石川・原、 2019）

5.2　スポーツを示す挿絵、写真における男女の表象数とその特徴

表5は台湾の中学校英語教科書3社におけるスポーツを示す挿絵・写真における男女表象数を、それぞれ6冊分の合計として示した一覧である。台湾では、最も人気があるスポーツのひとつがバスケットボールであり、男女ともに盛んなスポーツでもある。3社ともに最も出現度が高いスポーツではあるが、男性の表象数が女性よりも多く、ジェンダーギャップが存在していると考えられる。また、サッカーも同様の傾向が見られる。一方、日本統治時代に台湾に根付いた野球については、男性のスポーツというイメージがあり、プロ野球は男性チームのみが存在する。Ｂ社とＣ社は男性のみであり現実に近い描写のされ方をしているが、Ａ社の教科書では数は少ないにしても女性が野球を行う写真が掲載されている点は興味深い。スポーツを応援するチアリーダーは3社ともに女性表象であり、ステレオタイプを助長して

いるように考えられる。ただし、B社のテキストでは、"If someone is the leader of a cheerleading team, he or she is the cheerleading captain." と説明されており、男性のチアリーダーも存在することを示唆している。陸上、バレーボール、ローラースケート、バドミントン、なわとびなどは、それほど頻繁に描かれるものではないが、実態としては女性の表象が男性よりも比較的多い。ドッジボール、スキー、卓球は同数であり、同じ挿絵や写真内で男女が競技をしており、理想的な載せ方をしていると言えよう。なお、武道の表象が少なく、テコンドーだけが見つけられた。2004年のアテネオリンピックにて「チャイニーズ・タイペイ」の名のもとに初めての金メダルを獲得したのがテコンドーであったが、その時の金メダルは2つであり、男女ともに1つずつの獲得であった。男女ともに強さを誇れる競技であるが、教科書に載せられているのが2人とも女性であることは興味深い。

表5　台湾の中学校英語教科書のスポーツを示す挿絵・写真における男女表象数（1社6冊合計）

		バスケットボール	水泳	ドッジボール	サッカー	野球	陸上	テニス	バレーボール	チアリーダー	ローラースケート	バドミントン	サーフィン	なわとび	マウンテンクライミング	スケート	ゴルフ	スキー	卓球	テコンドー	アメリカンフットボール
A社	男	16	2	8	5	6	5	4	4		2	1		3	1	1			1		
	女	5	2	8	1	2	6	1	5	3	5	2		4	1				1		
B社	男	18	11	3	7	4	1	1	4				1		1	1		1			
	女	8	2	3	3			3		1	3	1	4	1	1	1	1		1	2	
C社	男	22	4		5	5	1	3							1						1
	女	1	2					4		1	3		1			1	2				

5.3 職業を示す挿絵、写真における男女の表象数とその特徴

表6 台湾の中学校英語教科書の職業を示す挿絵・写真における
男女表象数（1社6冊合計）

社		教師	医者	歯医者	獣医	看護師	研究者	料理人	給仕人	販売店員	肉屋	レジ係	農家	酪農家	漁師	秘書	警察官	郵便配達人	客室乗務・地上係員	銀行員	パイロット	駅係員	建設員	工場員	エンジニア	兵士	俳優・女優	歌手	レポーター	作家	画家
A社	男	12	7		2	1	1	6	5	1			5	1	4		4	2						2			6	5	6	2	1
	女	16	3	1		2		1	8	6		2					4			1				1			6	4	6		
B社	男	13	7	3	1	3	4	1	4	1	1	1	2	1	2										1		4	4	4		1
	女	27	6			1		4	2		1	1															4	3	3		
C社	男	21	8				7	7				2	1			8	1			1	4					1	3	5	2		
	女	15	3	1		3	1	6				7	1			1	2	3	3	1		1					1	2			

　表6は3社の台湾の中学校英語教科書における職業を示す挿絵・写真における男女表象数を、それぞれ6冊分の合計として示している。男女両方の表象を持つものは教師、医者、料理人、警察官、歌手、レポーターであり、教師の表象数が圧倒的に多い。数に違いがあるものの、各社それぞれ両方のジェンダーを取り上げていることは好ましいことである。このうち、医者については、3社ともに男性の表象数の方が多く、ステレオタイプを助長しかねない載せ方となっている。歯医者、研究者については、3社とも掲載はあるものの、どちらか一方のジェンダーだけに偏っており、両方のジェンダーで描くことが望まれる。なお、6冊を通して、1件だけ兵士が載っていた。台湾の男性には兵役制度があるが、女性にはその制度がなく志願兵である。

6. ま と め

　本研究では、台湾で使用されている中学校英語教科書3社におけるジェンダー表象を全体数、スポーツ、職業の点から主に数値的に調査した。課程綱要で男女平等性が唱われている一方で、ジェンダー表象の現れ方や、ステレオタイプ通りの示し方をしているか、ステレオタイプを壊すような示し方を

しているか、教科書によって異なることが明らかになった。本調査は、3つの点からのみ調査を行ったもので、英語表現、登場人物の社会的役割など、まだまだジェンダー表象の点から分析するべき観点が十分ではない。今後の課題としておきたい。

　教科書でジェンダー表象のバランスが取れていなくても、実際の社会においてジェンダーのギャップが小さいものであれば問題ない。教科書は必ずしも社会を映し出しているものではない。しかしながら、教科書は理想的な社会の描き方は可能である。Gender Equality を目指した教科書作りは、台湾であれ、まだまだ理想的な描き方をしているとは言えないようである。

　一方で、台湾は、アジアで初めて同性婚を法制化している。台北市の公立中学校には、男女のトイレの間に「性別友善厠所（All Gender Restroom）」というトイレが設置されている例もある。ジェンダー問題は男性、女性の差を超えて、トランスジェンダー、セクシャルマイノリティへの理解という次の異文化理解の局面に入っているのかもしれない。

謝辞

　本研究は挑戦的萌芽研究「日中韓の英語教科書に見る女性表象 — 男女共同参画社会を目指した英語教材のあり方（平成 28 ～ 31 年度）」の助成を受けてなし得たものである。代表者である石川有香教授（名古屋工業大学）に謝意を表したい。

引用文献

相川真佐夫・石川有香・原隆幸（2019）「東アジアの英語教科書に見る女性表象・男性表象 — 男女共同参画社会の推進を目指して — 」『全国英語教育学会第 45 回弘前研究大会予稿集』232-233.

Biernat, M.（1991）. Gender stereotypes and the relationship between masculinity and femininity: A developmental analysis. *Journal of Personality and Social Psychology, 61* (3), 351-365.

Brugeilles, C., Cromer, S., & UNESCO.（2009）. *Promoting gender equality through textbooks: A methodological guide*. Paris: United Nations Educational, Scientific and Cultural Organization.

Directorate-General of Budget, Accounting and Statistics.（2017）. *Gender at a Glance in R.O.C.（Taiwan）*. Taipei: Executive Yuan, Republic of China.

福富護（編）（2006）『ジェンダー心理学』東京：朝倉書店

Gupta, A. F., & Lee, A. S. Y. (1990) Gender representation in English language textbooks used in the Singapore primary schools. *Language and Education, 4* (1), 29-50.

行政院性別平等所（2019）「2018 年我國性別落差指數（GGI）居全球第 32 名」Retrieved from https://gec.ey.gov.tw/File/B0D9624FC655C021?A=C

Ishikawa, Y. (2012) Gender-discriminatory language and gender-stereotyped images in Japanese junior high school English textbooks. *The 32nd Thailand TESOL International Conference Proceedings 2012*, 126-135.

石川有香（2018）「中学校英語教科書に描かれたジェンダー・イメージ―調査対象と調査方法に関するパイロットスタディ―」『全国英語教育学会第 44 回京都研究大会発表予稿集』128-129.

河野銀子・藤田由美子（編）（2018）『教育社会とジェンダー』東京：学文社

Law, K. W. K., & Chan, A. H. N. (2016). Gender role stereotyping in Hong Kong's primary school Chinese language subject textbooks. *Asian Journal of Women's Studies, 10* (1), 49-69.

Lee, J. F. K. (2014). Gender representation in Hong Kong primary school ELT textbooks: A comparative study. *Gender and Education, 26* (4), 356-376.

Lee, J. F. K. (2016). Gender representation in Japanese EFL textbooks – A corpus study. *Gender and Education, 30* (3), 379-395.

Lee, J. F. K., & Collins, P. (2009). Australian English‐language textbooks: The gender issues. *Gender and Education, 21* (4), 353-370.

Lee, J. F. K., & Collins, P. (2010). Construction of gender: A comparison of Australian and Hong Kong English language textbooks. *Journal of Gender Studies, 19* (2), 121-137.

Mills, S., & Mustapha, A. S. (Eds.). (2015). *Gender representation in learning materials: International perspectives.* New York, NY: Routledge.

台湾教育部統計所（2019）「教育統計査詢網」https://depart.moe.edu.tw/ed4500/

第2部

英語教育学・英語学の観点から
考えるジェンダー

4. 日本の中高の英語教科書に見られる
ジェンダー問題を考える
― 題材の横断的・時系列的調査の試みを通して ―

森住　衛（大阪大学・桜美林大学名誉教授）
morizumim@mac.com

On Gender Issues as Seen in English Textbooks
for Junior and Senior High Schools in Japan
― A Transversal and Chronological Survey of the Subject Matters ―

MORIZUMI　Mamoru
(Professors Emeritus of Osaka University and J. F. Oberlin University)

Abstract

How are the gender issues taken up in the junior and senior high school English textbooks in Japan? In this paper the subject matters of all the six textbooks used currently for junior high schools and dozens of those for senior high schools are surveyed and analyzed transversally with special interest in the gender issues and the related matters. Also, some textbooks for junior and senior high schools, the editing of which the present author has been involved in for nearly forty years, are analyzed and discussed chronologically. The results are, in short, that the gender issues are taken up in both junior and senior high level in a certain degree, but that fundamental and full-scale involvement in the issues is few and scarce, if any. As the present author has been engaged in textbook writing for both junior and senior high school levels for a very long time, this paper is written with his own self-critical and reflective considerations.

1. は じ め に

　日本の英語教育は「男女の平等に関わる問題」（以下、ジェンダー問題）にどのように関わってきているだろうか。筆者自身の関わりでは、その取り組みは不十分だったという認識がある。本稿は、この認識を検証するために、中高の文科省検定済英語教科書を調査、分析、考察し、今後の英語教科書における題材としてのジェンダー問題の扱いに関して若干の提案をするものである。

　そもそも教育そのものにジェンダー問題と向き合うべきだという大前提がある。教育基本法第 2 条「教育の目標」（cf.［資料 1］）のうちの第 3 号は以下のようになっている。

　3　正義と責任、男女の平等、自他の敬愛と協力を重んずるとともに、公
　　　共の精神に基づき、主体的に社会の形成に参画し、その発展に寄与す
　　　る態度を養うこと。

　この条項に述べられているジェンダー問題は、英語教育をはじめとする外国語教育にとってはことさら重要な意味を持つ。外国語教育は、ことばの教育、異文化理解教育、人間教育の側面をより強く持っていて、ジェンダー問題はこのいずれにも大きな関わりがあるからである。本稿は、このうち、人としての生き方や職業、あるべき人間像などの人間教育の視点からジェンダー問題を考えてみたい。

　また、本稿で検定済教科書を取り上げる理由は、言うまでもないことであるが、検定済教科書は、国の文教政策と教育現場を結ぶ要のような役割を果

たしているからである。文科省が学習指導要領を定め、検定を通して教科書に関与し、教育現場では、教える側も学ぶ側も、好むと好まざるに関わらずこれを使っていて、その影響力は甚大である。

　本稿の調査、分析の対象は、2つに大別できる。すなわち、現在（2019年度）、使われている中学および高校の検定済教科書の横断的な調査と、筆者がこれまでに直接に関与してきた1種類ないし数種類の中高の教科書の時系列的な調査である。前者は、中学の場合は最近の6種類のすべての教科書と、高校のコミュニケーション英語I・II・IIIのすべての教科書になる。後者は、筆者が代表著者などとして関与してきた1978年度版から2015年度版までの中学用の教科書 *New Crown* と、1983年度版から現在までの高校用の教科書 *New Century, First, Exceed, My Way* である。なお、教科書名は略称を使用している。

2. 先行研究および本研究の位置づけ

　英語教科書とジェンダー問題に関する先行研究として、以下の3点について触れたい。崎田智子（1996）は、調査対象が1993年度に使用された中学1年用（初級）、高校1年用（中級）、高校2、3年用（上級：総合、読解、作文）各2冊ずつ計10冊で、調査項目は　(1) 物語文中の男女比、(2) 練習問題・モデル文中の男女比、(3) 動物の性、(4) 職業・肩書き、(5) 挿し絵の性、(6) 形容詞、(7) 行動・話題、(8) その他の性差、(9) 教材の初出年度の9項目である。調査対象は若干少ないが、項目は網羅的で、いわば本格的な調査と言える。結果は、調査した教材の項目のほとんどで、性差別の存在が判明したとしている。石川有香（1998）は、ジェンダー問題は、異文化理解教育の有効な切り口になり、性差別表現はPCの観点からも言語文化への関心を高めるとしている。英語などの外国語教科書にジェンダー問題を取り上げる理念について言及していて、本稿が拠って立つ立脚点の重要な1つになっている。伊藤明美（1999）は、1993年度に北海道で使われた3種類の中学校教科書計9冊を対象に、Msがどのように使われているか、登場

人物の男女の役割分担や服装などの描写の仕方はどのようになっているかの2点について調査したものである。その結果、Ms はどの教科書にもあるが、その扱いに多少のばらつきがある、男女の役割分担などにおいては固定的な慣習から抜け出ていないとしている。

　本稿は、前半の横断的な調査・分析では、上記の先行研究のうち崎田智子（1996）のような調査項目の網羅性は欠いているが、調査対象の教科書を 2019 年度に使われているすべての中高英語教科書にしたという点である程度の網羅性が特徴と言える。換言すれば、現在使用されている教科書をできるだけ多く検証するといういわば空間という「横軸」の調査になる。また、後半の時系列的調査・分析では、前半と同様の調査項目で、調査対象の教科書は 1 種類ないし数種類と少ないが、1970 年代の後半から今日までの変遷を取り上げているという位置づけになる。換言すれば、過去から現在までの限定した教科書のいわば時間という「縦軸」の調査になる。また、前半、後半において、中学の場合は、職業と男女の関係を若干ながら取り上げたこと、さらに、中高合わせて 3 例のジェンダー問題に本格的な議論をしていると思われる本文を紹介できたことも本稿の成果になった。そして、最後に、筆者の自己批判的な省察も込めて、英語教科書の題材にはどのようなジェンダー問題がふさわしいかを最近の日本社会における動向から判断して若干の提案をおこなうことができたことも本稿の特徴になる。

3.　研究の目的と研究課題（RQ）

3.1　研究目的と方法

　上記の 2 の先行研究と本研究の位置づけで、本稿の目的を示唆したが、多少の整理と具体的な要素を入れると、本稿の目的と方法は以下にようになる。

（1）多くの教科書の量的、横断的な調査・分析

　中学校で使用されている現行版の教科書 6 種類の教科書（それぞれ 1, 2, 3）の計 18 冊と、最近の高校の「コミュニケーション英語Ⅰ・Ⅱ・Ⅲ」のそ

れぞれ30種類から20種類の計80冊の本課における題材のジェンダー問題の有無や、歴史上および現時点で実在の人物（以下、実在の人物）の男女別の割合を調べるなどして、ジェンダー問題がどのように取り上げられているかを分析、考察する。

(2) 限定した教科書の質的、時系列的な調査・分析

筆者が執筆に関与してきた中学の教科書 *New Crown* の10版分の計30冊と、高校の教科書の *New Century, First, Exceed, My Way* のそれぞれ2版分の2種類から6種類の計16冊の本課および Reading などにおいて、題材のジェンダー問題の有無や、実在の人物の男女別の割合を調べるなどして、ジェンダー問題がどのように取り上げられてきたかを分析、考察する。

このようにした理由など、いくつか補足しておくと、まず、調査の眼目を題材にジェンダー問題があるかどうかであるが、中高とも語彙や文構造など言語材料の扱いの制限があるため、法的根拠など本格的なジェンダー論を展開しにくい。そのため、特に中学や高校の初級レベルの教科書について言えることであるが、家庭生活や職業選択など、いわばジェンダー問題の周辺に位置する問題や題材における実在の人物の男女比などを調査対象にしている。

また、高校の場合の調査対象の教科書として、総合教材のコミュニケーション英語Ⅰ・Ⅱとリーディング教材のコミュニケーション英語Ⅲを使うが、Ⅰ・Ⅱは2019年度版を、Ⅲは2016年度使用の版を調査資料とする。Ⅲは、2015年12月に教科書の営業問題が起こって、2019年度使用の版は見本本が各校に1冊のみとなるなど入手が困難であるためである。

そして、調査の方法は、上記の (1) (2) の調査は、実際の中高の教科書、あるいは、文科省がとりまとめた〈高校教科書編集趣意書一覧〉を、1ページずつ括りながらの手作業と目視（「目作業」）によるものである。いわば、このような原始的な方法なので、結果は大勢や概要を見るものになる。

RQ's

以上の判断や前提のもとに、本稿の RQ を以下のようにする。RQ1, 2 は上記の（1）に対して、RQ3, 4 は上記の（2）に対するものである。

RQ1：2019 年度使用の中学校の教科書に関して、(1) ジェンダー問題を題材にしている課があるか。(2) 1 年の本課の冒頭の登場人物を男女のどちらにしているか。(3) 題材に取り上げられた実在の人物の男女比はどのようになっているか。(4) 2 年用の巻末などに掲載されている〈職業名一覧〉の挿絵の男女比はどのようになっているか。

RQ2：2019 年度使用の高校のコミュニケーション英語 I・II、および 2016 年度使用のコミュニケーション英語 III に関する文科省がとりまとめた〈編集趣意書〉に、(1) ジェンダー問題を主たる題材にした課があるか。(2) 題材に取り上げられた実在の人物の男女比はどのようになっているか。

RQ3：筆者が関与した中学校の教科書 *New Crown 1・2・3*（1978 〜 2015）の題材の扱いにおいて、(1) 女性の働き方、(2) 男女の役割、(3) 女性の将来の職業、(4) 題材に取り上げられた実在の人物の男女比はどのようになっているか。

RQ4：筆者が関与してきた高校の教科書 4 種類 *New Century, First, Exceed, My Way* の本課に、(1) ジェンダー問題を主たる題材にした課があるか。(2) 題材に取り上げられた実在の人物の男女比はどのようになっているか。

3.2　調査対象

3.2.1　RQ1, RQ2

RQ1 の調査対象の現行の中学校教科書は、アルファベット順で、以下の 6 種類 18 冊である。

Columbus 1・2・3 東後克明他、光村図書

New Crown 1・2・3 根岸雅史他、三省堂
New Horizon 1・2・3 笠島準一他、東京書籍
One World 1・2・3 松本茂他、教育出版
Sunshine 1・2・3 松畑熙一他、開隆堂
Total 1・2・3 矢田裕士・吉田研作他、学校図書

　RQ2の調査対象の高校教科書は、コミュニケーション英語Ⅰ・Ⅱ・Ⅲに関して文科省がまとめた〈編集趣意書〉の題材一覧の90冊分と必要に応じて参考にした実際の教科書である。掲載の順は、〈編集趣意書〉に掲載されている順とした。(　　)内は今回の調査の対象の本課の数である。ⅠとⅡの教科書の30種類はまったく同一であるが、この本課の数がⅠとⅡとでは異なる場合があるので、敢えて重複して載せている。なお、Ⅲの種類がⅠやⅡに比べて少ないのは、出版社によってⅠとⅡのみの刊行する社とⅢまでを刊行する社に分かれているからである。

［コミュニケーション英語Ⅰ］(30種類)

　All Aboard (10)、*Power On* (10)、*Prominence* (10)、*English Now* (9)、*New Discovery* (10)、*Crown* (10)、*My Way* (10)、*Vista* (12)、*New One World* (10)、*Compass* (10)、*Genius* (10)、*Element* (10)、*Landmark* (10)、*Polestar* (10)、*Big Dipper* (10)、*Comet* (10)、*Unicorn* (10)、*Grove* (10)、*New Flag* (10)、*Mainstream* (10)、*Flex* (10)、*Perspective* (9)、*Vivid* (10)、*Viva!* (10)、*Cosmos* (10)、*Pro-vision* (10)、*World Trek* (10)、*Atlantis Hybrid Standard* (12)、*Atlantis Hybrid Intermediate* (10)、*Atlantis Hybrid Advanced* (10)(　)　の総課数＝302課

［コミュニケーション英語Ⅱ］(30種類)

　All Aboard (10)、*Power On* (10)、*Prominence* (10)、*English Now* (9)、*New Discovery* (10)、*Crown* (10)、*My Way* (10)、*Vista* (10)、*New One World* (10)、*Compass* (10)、*Genius* (10)、*Element* (10)、*Landmark* (10)、*Polestar* (10)、*Big Dipper* (10)、*Comet* (12)、*Unicorn*

(10)，*Grove*（10），*New Flag*（10），*Mainstream*（10），*Flex*（10），*Perspective*（9），*Vivid*（10），*Viva!*（10），*Cosmos*（10），*Pro-vision*（10），*World Trek*（10），*Atlantis Hybrid Standard*（12），*Atlantis Hybrid Intermediate*（10），*Atlantis Hybrid Advanced*（10）（　）の総課数 = 302 課

［コミュニケーション英語Ⅲ］（20 種類）

All Aboard（7），*Power On*（7），*New Discovery*（10），*Prominence*（20），*Crown*（10），*My Way*（14），*One World*（12），*Compass*（13），*Genius*（10），*Element*（11），*Landmark*（15），*Big Dipper*（24），*Polestar*（12），*Grove*（26），*Mainstream*（9），*New Stream*（16），*Perspective*（17），*Vivid*（10），*Provision*（10），*World Trek*（8）（　）の総課数 = 261 課

3.2.2　RQ3, RQ4

　RQ3 の調査の対象になる *New Crown 1, 2, 3* は、筆者が 1978 年度版（以下、1978 版とする）から 2015 版まで関与してきた中学校用の教科書である。時系列で以下の 10 版分の 30 冊になるが、版によって代表著作者と発行年が異なる。（　）は各年度版を合わせた冊数で、［　　］は筆者の関与の仕方を示している。

> *New Crown 1·2·3* 中村敬・若林俊輔他、三省堂、1978・1981（6 冊）［著作者］
> *New Crown 1·2·3* 中村敬・若林俊輔・森住衛他、三省堂、1984・1987・1990（9 冊）［共同著作者代表］
> *New Crown 1·2·3* 森住衛他、三省堂、1993・1997・2002（9 冊）［著作者代表］
> *New Crown 1·2·3* 高橋貞雄他、三省堂、2006・2012（6 冊）［顧問］

　RQ4 の調査の対象になる教科書は、筆者が 1982 版から現在まで関与してきた高等学校の教科書 4 種類 16 冊である。Ⅰ・Ⅱは 4 技能の育成を目指した総合教材で、R（Reading）とⅢはリーディングに特化した教材である。*New Century* と *First* は、Reading やⅢを出していないので、ⅠとⅡだけになる。

New Century Ⅰ・Ⅱ、若林俊輔・安田一郎・森永誠・森住衛・山田玲子、三省堂、
　　　　1983、1985（2冊）［著作者］
First Ⅰ・Ⅱ、中村敬他、三省堂、1988、1989（2冊）［著作者］
Exceed Ⅰ・Ⅱ・R、森住衛他、三省堂、2000〜2004、2007〜2009（6冊）［著
　　　　作者代表］
My Way Ⅰ・Ⅱ・Ⅲ、森住衛他、三省堂、2013〜2015、2016〜2018（6冊）［著
　　　　作者代表］

4. 結果と考察

4.1　RQ1 最近の中学校の教科書6種類

4.1.1　ジェンダー問題を取り上げている課

　6種類18冊の200近くの本課やReadingのうち、*One World* 3に、課全
体のテーマではないが、ジェンダー問題を取り上げている例がある。3年の
L.6 'Why do You Have to Work?' の全体の3分の1ほどを割いて、スウェー
デンの中学生の報告として、両親の働き方を紹介している。○ごとにページ
が変わる。

○　I'm Oliver Larsson. Here in Sweden, most women work,
even after they get married. My mother works for a bank.
She's so busy that sometimes she gets home, late in the
evening. My father is a nurse, and he usually comes home
around five. So he does some housework every day.

○　It's common for Swedish parents to share the house work
and child-raising. My parents both think that spending time
with us is very important. When I grow up, I'll try to keep a
good balance of work and home life.

　語彙が90余語という限られた言語材料を使って、両親とも社会人として
働き、家事の分担をしているなど、ジェンダー論の要の部分を取り上げてい

る優れた題材である。

4.1.2　1年本課の最初の登場人物の男女比および自己紹介の一言

　中学校の英語教科書では長い間、中学生の架空の登場人物を設定して、題材や話題の進行役としている。その際に1年の本課などの冒頭の課で男女のどちらを出しているかは、ジェンダー問題の視点からみると、多少の意味がある。その結果は以下のとおりで、3種類が女性を出していて、そのうちの2種類が女子中学生の登場人物である。

Columbus	Hello! I'm Saito Takuma.　日本人男子
New Crown	Hello, I am Tanaka Kumi.　日本人女子
New Horizon	I'm Ellen Baker.　米国人の ALT の女性
One World	Hi, I am Ayaka.　日本人女子
Sunshine	Hi, I'm Mike Brown.　米国人の男子
Total	I like soccer.　日本人男子

　実は、教科書の本課の最初の文の提示内容と方法は、教科書著作側の言語観や外国語教育観が出ていて教科書論では興味深いのだが、ことジェンダー問題に特化すると、「女性ファースト」の方が望ましい。学校の出席簿や新入社員名一覧の順序をはじめ、日本社会は「男性ファースト」が多いからである。

4.1.3　題材に取り上げられた実在の人物の男女比

　本課本文（Lesson, Unit, Program, Chapter などの本文）および Let's Read や Reading（付録の類いは除く）などで取り上げられていて、明確に実在だとわかる人物名（実在のように書かれていてそうでないものもある）を取り出した。女性に下線をほどこしている。氏名は原則として外国人の場合はカタカナ、日本人の場合は漢字などにしている。姓名のうち名しかないものはそのまま取り上げている。

Columbus	［2年］LR.2山海嘉之　［3年］LR.2杉原千畝、杉原幸子、ニシュリ、U.6 ワンガリ・マータイ、LR.4 セヴァン鈴木
New Crown	［2年］LR.2 アキ・ラ　［3年］L.2 クロード・モネ、L.3 大島希巳江、L.4 佐々木禎子、L.5 ジョージ・ルーカス、L.6 ローザ・パークス、キング牧師、LR.2 ウイリアム・カムクワンバ、LR.3 錦織圭
New Horizon	［2年］U.3宮間あや、LR.2荒垣勉　［3年］U.1 バン・ゴッホ、U.4 中沢宗幸、U.6 アウンサンスーチー、LR.3 星野道夫
One World	［2年］L.4 正岡子規、L.6 野口英世、浦島甲一、L.8 村瀬誠、RL.2 手塚治虫　［3年］L.1 ジェイムズ・バリー、コナン・ドイル、L.3 桂かいし、RL.1 アンネ・フランク、L.5 佐藤真海、福原愛、高梨沙羅、L.6 ソナム・ワングモ、オリヴェル・ラーション、RL.2 臼井真、はるか
Sunshine	［2年］P.7 セヴァン鈴木、ガンジー、P.12 春日めぐみ、マーク　［3年］P.7 山本敏春、マルアオ、ミハエラ、P.9 マララ・ユスフザイ
Total	［2年］R.3 マザー・テレサ　［3年］C.4 西岡京治、C.5 スティービー・ワンダー、C.7 アンネ・フランク

　中学校の教科書では、題材に取り上げられた実在の人物を扱うのは高校と比べると少ない。上の例でも1年では皆無で、2年でわずかにあり、3年が多くなっている。それぞれの教科書で扱われた人物の総数および男女比は *Columbus* が6（3：3）、*New Crown* が9（6：3）、*New Horizon* が6（4：2）、*One World* 16（10：6）、*Sunshine* が8（4：4）、*Total* が4（2：2）である。男女の出現の頻度だけでみると、*Columbus* や *Sunshine, Total* のように、男女比は同等になるのが望ましい。

4.1.4　職業名のイラストによる男女比

　中学校の教科書では2年ないし3年の付録などで職業名が人物のイラストで表示されている。この男女比は表象としてのジェンダー問題を考える糸口になる。なお、職業名の左肩の*は男性と女性の両方が描かれている場合、

**はイラストでは男女の区別が不明な場合で、この2つとも今回の男女比にはカウントしない。なお、*New Crown 2* はわずか8例だが、巻末にこの他に55例の職業名だけを列挙している。*Total 2* も15例だが、その下に22例の職業名だけ出している。今回はこれらの職業名だけの場合はカウントしていない。

Columbus 3

animal trainer, architect, cook, designer, doctor, engineer, entertainer, hairdresser, lawyer, manga artist, nurse, nursery teacher, **pastry chef, pharmacist, professional athlete, programmer, teacher, translator, vet, writer

New Crown 2

astronaut, dentist, doctor, farmer, interpreter, pilot, police officer, vet

New Horizon 2

actor, animal trainer, athlete, care worker, carpenter, cartoonist, confectioner, cook, dancer, doctor, farmer, fashion designer, firefighter, flight attendant, game creator, gardener, hairstylist, interpreter, lawyer, magazine editor, mechanical engineer, movie director, musician, newscaster, nursery school teacher, office worker, photographer, police officer, public servant, scientist, store keeper, teacher, tour guide, vet (veterinarian), voice actor, writer

One World 2

baker, carpenter, cartoonist, dentist, designer, government worker, illustrator, journalist, nursery school teacher, pastry chef, pet groomer, pharmacist

Sunshine 2

announcer/newscaster, baker, barber, beautician/hair stylist, carpenter, cartoonist, computer programmer, chef, dentist, designer, doctor, firefighter, flight attendant, florist, lawyer, musician, nurse, office worker, painter, photographer, pianist, pilot, police officer, public official, reporter, soccer player, scientist, singer, teacher, writer

Total 2

actor, actress, designer, doctor, *farmer, firefighter, flight attendant, hairdresser, lawyer, musician, nurse, pilot, *police officer, soccer player, writer

　それぞれの単純な男女比は、*Columbus* 12：9、*New Crown* 4：4、*New Horizon* 17：19、*One World* 6：6、*Sunshine* 19：11、Total 7：5である。*New Horizon* が女性の割合が多く、*Columbus, Sunshine, Total* が男性多く、*New Crown* と *One World* が同率である。全体としては男性がやや多いという結果である。*Sunshine* が男性中心だが、その他は許容される差であろう。

　どのような職に女性が当てられているかについての特異な例がある。doctor は5種類の教科書に出ているが、すべて女性のイラストである。「医者＝男性」という時代はもはや過去になった。Vet は、3種類に出ているが、すべて女性である。逆に、lawyer は4種類に出ていて、すべて男性である。さらに、興味深いのは nurse である。3種類が取り上げているが、全部が男性のイラストを描いている。nurse が「看護婦」と訳されていた時代とは隔世の感がする。これは、2002 年に略称「看護婦法」が「看護師法」に変わって以来、女性を表す「看護婦」が両性に使える「看護師」に変わってきて、これが定着してきた証左と言えよう。なお、今回のイラスト付きの職業一覧では、politician （statesman は避けられている）は皆無で、わずかに1例が *New Crown* の 55 例に出ているだけであった。これは、英語教育に限ら

ないが、日本の教育は政治に触れないことが多いからだろうか。

4.2　RQ2 最近の高校の教科書：コミュニケーション英語Ⅰ・Ⅱ・Ⅲ
4.2.1　ジェンダー問題の本格的な題材

　各出版社が提出し、文科省がまとめた〈高校教科書編集趣意書一覧〉のコミュニケーション英語Ⅰ・Ⅱ・Ⅲの90冊の800余の本課の題材を調べた。その基準は、タイトルがジェンダー問題だとわかるか、教科書作成者側が書く概要説明に「性差別」、「男女平等」、「女性の人権」、「ジェンダー」、「フェミニズム」という文言が入っているかどうかとした。その結果、概要説明には「男女の平等」という文言しか見つからなかった。「性差別」や「ジェンダー」「フェミニズム」などが出てこないのである。これは、教科書制作者側がそれだけこの問題に関心がないからであろう。さらに言えば、「男女平等」と書かれていながら、まったくジェンダー問題を扱っていない例が多々あった。その理由は、本稿の冒頭の教育基本法2条の第3号やその他の号をそのままを写して概要や理念の説明に使っているからである。

　800余の課の中で主たる題材がジェンダー問題になっている課が1例あった。*Prominence Ⅲ* のL.14 'Equality in the Work Place、Equality in the Home' である。タイトルだけでもジェンダー問題だとわかるが、内容は育児休業に関する法制度のあり方を日本とスウェーデンの比較から考察するものである。この教科書は、高校のレベル分類では上級用で、語彙も約1,200語と多く、12段落の文章構成になっている。紙幅の都合で全文を掲載できないので、以下に段落ごとの概要を示す。

①　法は私たちを犯罪から守ってくれるだけでなく、私たちの社会のあり方を示している。

②　日本では男性は外で働き、女性は家にいて子どもの世話をするパターンが多い。これを打破するために憲法14条と24条がある。憲法は1946年にB. Shirota Gorden という女性通訳者が関与して制定された。1985年には男女雇用機会均等法も制定された。

③　2010年には「育児介護休業法」も改訂され、育児のために、親のど

ちらかが1年間職場を休むことができる。

④　この法律によって、親は子どもが3歳までは時短で働ける。

⑤　ただ、この法律を使っている両親は少ない。わずか1.8%という報告もある。

⑥　スウェーデンではこの点では進んでいる。税金は高いが、潤沢な福祉を受けている。

⑦　親は480日間の育児休業が保障されている。給与も390日分支払われる。

⑧　子どもが8歳になるまで、親の25%の時短は保障されている

⑨　の法律の核になるのは、Give women more equality in the workplace; give men more equality in the home. である。

⑩　この制度はうまくいっている。女性の給与も上がっている。

⑪　女性は男性と同じように収入が保障されるべきである。社会は家庭の鏡である。

⑫　Gorden 氏は日本の男女平等を願いつつ逝去した。日本はスウェーデン方式に学ぶべきだ。

　このような内容が、筆者の言う真正面からジェンダー問題に向かった本格的な題材である。このような例が90冊800余の課の中に1つだけなのはいかにも少ない。ただ、1つだけでもあったのは光明でもある。他にも、ジェンダー問題に触れている課が2つあった。*Atlantis Hybrid Intermediate I* のL.7 'Japan's Changing Population' と *Landmark III* のL.8 'Political Correctness' である。ただ、紙幅の都合で説明は割愛するが、*Prominence III* のL.14に比べると、他のテーマとの抱き合わせであったり、ジェンダー問題に割いているページ数も少なかったりする。

4.2.2　題材に取り上げられた実在の人物の男女比

　実在の人物を拾い出す基準は、4.1.3の中学校の教科書のときと同じだが、調査した数が多く、いろいろな形で出てくるので、抽出基準を以下のように追加する。

・「大学生」「市民」など人物が出てきても男女の区別がわからないものは除外した。
・氏名が出ていなくても、実在の人で、男女別があれば明確であれば、取り上げた。
・「女子サッカーチーム」などはグループで1つとして数えた。

なお、I、IIの最後にある *Atlantis Hybrid* シリーズは *Intermediate I* しか実物を入手できていないので、他は I の類推か〈編集趣意書〉の説明での判断である。

［コミュニケーション英語 I ］

All Aboard　L.2 錦織圭、L.8 若田光一、L.8 マララ・ユスフザイ

Power On　L.3 長友佑都、L.9 ネルソン・マンデラ

Prominence　L.5 葛飾北斎、L.9 ルートヴィヒ・グットマン、L.10 ジェイン・ジェイコブス

English Now　L.8 片足で走った青年、L.9 ワンガリ・マータイ

New Discovery　L.8 ボビ・ギブ、L.10 マイケル・ジャクソン

Crown　L.2 若田光一、L.3 内野加奈子、L.4 辻井伸行、L.6 ジェーン・グドール、L.7 坂茂、L.9 石川浩

My Way　L.2 やなせたかし、L.7 篠田ちひろ、L.10 ビクトリア・ポター

Vista　L.4 クーベルタン、L.9 ディック・ブルーナー、L.10 辻井伸行、L.12 スティーブ・ジョブズ

New One World　L.8 ベートーベン、L.9 クーベルタン

Compass　L.1 アンジェラ・アキ、羽生結弦、山中伸弥、L.4 女性、L.5 女子高生

Genius　L.3 マララ・ユスフザイ、L.5 小児ガン克服の寄付をした少女、L.7 女子柔道に貢献した女性、L.10 イレーナ・センドラー

Element　L.1 桂かいし、L.4 山口勉、L.8 ベートーベン、L.9 クーベルタン

Landmark　L.8 長井鞠子

Polestar　L.3 石川直樹、L.9 スティーブン・サットン、L.10 ジョー・オダネ

Big Dipper　L.3 やなせたかし、L.6 J. K. ローリング

Comet　L.5 高市敦広、L.7 マララ・ユスフザイ、L.10 安藤百福

Unicorn　L.1 林典子、L.3 アルマ・ロゼ

Grove　L.5 高野秀行、L.6 エリック・カール、L.10 マララ・ユスフザイ

New Flag　C.1 本田圭佑、佐藤真海、C.2 ネリー・ブライ、ディブ・クンス
ト、ディック・スミス、スティーブ・フォセット、C.3 川島隆太、C.4 マ
リリア・メロウ、アンドリュー・オーバマイヤー、クレイグ・ロング、ア
リス・ブラウン、C.5 ローマ皇帝ネロ、マルコ・ポーロ、カトリーヌ・ド・
メディチ、アーネスト・A・ハムウィ、C.6 デユーラー、ハンス、C.7 金
城浩二、C.8 國重友美、C.9 カール・E・セーガン、小野綾子、内藤祐介、
C.10 手塚治虫

Mainstream　C.4 金城浩二、C.5 マザー・テレサ、C.6 レオナルド・ダ・ビ
ンチ、C.7 川島隆太、C.10 手塚治虫

Flex　L.4 マララ・ユスフザイ、L.6 ドナルド・キーン、L.8 山海嘉之、L.10
ダライラマ、

Perspective　L.2 ライアン・フレジャック、L.4 三宅一生、L.5 マララ・ユ
スフザイ、L.6 マイク・ピアソン、L.7 ネルソン・マンデラ、L.9 イレーナ・
サンドラー

Vivid　L.6 アンジェラ・アキ、L.7 ティラー・アンダーソン

Viva!　L.6 宮澤和史

Cosmos　L.3 宮澤賢治、L.5 大リーグ人種差別を破った男達、L.7 ヘレン・
ケラー、アン・サリバン、L.9 杉原千畝、L.10 ドイツ人画家学者

Provision　L.1 山中伸弥、L.3 キャサリン・スイッツアー、L.8 マララ・ユ
スフザイ

World Trek　L.5 佐藤真海、L.9 ローズ・オニール

Atlantis Hybrid St.　L.6 ボランティア活動体験者

Atlantis Hybrid Int.　L.1 ロバート・ジョンソン、ルイ・アームストロン
グ、クール・ハーク、L.8 クーベルタン、L.10 サーシャ、ユーエン、ナ

メーラ、ルチオ

Atlantis Hybrid Ad.　L.1 ロバート・ジョンソン、ルイ・アームストロン
グ、クール・ハーク、L.8 クーベルタン、L.10 <u>サーシャ、ユーエン、ナ</u>
<u>メーラ、ルチオ</u>

［コミュニケーション英語 II］

All Aboard　L.2 <u>菅原小春</u>、L.10 マスード・ハッサニ

Power On　L.8 伊藤美誠、<u>伊藤美羽</u>

Prominence　L.2 男性 2 名、L.6 <u>近藤麻理恵</u>、L.7 <u>マララ・ユスフザイ</u>、L.8
トーベ・ヤンソン

English Now　L.8 渡辺謙

New Discovery　L.4 <u>ミシェル・オバマ</u>、L.6 パブロ・ピカソ、L.7 <u>少女</u>、L.7
佐々木則夫

Crown　L.1 平田オリザ、L.2 羽生善治、L.4 <u>貫戸朋子</u>

My Way　L.2 ボイヤン・フラット、L.4 ホセ・ムヒカ、L.5 <u>女子サッカー選</u>
<u>手</u>、L.7 坂井泉水、L.9 チャップリン

Vista　L.3 ガウディ、L.5 ハワード・カーター

New One World　L.9 日本人男性

Compass　L.6 安藤忠雄、L.8 <u>イレーナ・センドラー</u>

Genius　L.4 男性医師、L.5 宮澤賢治、L.7 ディック・ブルーナ、L.10 ドナ
ルド・ウッヅ

Element　L.2 スティーブ・ジョブズ、L.4 <u>イレーナ・センドラー</u>

Landmark　L.1 国枝慎吾、L.4 <u>ココ・シャネル</u>、L.6 ガウディ

Polestar　L.8 ネルソン・マンデラ

Big Dipper　L.6 上野隆博

Comet　L.10 坂茂、L.11 ネルソン・マンデラ

Unicorn　L.1 <u>浅川智恵子</u>、L.2 <u>人種差別を受けた女性ルビー</u>、L.8 ガウディ

Grove　L.2 <u>白石阿島</u>、L.4 アルトゥーロ・ヴィットーリ、L.8 坂茂

Flag　C.1 佐藤良二、C.3 <u>ローザ・パークス</u>、C.8 坂本達

Mainstream　C.3 杉原千畝、C.4 リチャード・ファインマン、C.10 パブロ・カザルス

Flex　L.1 ジョージ・リシントン、L.10 ラリー・ペイジ

Perspective　L.2 クーベルタン、L.4 カーレド・レシャード、L.6 岡本太郎、L.7 ハイラム・ビンガム、L.8 リトルロックナイン（女性＋男性）

Vivid　L.2 パトリック・ハーラン、L.8 ジョン万次郎、L.9 瀬谷ルミ子

Viva!　L.5 榮久庵憲司、L.7 ティラ・アンダーソン、L.8 ホセ・ムヒカ、L.10 柴田紘一郎、さだまさし

Cosmos　L.1 やなせたかし、L.6 ゴッホ、L.8 レイチェル・カーソン、L.10 チャップリン

Pro-vision　L.1 ヤマザキ・マリ、L.6 クーベルタン、L.8 ハンディキャップを乗り越えた女性、L.10 少年少女

World Trek　L.6 井原慶子、L.8 古田貴之

Atlantis Hybrid St.　L.7 ロバート・ジョンソン、L.11 クーベルタン

Atlantis Hybrid Int.　L.10 大村智

Atlantis Hybrid Ad.　L.10 大村智

［コミュニケーション英語Ⅲ］

All Aboard　L.5 ジャン・フランソワ・シャンポリオン、L.7 ルビー・ブリッジズ

Power On　L.7 ランディ・パウシュ

New Discovery　L.2 カイル・マクドナルド、L.3 コンラート・ローレンツ、L.5 スーザン・ボイル、L.6 ジャック・ホーナー、L.8 ダフニー・シェルドリック

Prominence　L.11 ジョン・ウッド、L.15 日本人女性、L.19 山中伸弥

Crown　L.1 ドナルド・キーン、L.3 天野篤、L.5 瀬谷ルミ子、L.10 スティーブ・ジョブズ

My Way　L.2 館野泉、L.9 アウン・サン・スーチー

One World　L.4 金子みすゞ、L.5 アンネ・フランク、L.9 モーツアルト

Compass U.2-2 石井幹子、U.2-8 日本人の染織家、U3-3 モネ

Genius L.1 二人の日本人、緒方貞子、L.3 レイチェル・カーソン、L.4 吉岡幸雄、L.7 山中伸弥、L.8 第1回パラリンピックの金メダリストの女性、L.10 ソクラテス

Genius L.1 山中千明、前田真吾、L.3 ゾーレン・ヘルマンセン、L.4 吉岡幸雄、L.6 グレゴリー・ベイトソン、L.7 山中伸弥、ジェームズ・トムソン、L.8 ルードヴィヒ・グットマン、中西麻耶、L.9 ウィレム・ヴァン・コッテム、マルク・ポスト、ウィンストン・チャーチル、ウラジミール・ミロノフ、L.10 ソクラテス、プラトン、ホメロス

Element L.5 アルブレヒト・デューラー、L.9 ダーウィン、アルフレッド・ウォレス

Landmark L.2 血液研究と差別撤廃のために戦った黒人医師、L.9 米国で市民権を獲得した母、L.11 アン・サリバン、ヘレン・ケラー

Big Dipper L.1 金栗四三、L.8 アルフレッド・ノーベル、L.11 貧しいイギリスの少女、L.22 ネルソン・マンデラ

Polestar L.3 サイエンスフェアー優勝の少女、L.5 ドナルド・キーン、L.7 唐沢かおり、L.8 ウォルター・ルーイン、L.10 アウン・サン・スーチー、L.12 ダフニー・コラー

Grove L.20 エル・アナツイ、L.26 オプラ・ウィンフリー

Mainstream L.2-1 山中伸弥、L.5-1 嘉納治五郎

New Stream L.1-1 スティーブ・ジョブズ、坂本龍馬、L.5-3 紫式部、L.5-5 杉原千畝

Perspective L.3 ルイ・パスツール、L.8 ショーヴェ・ポンダルク、L.9 ジャッキー・ロビンソン、L.11 マシュー・ブレディー、L.13 キールバーガー兄弟、L.16 スティーブ・ジョブズ

Vivid L.4 菅井円加、L.6 東儀秀樹、L.8 スティーブ・ジョブズ、L.10 トミー少年

Provision L.1 セヴァン鈴木、L.4 アンセル・アダムス、L.6 ライアン・パターソン、L.8 林英哲、L.10 ジェームズ・ワトソン、フランシス・クリック

World Trek　L.スティーブ・ジョブズ、L.2マリー・アントワネット、ル
イ16世、アウグスト・ザング、L.4スティーブン・ホーキング、フィリッ
プ・ロウ、L.6レベッカ・アダムズ、ベラ・デポーロウ、カレン・ロベル
ト、L.8スタンレー・ミルグラム、ジョン・グアール

　以上をⅠ、Ⅱ、Ⅲごとにまとめて、男女数を合わせた全体の中で女性の
数を表すと、Ⅰが41/123、Ⅱが23/82、Ⅲが24/91である。割合にする
と、33%、28%、26%になり、女性が少ない。この割合は、本来は、50%、
あるいはそれに近い割合が望ましい。個別の教科書で特徴的な例を拾うと、
4人以上の人物がすべて男性なのは、*Element I*, *Vista I*, *Genius Ⅱ*, *Big
Dipper Ⅲ*, *Perspective Ⅲ*である。中でも、*Perspective Ⅲ*は6人の登場人物
全員が男性である。逆に*Genius I*は4人全員が女性である。このような偏
りは、受け手の生徒の側にサブリミナル効果のような影響を与える可能性も
ある。なお、男女別だけでなく、実際に何をした人物なのかを調べると、英
語教育が推奨している人間像が浮かび上がってくる。つまり、人間教育とし
ての英語教育のもう1つのテーマになるが、これについては稿を改めたい。

4.3　RQ3 中学校 *New Crown*（1978-2012）題材に見られるジェ
ンダー問題

　New Crown は、現行版まで刊行年代順に、1978（昭53）・1981（昭56）
・1984（昭59）・1987（昭62）・1990（平2）・1993（平5）・1997（平9）
・2002（平14）・2006（平18）・2012（平24）となり、冊数にすると30冊
になる。今回の調査では、ジェンダー問題を意識させる題材として、女性の
働き方、男女の役割、女性の職業、〈職業名一覧〉の挿絵の男女の区分けの
4点ついて時系列でその変遷などを取り上げる。

4.3.1　女性の働き方

　1年で、主たる登場人物の1人である Jiro の母親、父親の「働き方」を
取り上げている。まず、初版の1978版では、L.14「お母さんも働いている」

で以下のように、父親だけでなく、母親も外で働いているという設定にしている。以下は3ページ分の本文である。全体として、三単現の-(e) s やdoes not や has, who が頻繁に（やや不自然に）出てくるのは、これらが復習ないし導入の課であるためである。

○　I do not go to school on Sunday. My father does not go to work on Monday..

○　He works in a store. He goes to work very early. He has a bicycle. He goes to work by bicycle. He does not have a car. My mother works, too. She does not work in a store. She works in an office. She does not work on Wednesday.

○　Jiro: My mother has a job.

　　May: Who cooks dinner, then?

　　Jiro: She does. She cooks breakfast. She goes to work at ten. She comes home at five.

　　May: Does your father come home early?

　　Jiro: No. He comes home very late.

以上のように、母親が外で働いているという題材であるが、1970年代後半は（昭和50年代前半）の日本社会では、「父親は外で働き、母親は家にいる」のがほとんどだったので斬新であった。もっとも、最後の対話文は、母親は帰宅が早いが、父親は遅いというように、男性が外で働く中心的な存在であることを示唆してしまっている。この点で、ジェンダー問題としては突っ込みが浅いが、女性が外に出て働くというジェンダー問題の提起となっている。このテーマは、この後、1981版、1984版と続いて、そこで終わる。

4.3.2　男女の役割

同じく1978版のL.18「お父さんは料理が好き」もジェンダー問題の題材と言える。この課は、cannot の導入で、主人公の Emi の父親が good cook

という設定で、以下のような本文にしている。

○　My father is a good cook. He can cook very well. My mother cannot cook very well.

○　My mother goes to cooking school. She cannot cook very well. My father can cook very well. He does not go to cooking school. He cooks every Sunday. He is a very good cook. I help him sometimes. My mother is lucky..

　1980 年代の後半にも父親が料理をすることはあったかもしれないが、このように中学の英語教科書の題材になったのは初めてであろう。現場の英語教員の集まりで、この内容を説明したときに、ある女性教員から「この内容は女性が料理する権利を奪うことになるので反対です」という発言があった。この発言は、本文の最後に、Emi に My mother is lucky. などと言わせていたからかもしれないが、ジェンダー問題の議論の複雑さを示唆している。料理など家事は「大事な仕事」で誇りを持っていると考えている人たちがいることを想起させるからである。この役割分担のテーマは、内容を変更して、次の 1981 版と 1984 版の L.12「お母さんも働いている」に受け継がれる。

　なお、この他に、L.20「おばあさんは大学生」もジェンダー問題に多少とも関係させた話題である。登場人物の Jiro の 60 才の祖母が I am studying English and Chinese. I go to college. と述べる課である。この課は、その後、1981 版と 1984 版の L.13「元気なおじいさんとおばあさん」、1987 版の L.10 の「おばあちゃんは大学生」に、それぞれ、内容には多少の変化もあるが、受け継がれ、その後の 1990 年以降は消える。

　もう 1 つ例を挙げる。これは、家庭ではなく、社会における男女の役割の逆転とも言うべき現象を取り上げた課である。1990 版と 1993 版の 3 年の L.7「ニジェール」では、比較文化的な題材としてアフリカのニジェールのボボロ民族を取り上げた。そのうちの 1 ページは「男性美人コンテスト」につい

てである。

○ An interesting thing about the life of the Bororo is a beauty contest. Men make up their faces and women standing around choose the winner. Look at the pictures of the beginning of this book. Men and women wear beautiful dresses. What do you think about their sense of colors?

美人コンテストといえば、女性が登場するのが多くの現代社会の通念であるが、ここでは逆転している。これも、ある意味ではジェンダー問題を考えるきっかけになる。この種の異文化理解がらみのジェンダー問題を取り上げたのは、この 1990 版と 1993 版の 2 版が最初で最後だった。

4.3.3 女性の職業

New Crown は、女性の職業にも関心を持っていて、1981 版と 1984 版の 2 年で題材にしている。不定詞の導入で、want to を用いて、将来何になりたいかを話させる課である。この課の集大成が 1987 版 2 年の L.8「船長になりたい」である。登場人物の Emi が 'My Future Job' というスピーチで以下のように述べる。

○ Hello, every one. What dreams do you have for the future? Today, I will talk about m y dream for the future. I want to become the captain of a ship. Do you know why?

○ First, I want to be a career woman. Some women stay home, and they have a lot of work to do. Their work is important. But I want to work outside. Second, I want to see the sunset over the ocean. Once I saw a beautiful sunset from a ship. I can never forget that.

○　Third, I want to travel to make friends with many people all over the world. You now, a ship stops at various ports, and I can have a chance to meet people in every port. Last, the word 'she' is often used for a ship. So the captain of a ship should be a woman. Thank you.

以上のように、内容は、家庭の仕事も重要だとした上で、自分はキャリアウーマンになりたい、そして、世界中のいろいろな人たちに会いたいという、人間としての「夢」を語ったものである。この版は、次の 1990版にもほぼそのまま続く。そして、その後は、2012版まで農業従事者 (farmer)、保育士 (nursery school teacher)、樹木医 (tree doctor)、花火師 (fireworks artist) と職業が変わっていく。このうち保育士は、登場人物の男子 Ken のスピーチで、あと 3 つの農業従事者、樹木医、花火師は、女子の Kumi のスピーチにしている。これは意図的な方針で、女性は何でもできるのだというメッセージを託したつもりである。

4.3.4　題材に取り上げられた実在の人物の男女比

　本課に加えて Let's Read（LR）も含めて、その例を取り出してみたのが以下である。1987版と 1990版は人物伝の類いは皆無であったので、1984版からである。下線が女性で、（　）は男女比と人物の中での女性の割合（%）である。ある。

　・1978版　（2：0　0%）
　　［3年］L.11 ビートルズ、L.12 ザメンホフ
　・1981版　（2：0　0%）
　　［2年］LR キング牧師　［3年］LR アルフォンス・ドーデ
　・1984版　（2：0　0%）
　　［2年］L.7 芭蕉、LR キング牧師　［3年］L.5 ベンジャミン・フランクリン
　・1993版　（4：1　20%）

　　［1年］L.17 マルコポーロ　［2年］LR 2 ピート・グレイ　［3年］L.5 手塚治虫、L.8 キング牧師、ローザ・パークス

・1997 版　（3：3　50％）

　　［2年］LR3 ピート・グレイ　［3年］L.4 佐々木禎子、L.6 キング牧師、ローザ・パークス、L.7 ケビン・カーター、L.9 田部井淳子

・2002 版　（2：3　60％）

　　［3年］L.3 佐々木禎子、林嘉代子、L.6 キング牧師、ローザ・パークス、L.7 ケビン・カーター

・2006 版　（3：4　57％）

　　［1年］L.6 松本江理　［2年］L.8 栗本英世　［3年］L.4 佐々木禎子、L.6 キング牧師、ローザ・パークス、L.7 ケビン・カーター、LR2 緒方貞子

・2012 版　（8：4　33％）

　　［1年］L.7 京谷和幸、LR2 デイリー・スミス　［2年］L.7 ートルズ、エルビス・プレスリー、イーグルズ、LR2 アキ・ラ　［3年］L.1 ピート・グレイ、L.3 大島希巳江、L.4 佐々木禎子、L.6 キング牧師、ローザ・パークス、L.7 ウイリアム・カムクワンダ

　時系列で追ってみると、1978 版、1981 版など最初は男性のみの扱いだったが、徐々に女性が増えて、1997 版で同数になり、2002 版、2006 版では女性が多くなり、2012 版では男性が多くなった。ただ、この回数や割合の変化がジェンダー問題の問題提起になっているとは言えない。1997 版などの編集会議では、できるだけ女性の活躍を出したいなどの思惑があったが、ジェンダー問題の中心部分には触れていない。せいぜい言えるのは、全ての版の合計の男女比が 26：15 なので、題材に取り上げられた実在の人物の男女比は、約 5：3 の割合で、男性の方が多く取り上げられてきているということである。

　以上が、*New Crown* の題材におけるジェンダー問題の変遷である。全体を通して見ると、初版の 1978 版から 1987 版くらいまでは、女性の働き方や社会での役割などでジェンダー問題を取り上げてきたが、1990 版からは、

女子の主人公の将来の職業などを取り上げるだけであった。このようにジェンダー問題の扱いが希薄になった理由だが、関与していた筆者に関して言えば、ことば、環境、人権、平和、戦争などの問題提起で手一杯だった。当時の三省堂の編集者で、現在は中高教科書の相談役のような地位にいる田村優光氏と最近この問題を話し合ったのだが、1985年に女性差別撤廃条約の発効、男女雇用機会均等法の制定があり、男女は平等であるという機運が出てきたので、これに「屋上屋を架す」ことはない、むしろジェンダー問題を題材化すると、これらの法律があることも知らないのかと思われてしまう、という意識があったのではないかという結論に達した。いずれにしても、筆者に関していえば、2000年ころからジェンダー問題が欠落していたことは確かである。

4.4　RQ4 高校の４種類のコミュニケーション英語Ⅰ・Ⅱ・Ⅲ（1983～2015）

　筆者が時系列で関与したのは、*New Century* Ⅰ・Ⅱ（2冊）、*First* Ⅰ・Ⅱ（2冊）、*Exceed* Ⅰ・Ⅱ・R（6冊）、*My Way* Ⅰ・Ⅱ・Ⅲ（6冊）である。これらは、レベル別でいうと、*First* が実業高校向き、他の３つが普通高校の中間レベル向きになる。このレベルによって題材内容の質と量が影響される。

4.4.1　ジェンダー問題を主たる題材にした課

　４種類16冊の中でジェンダー問題をいわば本格的に取り上げているのは、唯一 *New Century* Ⅱ（1983）のL.8 'Women in the United States' である。筆者が初めて高校の教科書編集に参加した版である。この課は８ページ構成であるが、写真が多く入っているので、実質は４ページほどの分量になる。語彙数は420語前後なので、2.1.2に取り上げた *Prominence* Ⅲの第14課と比べると３分の１強である。段落ごとの概要は以下のとおりである。

①　現在、女性の地位は向上したといわれているが、紀元前18世紀のバビロニア時代よりも、状況は遅れている。

②　1776年の独立宣言には "…all men are equal." とあるが、その時の

men には女性は含まれていなかった。

③　初期時代の米国の女性は、子育て、家畜の世話、畑仕事の労働力になっていたが、夫の財産の分配の権利などでは、不利な状況にあった。

④　バビロニア時代の女性は、ハムラビ法典によって、離婚や夫と死別した場合は花嫁代金や持参金などは自分の所有になった。

⑤　南北戦争の頃は、女性は奴隷解放にも尽くしたが、戦争が終わる頃には、黒人には選挙権が与えられたが、女性にはなかった。

⑥　女性が選挙権を勝ち取ったのは 19 世紀の終わりである。

⑦　1869 年にワイオミング州で女性が選挙権を勝ち取り、これが 1920 年までに全米に広がった。

⑧　この政治的平等のために闘った女性はフェミニストと呼ばれた。

⑨　独立戦争後の米国は産業発達の時代に入り、女性は労働力として使われた。

⑩　1929 年の大恐慌のときは女性は、男性よりも安い労働力として、家族を養うために働いた。

⑪　第二次世界大戦のときは、女性は男性に劣らぬ労働力になっていた。

⑫　戦後の 1950 年代には、男性から女性は家に戻るべきという要望が出たが、女性は断った。

⑬　今日、多くの女性は自問している：家庭は女性の唯一の場所か、なぜ女性が家事をするのか、なぜ女性には十分な教育機会がないのか、……。

⑭　1960 ～ 1970 年代に女性解放運動が全米でおこった。でも女性差別は 20 世紀末までになくなると思っていた女性はほとんどいない。この問題解決のためにはもっと時間がかかるだろう。

　この内容は、ジェンダー問題を真っ向から問題にした課と言える。外国のことなので、広義の異文化理解としても英語教育が扱う価値がある。ただ、今にして思うと、これが「我が身の問題」になっていなかったという点でインパクトを欠く。あと 1 ～ 2 ページ増やして、日本の身近なジェンダー問題を取り

上げれば、生徒はもっと切実な問題として受け取ることができただろう。

4.4.2　題材に取り上げられた実在の人物の男女比

　氏名の抽出の基準や方針は、4.2.2 の場合と同様である。各教科書の発行年を（　）で示している。最初の 2 冊は、I、IIの順序を優先したので、発行年が前後している。

・*New Century I*（1985）
　L.5 キャロン・キーナム、シェイクスピア、L.9 ユリアナ・ジュロビック、L.10 ドラキュラ、L.13 チャールズ大帝、アレキサンダー大王、バン・ディック、ルイ 18 世、アンブローズ・バーンサイド、エルビス・プレスリー、L.14 ビートルズ、ジョン・レノン、リンゴ・スター、ポール・マッカートニー、ジョージ・ハリスン
・*New Century II*（1983）
　L.5 アメリオ・ブルーマー、L.7 ヘンリー 3 世、エリザベス 1 世、ジェイムズ 1 世、クロムウェル、L.8 マーク・アントニー、ジュリアス・シーザー、シェイクスピア、L.12 トマス・ジェファソン、L.13 ジョン・レノン、オノ・ヨーコ、ビートルズ、ダグ・ムールホール、L.14 ツァン・チー、コルテス、L.15 ジョージ・ドナー、ウイリアム・コウディ、リンカーン、リチャード・ニクソン、L.18 川村真理
・*First I*（1988）
　L.3 チャンドラ・シン、L.7 福岡稔、福岡麻由、L.14 曽我部こずえ、L.17 ルー・ホーン一家、L.18 ザメンホフ
・*First II*（1989）
　L.3 ラングストン・ヒューズ、L.6 ダーヒンニエニ・ゲンダーヌ、L.12 瀬古利彦、ボブ・ウィーランド、L.14 シェイクスピア、L.15 ジョン・レノン、L.16. ある先生の妻と女生徒たち
・*Exceed I*（2002）
　L.2 星野道夫、L.3 吉田兄弟（良一郎、健一）、L.4 ジョージ・エベレスト、

ヘンリー・エアーズ、L.5 クリス・ムーン、L.7 サンテグジュペリ、L.8 <u>レ</u>
<u>イチェル・カーソン</u>

・*Exceed II*（2003）

L.1 <u>上田直子</u>、L.2 福本豊、梶正義、L.4 恩田敏夫、吉川生美、L.5 <u>金子み</u>
<u>すゞ</u>、L.7 ジョン・レノン、ポール・マッカートニー、ビートルズ、L.8
ザーネ・サンダース、<u>ムンダベリー</u>

・*Exceed R*（2004）

L.1 <u>マリー・スミス・ジョーンズ</u>、ダリル・ボールドウィン、L.4 <u>大石芳</u>
<u>野</u>、オミド、パパニ、ティルミ、<u>ハ</u>、L.5 ヨーヨーマ、L.6 A. A. ミルン、
クリストファー・ロビン、L.7 宮沢和史、イジー、アルフレッド・カセー
ロ、L.9 男女8人の若者、L.10 アリアス大統領

・*Exceed I*（2006）

L.1 <u>マリー・スミス・ジョーンズ</u>、L.2 星野道夫、L.3 吉田兄弟（良一郎、
健一）、L.4 ジョージ・エベレスト、ヘンリー・エアーズ、L.5 クリス・
ムーン、L.6 ジョバンニ・カッシーニ、L.7 高知商業高校男子1年、L.8 <u>レ</u>
<u>イチェル・カーソン</u>

・*Exceed II*（2007）

L.2 福本豊、梶正義、L.4 恩田敏夫、吉川生美、L.5 <u>金子みすゞ</u>、L.7 ジョン
・レノン、ポール・マッカートニー、L.8 ザーネ・サンダース、<u>ムンダベリー</u>

・*Exceed R*（2009）

L.5 ジョン・カーニ、デイビット・クリスタル、<u>ジェニファー・ジェンキ</u>
<u>ンス</u>、デイビッド・グラドル、L.8 岡本太郎

・*My Way I*（2013）

L.1 レオナルド・ダ・ビンチ、<u>アウン・サン・スーチー</u>、白鵬、L.2 <u>高橋</u>
<u>尚子</u>、L.4 エリオット・アーウィット、L.6 ピカソ、モネ、L.7 バラク・
オバマ、三宅一生、L.10 益川敏英

・*My Way II*（2014）

L.2 仏陀、L.3 <u>エミリー・カミンズ</u>、L.5 <u>女子デフサッカーチーム</u>、L.7 <u>坂</u>
<u>井泉水</u>、L.9 チャップリン

・*My Way Ⅲ*（2015）

L.3 山中伸弥、L.9 アウン・サン・スーチー

・*My Way Ⅰ*（2016）

L.1 レオナルド・ダ・ビンチ、アウンサンスーチー、白鵬、L.2 やなせたかし、L.3 クーベルタン、L.4 山本容子、L.7 篠田ちひろ、L.10 ベアトリクス・ポッター

・*My Way Ⅱ*（2017）

L.2 ボイヤン・スラット、L.3 コロンブス、L.4 ホセ・ムヒカ、L.5 女子デフサッカーチーム、L.7 坂井泉水、L.9 チャップリン

・*My Way Ⅲ*（2018）

L.2 野内与吉、L.3 山中伸弥、L.9 アウン・サン・スーチー、L.13 バラク・オバマ

　最初の *New Century* はⅠ・Ⅱは、他の教科書と比べると、歴史上あるいは実在の人物を多く扱っている。ただし、例として氏名のみが出ることが多く、その人物の紹介が主になっているわけではない。全体として、ジェンダー問題の視点からみると、実在する人物の女性の扱いは男性と比べるとかなり少ない。この4種類を積算した実在の人物の男女比は93：30で、およそ3：1である。

5. まとめと課題

　本稿は、現在使われているできるだけ多くの中高の英語教科書におけるジェンダー問題の扱いと、この40年ほどにわたって筆者が関与してきた中高の教科書におけるジェンダー問題の一端を垣間見てきた。全体として言えるのは、昔も今も中高の英語教科書の題材におけるジェンダー問題の扱いは不十分であるということである。これは、外国語としての英語教育においても、国際補助語としての英語教育においても、ジェンダー問題は「スルー」されているということである。ジェンダー問題は、英語教育が標榜すること

ばの教育、異文化理解教育、人間教育のいずれにも関係する要のような問題
である。この重要な問題を見落としてきた。

　「見落としてきた」などと他人事のように述べてしまったが、筆者本人は
その重大な責任を負っている。長い間、中高の英語教科書に関与してきたか
らである。特に、1978年の初版の *New Crown* からの10年余ほどは、男
女の役割分担や女性の職業などにおいてジェンダー問題の周辺を取り上げた
が、それ以上進展させられなかった。これは高校の教科書についても言える。

　このように、中高の英語教科書の題材をみると、その扱いが不十分であ
るが、その中にあって、中学校の *One World 3*（教育出版）のL.6 'Why
do You Have to Work?' と、高校の *Prominence Ⅲ*（東京書籍）のL.14
'Equality in the Work Place, Equality in the Home' は光明と言える。前
者は少ない言語材料で要を得た議論をしているし、後者は網羅的に議論が尽
くされていて、今後のあり方の指針となる。また、*New Century Ⅱ*（三省
堂）のL.8 'Women in the United States' も「我が身に迫っていない」と
いう点で完成度が不足しているが、ジェンダー問題の題材として参考とな
る。

　日本社会はジェンダー問題では著しく遅れている。これを打破するために
も、英語教育でも教科書においてこの問題を取り上げる必要がある。どのよ
うなテーマがあるか。すでに大方も承知しているが、教科書著作者としての
これまでの我が身の非を脇において言わせてもらえれば、たとえば、［資料
2］にあるような問題である。この中には、いわば定番になっている問題——
「給料が男性よりも低い」、「男性が育児休業をとりづらい」、「女性の政治家
や首長が少ない」などがある。「大学入試で女性の点数が低く付けられる」
「理系の大学院の女子率で日本は低い」など女性の権利を著しく侵害する、
あるいは、阻む問題も浮上してきている。また、「クラス名簿が男子から始
まっている」ことや「クラブ活動のマネージャーが女性である」など中学生
や高校生にとって非常に身近な古い問題もある。さらには、ジェンダー問題
の新局面として、LGBT あるいは transgender（性別越境者）、intersex（間
性）の問題も出てきている。これらの問題は、当事者が周囲にいる、隣りの

席に該当者がいるという意味で扱いにくい問題である。これらのジェンダー問題は、人間としての権利、個人の権利という人間教育の根幹にかかわる問題で、英語教育も積極的に扱っていかねばならない。

　なお、今回は中高の教科書を取り上げたが、小学校の教科書も検討する必要がある。小学校の場合は、絵図が多用されているだけに「表象」としての問題も多い。また、題材にしても、検証が必要である。たとえば、2018年度版 *Hi, friends! 2*, L.7 の桃太郎の昔話の取り上げ方などである。形容詞 strong, brave の叙述用法の導入は、男子と結びつくと、ジェンダー論の点でなんと危ういことか。さらに、今回は主として人間教育の面からジェンダー問題を取り上げてきたが、小中高全体を通じて、異文化理解教育としてのジェンダー問題、言語教育としてのジェンダー問題がある。そして、何よりも日本人がなぜこれほどにジェンダー問題に遅れを取ってきたのか究明しなければならない。これらについては稿を改めたい。

謝辞

　本稿執筆にあたり、英語教科書とジェンダー問題に気づかせていただいた石川有香氏に、また、教科書の閲覧などの便宜を図っていただいた三省堂の田村優光氏、堀川真由美氏に感謝申し上げます。

資料

［資料1］　教育基本法 第一章　教育の目的及び理念

（教育の目的）

第一条　教育は、人格の完成を目指し、平和で民主的な国家及び社会の形成者として必要な資質を備えた心身ともに健康な国民の育成を期して行われなければならない。

（教育の目標）

第二条　教育は、の目的を実現するため、学問の自由を尊重しつつ、次に掲げる目標を達成するよう行われるものとする。

　一　幅広い知識と教養を身に付け、真理を求める態度を養い、豊かな情操と道徳心を培うとともに、健やかな身体を養うこと。

　二　個人の価値を尊重して、その能力を伸ばし、創造性を培い、自主及び自律の精神を養うとともに、職業及び生活との関連を重視し、勤労を重んずる態度を養うこと。

　三　正義と責任、男女の平等、自他の敬愛と協力を重んずるとともに、公共の精神に基づき、

主体的に社会の形成に参画し、その発展に寄与する態度を養うこと。

四 生命を尊び、自然を大切にし、環境の保全に寄与する態度を養うこと。

五 伝統と文化を尊重し、それらをはぐくんできた我が国と郷土を愛するとともに、他国を尊重し、国際社会の平和と発展に寄与

[資料2] 新聞見出しにみるジェンダー問題

　筆者は、日英言語文化学会（AJELC）の定例研究会（隔月）や年次大会（年1回）の会長挨拶（約8分）の後半で、朝日新聞の記事の見出しから、言語・文化・教育の動向を紹介し、その中から下線の2つ〜4つを取り出して、簡単な解説と一言寸評を試みている。以下は、この見出しの中から2018年と2019年の2年間のジェンダー問題に関するものを抜き出してみたものである。ただし、社会面にみられる男性からの女性に対するDVの問題は除いている。（　）の数字は日付けである。

[2018年]

・〈声〉「JK用語」に言葉の大切さ思う（2.11）・〈ビル・ゲイツ氏に聞く〉AI 人間の自由高まる 女性自立 社会を底上げ（2.20）・〈たぶん僕らの問題です〉②男性も家に帰ろう　田中俊之さん　大正大学准教授（男性学）（2.22）・③「政治は男が」を変えて　野田聖子さん 総務相（2.23）・④権利も責任もシェア オーサ・イェークストロムさん・⑤生き方押しつけないで 芳野友子さん（2.28）・⑥　・⑦不平等 複合的に捉えて 野中ものさん（3.2）・⑧男は全面降伏しかない 手塚マキさん（3.3）・〈Dear Girls〉 男性はリーダー向き／女性が育児すべきだ それは「無意識の偏見」（アンコンシャスバイアス）です（3.8）・「性は多様」学びの場にも 性別問わず選べる制服 柏市の中学（3.29）・〈記者有論〉 ムスリム女性の嘆き 外国人の背景 理解深めて（4.19）・〈憲法を考える 4〉 女性専用車に「逆差別」主張 「平等」の進化 遠い道のり（5.6）・〈文化／文芸〉 闘いとってきた変化　女性の経験 フェミニズムが再定義 上野千鶴子（5.23）・〈教育〉女性政治塾 学生も刺激（6.26）・「心は女性」受け入れ進む女子大 お茶大決定に続き 4校本格検討（7.10）・〈声〉首相産休の国 男性の意識に差（7.13）・医学部目指す若者へ「留学に来て 東京医大入試の女子減点問題 欧州の大使館がツイート（8.8）・〈どう思いますか〉医学生の「男女比調整」是非は 医師の仕事 男性有利は幻想 ／「性別役割分業」は時代遅れ 外科系勤務医の待遇改善がカギ（8.29）・女子が上 2都県のみ 4年制大学の進学率 本社試算（10.10）・〈声〉女子大や面接選考は公平ですか（10.15）・女子評価一律1段階下に複数大で判明（10.18）・〈声〉女子大や面接選考は公平ですか（10.15）・女子評価一律1段階下に 追加合格決定 不適切入試 複数大で判明（10.18）・福岡県立高 願書／受験票の性別欄廃止「選考に不要」教員記入の調査書には残る（10.18）・ノーベル賞の「妻の支え」注目されるが…「時代にそぐわぬ」当事者「なぜ私が」（10.19）・野田委員長 「さん」付けで議事（11.2）・管理職になりたい女性教員7% 男性の4分の1 国立女性教育会館調査（11.6）・国会で「さん」付け な

ぜ注目？（11.9）・〈声〉（乳幼児向け番組の名称）「おかあさんと…」見直しては（11.11）・女性ゼロ議会　解消へ挑む　地方議会の2割なお不在（11.19）・〈声〉違和感あった「男子→女子」の順の名簿（12.21）

［2019年］

・3つの統計から見える日本　教育費比率114位、ジェンダーギャップ指数110位、財政債務残高比率1位（1.9）・男性の育休　さらに進化形（1.15）・頭の中に別の私　わかってほしい　解離性同一性障害［多重人格］（1.26）・〈サヨナラしたい8つの呪縛〉　①「声上げる女性黙れ」の空気（2.27）・②「男が上」学校の刷り込（2.28）・③生き残るため「男社会」に同調（3.1）・④「女は家のことを」の固定（3.2）・⑤「男は仕事してなんぼ」重圧（3.6）・⑥お茶の用意は「女性の役割」（3.7）・⑦年齢や容姿　「自虐」で予防線（3.8）・⑧「ウケるから」差別潜む表現（3.9）・〈声〉性別「どちらでもない」の選択肢（3.8）・女性が動けば世界は変わる　国連事務次長　中満泉さん　日本　「男性優位」の刷り込みは異常（3.7）・男子校 男女対等の教え 私立難関校 離乳食試食 教室に赤ちゃん 仕事／育児（3.9）・男の妊活『妊活大事典』で気軽に（3.9）・「性差別の横行 東大も例外ではない」上野千鶴子氏 入学式祝辞で言及（4.23）・報道番組で「性別どちら？」読売テレビ コーナー中止「人権感覚の欠如」批判受け謝罪（5.14）・「男性に生まれ変わって成仏」「夫・子に従うべき」仏典の女性差別 どうする（6.18）・女性の働き手 初の3,000万人超　就業者数の男女差 縮まる（7.31）・「フェミタクシー」命守るため、客も運転手も女性限定、ブラジルで拡大（8/6）・〈声〉女性活躍より女性「安心」社会を（8/8）・男性育休 進むか日本、取得検討の小泉環境相めぐり賛否、「甘くない」の声／海外は首相が、「希望86% 取得10%」（9/13）・理系院生の女子率 OECD最下位、修士23% 博士21%（10/8）・男女平等世界一への道、意思決定に女性を、決定打は金融危機、アイスランド女性権利協会事務局長（10/25）・〈声〉職業欄の「主婦」に感じる違和感（10/27）・一人を指す「they」使用広がる、he, sheの代わり 性の中立保つ（12.12）・男女格差 広がる日本 過去最低121位、主要7ヵ国最下位、女性進出 遅れ際立つ政治（12.18）

引用文献

石川有香（1998）「異文化理解と性差別の問題」『言語文化科学論集』*11*，21-29.

伊藤明美（1999）「英語教育とジェンダー — 中学校の英語教科書を中心に」『藤女子大学・藤女子短期大学紀要』*36*（1），61-83.

崎田智子（1996）「英語教科書の内容分析による日本人の性差別意識の測定」『実験社会心理学』*36*（1），103-113.

5. 戦前期日本の英語教科書はジェンダーを どう扱ってきたか

江利川　春雄（和歌山大学）

erikawa@wakayama-u.ac.jp

How did English textbooks in prewar Japan deal with gender?

ERIKAWA　Haruo（Wakayama University）

Abstract

The Japanese education system from the 1870s to the 1940s, except for primary education, was gender-separated. English education for girls was underestimated than that for boys. Our analysis of 24 English textbooks of the 1900s, 1920s, and 1940s showed that (1) gender differences in character illustrations increased over time, (2) war materials were consistently more common in boys' textbooks, especially in the 1940s, (3) the teaching materials on masculinity / femininity gradually increased with each era. Gender gaps in pre-war English textbooks were on the rise.

1. はじめに

　本研究の目的は、戦前期日本の英語教育においてジェンダーがどのように扱われてきたのかを、主に英語教科書における題材内容をもとに歴史的に考察することである。対象とする時期は、明治期から敗戦・占領下での新制移行（1947年）までとする。

　はじめに明治以降の女子教育に対する学校制度史的な特徴を概観し、女子英語教育に対する代表的な言説を考察する。次に、男子用および女子用の英語教科書の題材を比較検討することで、両者のジェンダー的な特徴を抽出する。

　英語教科書におけるジェンダー分析に関しては、崎田（1996）、佐々木（1996）、中井（2002）、鈴木（2005）、高橋（2006）、長尾（2009）、末澤（2018）などの研究があるが、いずれも近年の教科書を対象としており、歴史的な考察はない。そうした中にあって、英語教科書を歴史的に考察し、ジェンダー問題に触れた先行研究には、宮本（2002）、小篠・江利川（2004）があり、本稿でも援用した。

　小論で分析対象とした英語教科書は、明治・大正・昭和期の以下の6種類24冊である。

① 　鐘美堂編輯部編（1902）*Standard choice readers for use in middle and other schools.* 第1巻～第4巻、鐘美堂。および、武田錦子著（1902）*Girls' English readers*（女子英語読本）、第1巻～第4巻、金港堂書籍。前者は当時、中学校用教科書として採択率1位であり、後者は日本初の高等女学校専用教科書で、1907（明治40）年時点で、132校の高等女学校のうち57校（43%）で採択されていた（小篠・江利川、2004：48）。発行年は両者とも1902（明治35）年である。

② 　神田乃武著（1923）*New crown readers* 第6版、三省堂、全5巻。および、神田乃武著（1925）*Girls' new crown readers* 第6版、三省

堂、全5巻。大正期を代表する英語教科書で、同一の著者と出版社か
ら刊行され、刊行時期も近い。

③ 中等学校教科書株式会社著作・発行（1944・1945）『英語（中学校
用)』および『英語（高等女学校用)』、各第1巻～第3巻。太平洋戦争
期という旧制下の最後に刊行された準国定教科書で、ともに東京高等
師範学校関係者によって編纂された。

なお、本文中では、①を「明治期」、②を「大正期」、③を「昭和期」の教
科書として記述している。

2. 学校制度史の概観と女子英語教育への主要言説

2.1 近代学校制度史における女子教育

明治期に近代学校制度が確立されて以降も、中等以上の学校においては
男女別学が原則であり、とりわけ大学教育は女子にはほぼ閉ざされていた。
帝国大学に女子の入学が許可されたのは1913（大正2）年の東北帝大が最
初であり、東京帝大や京都帝大などは戦後まで女子の入学を認めなかった。
1901（明治34）年には日本女子大学校が設立されたが、法令上は専門学校
の扱いだった。女子の社会進出は、学校制度的に抑制されていたのである。

そのため、高等女学校の教育課程は数学、外国語、理科などの一般教養
科目を軽視し、修身、家事、裁縫に多くの時間を割り当てることで「良妻賢
母」の育成をめざした。外国語教育（実質的には英語教育）においても男女
の差は歴然としており、男子の旧制中学校が外国語必修だったのに対して、
高等女学校では欠くことができ、課す場合でも随意科目の扱いが多く、週あ
たりの授業時数も中学校の半分ほどの3時間程度だった。外国語教科書の発
行状況（1887-1946年）を見ても、中学校用（男子）の1,803種に対して、
高等女学校用は435種（対中学校比24%）にすぎなかった（小篠・江利川、
2004：5）。

小学校教員を養成した師範学校でも、1889（明治22）年には女子師範学

校の教科目から、それまで必修だった英語が削除され、1907（明治40）年に加設随意科として復活するまで続いた。

　とりわけアジア太平洋戦争期には、女子の外国語教育が大幅に縮減された（江利川、2018：154）。1942（昭和17）年4月には、高等女学校の外国語は必修ではない「増課教科」に格下げされた。さらに、同年9月より、外国語は随意科目として週3時間以下に制限され、課外での授業も禁止された。また、外国語の履修者は2学年修了時に成績や保護者と本人の希望を調査した上で3年次以降の履修を指導するとした。外国語を履修しない女子生徒には「主として家事（特に育児保健）、理科、実業を履修せしむること」とした。外国語教育を縮減し、戦時体制下での「産めよ増やせよ」の出産奨励と、工業生産力の増強に誘導したのである。

2.2　女子英語教育への言説

　明治中期における女子への英語教育の必要・不要論を見てみよう。まず、『和訳詳解　英語女用文かゞみ大全』を編纂した宮崎嘉国は次のように必要論を述べている（宮崎、1887：緒言）。

> 　男子の如きは各々執る所の職務に鞅掌し専ら交際に従事するの暇なきに至る是を以て花晨月夕吉凶禍福或は人を招き或は物を贈り或は慶し或は弔し或は起居を訪ひ或は安否を報ずる等人間交際上の細務は多く夫人の手に帰せざるを得ず是れ今日英語の婦女子に必要にして殊に尺牘文〔＝手紙文〕の学ばざるべからず所以なり

　このように、女性が英文で手紙を書くことを奨励しているが、それはあくまで多忙な夫に代わっての内助の功としてである。

　女子英語教育への不要論としては、明治期を代表する啓蒙思想家・福沢諭吉が「狂気の沙汰」とする激烈な否定意見を述べている（福沢、1889：135-136）。

> 　試に今日女子の教育を視よ、都鄙一般に流行して、その流行の極、しきりに新奇を好み、山村水落に女子英語学校ありて、生徒の数、常に幾十人ありなどい

えるは毎度伝聞するところにして、世の愚人はこれをもって教育の隆盛を卜する
ことならんといえども、我が輩は単にこれを評して狂気の沙汰とするの外なし。
三度の食事も覚束なき農民の婦女子に横文の素読を教えて何の益をなすべきや。
嫁しては主夫の襤褸を補綴する貧寒女子へ英の読本を教えて後世何の益あるべき
や。いたずらに虚飾の流行に誘われて世を誤るべきのみ。

　ここで福沢が述べていることは、彼の農村、貧者、そして女子に対する
重層的な差別であり、中国人や韓国人などのアジア民衆に対する差別を扇動
した「脱亜論」（1885）とともに、明治啓蒙思想の限界を示しているといえ
よう。福沢にしてこのレベルであるから、明治期の女性蔑視がいかに甚だし
かったかを想像できよう。

　そうした中にあって、『女子英語教育論』（1936）を著した岡田美津は、
日本の女性が英語を学ぶ目的を同書で次のように述べている（47ページ）。

　　　日本人即ち日本の女性に、英語を学ばしめる真の目的は、新知識の獲得と、英
　　文学の鑑賞とを通して、外国文明に対する理解を得させ、英語を用ひる国民の心
　　意を悟らせる点にある。しかも、英語が世界的言語であるために、英語を学べば、
　　国際的雰囲気に浸り、世界的思想に接触し、偏狭な考へや感情がなくなるわけに
　　なる。（中略）さういう教育を受けた女性は、おのづから見識が高くなり、感情
　　が洗練されて、真に教養ある婦人となり、英文学の研究や、学術界に於ける英語
　　の利用などで、自国及び世界の文化に貢献するまでに至るものである。

　このように、岡田の女子英語教育目的論は「単に、実用的、効益的方面に
存するのではなく」、「見識が高くなり、感情が洗練されて、真に教養ある婦
人」（46ページ）になるためで、福原麟太郎の文化教養説に近いものである。
ただし、その対象は、中等教育を受けることのできた1〜2割程度の特権的
な女子に限られたものであった。

3. 戦前期の英語教科書にみるジェンダー的特質

　①明治期、②大正期、③昭和期の 6 種類 24 冊の英語教科書の題材内容について、(1) 人物の挿絵に占める女性の割合、(2) 戦争教材の割合、(3) 男性らしさ／女性らしさに関する教材の割合（当該内容を含む課の全課に占める割合）を、中学校用（男子用）と高等女学校用（女子用）に分けて分析した。サンプル数が制限されているため安易な一般化はできないが、実態の一端が浮かび上がってくる。

3.1　人物の挿絵に占める女性の割合
　教科書のジェンダー的な特質を可視化するものとして、教科書中の挿絵に占める女性の割合を調査した（図 1）。その結果、女子用読本では、①明治期 51%、②大正期 54% に対して、③昭和期は 79% と突出して高かった。逆に男子用読本では、①30% −②20% −③16% と低下している。このように、ジェンダー的な差異は時代を経るごとに強まっていった様子がわかる。

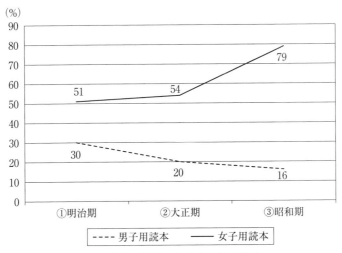

図 1　人物の挿絵に占める女性の割合

たとえば、③昭和の戦時下で刊行された『英語1』では、中学校用に Be a Good Japanese Boy!（良き日本男児たれ！）、女学校用に Be a Good Japanese Girl!（良き日本女子たれ！）という精神訓話的な教材が収められており、挿絵も男子の中学生と女学生に描き分けられている。

3.2　戦争教材の割合

　日本の近代史は、日清戦争（1894-95）、日露戦争（1904-05）、第一次世界大戦（1914-18）、日中戦争（1937-45）、第二次世界大戦（1939-45）など、文字通り戦争に明けくれていた。これらは英語教科書にも反映していた（江利川、2015）。では、男性性の象徴ともいえる戦争を扱った教材の割合は、どう変化したのだろうか（図2）。

　全期間を通じて、男子用のほうが戦争を扱った教材の割合が多い。とりわけ、太平洋戦争期の③は男女とも突出して多くなっており、特に男子用では17％と、女子用の6％の約3倍となっている。

　明治期の『女子英語読本』では、男子が戦争ごっこに夢中になっている様子を示した課の次のページに、女子が人形遊びに興じる様が描かれている。

　『女子英語読本』は、本稿で分析対象とした1902（明治35）年版の第1巻

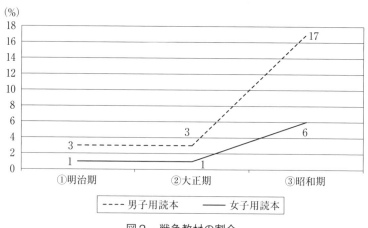

図2　戦争教材の割合

には、戦争教材はほとんどなかった。しかし、日露戦争後に改訂された1907
（明治40）年版では内容が一変し、9編もの戦争教材が加えられ、「乃木大将
は其愛児二人を戦争で失はれました。」「我々の国の為めに戦ふは我等の義務
です。」といった英作文問題も盛り込まれた。

　男性だけでは戦争はできない。女性が銃後の護りを固め、母親が息子を軍
隊に差し出す覚悟が必要である。「良妻賢母」教育を進めた高等女学校の英
語教育は、そうした「軍国の母」を育てる役割をも担っていたのである。そ
の点は、昭和期の③でさらに著しくなる。

　③昭和期の『英語（中学校用）』と『英語（高等女学校用)』（1944-45年）
は、太平洋戦争末期という時局を反映して、戦争教材が一気に上昇している
（男子用17％、女子用6％）。狭義の戦争教材にとどまらず、「軍事」「戦時的
自覚」「大東亜共栄圏」などを含む「戦時的な教材」を扱った課は、全6冊
の平均で27％と、①明治期、②大正期の教科書よりも突出して多い（江利
川、2008：99）。

3.3　男性らしさ／女性らしさを強調した教材の割合

　「男性らしさ」の象徴は軍人や戦争行為などの教材に典型的に現れており、
「女性らしさ」は良妻賢母的な内容の教材が典型である。図3は、女子用読
本に盛り込まれた「女性らしさ」と、男子用読本に盛り込まれた「男性らし

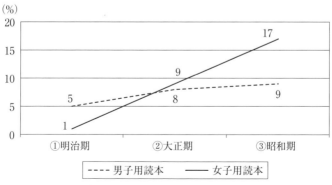

図3　男性らしさ／女性らしさ教材の割合

さ」を強調した教材の割合を示している。どちらも①明治－②大正－③昭和
と進むごとに割合が増えているが、特に女子用読本での「女性らしさ」を強
調した教材の伸びが著しい。

　①明治期の『女子英語読本』の中の女学校の授業内容を扱った What Do
You Learn at School? では、毎日2時間の裁縫の授業で、女子が洋服、袴、
帯を縫う様子が述べられている。また、東京の高等女学校への進学を望む娘
に対して、父親が「生意気」で「おてんば娘」になるという懸念から躊躇す
る様子が記されている。

　②大正期の男子用 *New crown readers* では、男らしさの象徴として軍人
に関する教材が多く盛り込まれている。少年と軍人の交流、エリザベスⅠ世
時代の兵士の話、ナポレオンに命を捧げた少年の話、英国海軍の話などであ
る。

　③昭和・戦時下の『英語』で注目されるのは、「戦時的自覚」を促す教材
が、男子用の8％に対して女子用が14％に達していることである。これは
戦場に赴く男子と、銃後の護りを求められる女子との性差を考慮したためで
あろう。たとえば、女子用巻2の From Harue's Diary には、工場での勤労
動員（labour-service）に励む女子学生の姿が日記風に描かれている。また、
巻3の The Mother of a Japanese Soldier は、1人息子の戦死通知を受け
た母親を見舞った大学教授が、彼女の涙を見せない毅然たる態度に感嘆する
話である。そこには次のような描写が出てくる。

> 　To the professor she did not seem to be heart-broken. No tears
> stood in her eyes, and she was as calm as deep, still water. Even a
> smile was seen on her lips.
> 　She had been struggling within her all this time to keep down
> grief. Like the mother of *samurai*, she could smile bravely before the
> professor, even though her heart was breaking.

　銃後を護る「軍国の母」の模範像が描かれている。アジア・太平洋戦争は
総力戦であるから、教科書では老若男女を問わず、国家への滅私奉公を求め

る教材が盛り込まれたのである。

　こうして、日本は 1945 年 8 月の敗戦を迎え、連合国軍の占領下に入る。軍国主義教育から民主主義教育への転換が図られ、1947 年度に発足した新制中学校では、男女共学が原則とされた。その最初の教科書が文部省著作の *Let's learn English* で、表紙には男女が並んで歩く姿が描かれている。1949 年度からは民間の検定教科書の時代に入るが、圧倒的なシェアを占めた *Jack and Betty*（開隆堂）の表紙にも、仲良く手をつなぐ男女が描かれている。こうして、ジェンダー格差を解消する時代へと移行するが、その道のりは決して平坦ではなかった。

4. おわりに

　明治以降の中等以上の学校制度は男女別学が原則であり、女子への良妻賢母教育など、性差に応じた教育が一般的だった。ジェンダーの差は英語教育においても歴然としており、啓蒙思想家として名高い福沢諭吉でさえ、地方の女子への英語教育に対しては「狂気の沙汰」と痛罵する有様だった。高等教育機関への進学がほぼ閉ざされていた高等女学校では、外国語教育が軽視され、授業時数は男子が通う中学校の半分程度にすぎなかった。

　①明治期、②大正期、③昭和期の 6 種類 24 冊の英語教科書の題材内容について、(1) 人物の挿絵に占める女性の割合、(2) 戦争教材の割合、(3) 男性らしさ／女性らしさに関する教材の割合を、中学校用（男子用）と高等女学校用（女子用）に分けて分析した。

　その結果、(1)「人物の挿絵に占める女性の割合」に関しては、女子用読本では①明治期 51%、②大正期 54% に対して、③昭和期は 79% と突出して高かった。逆に男子用読本では① 30% - ② 20% - ③ 16% と低下した。戦前期においては、ジェンダー的な差異が時代を経るごとに強まっていった傾向が窺える。

　(2)「戦争教材の割合」は、3 期を通じて男子用のほうが多い。とりわけ、太平洋戦争期の③では男女とも突出して多くなっており、男子用では 17%

と、女子用の6％の約3倍となっている。

　(3)「男性らしさ／女性らしさに関する教材の割合」は、どちらも①明治
－②大正－③昭和と進むごとに割合が増えているが、特に女子用読本での
「女性らしさ」を強調した教材の伸びが著しい。とりわけ昭和の戦時期には、
女性としての「銃後の護り」を盛り込んだ教材が増えた。こうした点は、(2)
の戦争教材の上昇と併せて、アジア・太平洋戦争という総力戦下で、教科書
によるイデオロギー操作が熾烈を極めていたことの反映であろう。

　現在に至る日本の男女不平等は、こうした戦前からの教育内容も一因で
あろう。改善に向けた粘り強い取り組みと、教科書の内容改善が必要であろ
う。

　小論はサンプル数が乏しく、データや考察の安易な一般化はできない。よ
り精緻な分析と考察が求められるとともに、対象範囲を戦後にまで拡張し
て、近現代日本の英語教育においてジェンダーがいかに扱われてきたかの全
体像を解明することが望まれる。

引用文献

淺川和也・伊藤明美・吉原令子 (2005)「英語教育におけるジェンダー」『JACET 全国大会要
　　綱』*44*、215-216.

江利川春雄 (2008)『日本人は英語をどう学んできたか：英語教育の社会文化史』東京：研究社 .

江利川春雄 (2015)『英語教科書は〈戦争〉をどう教えてきたか』東京：研究社 .

江利川春雄 (2018)『日本の外国語教育政策史』東京：ひつじ書房 .

岡田美津 (1936)『女子英語教育論』東京：研究社 .

小篠敏明・江利川春雄編著 (2004)『英語教科書の歴史的研究』東京：辞游社 .

崎田智子 (1996)「英語教科書の内容分析による日本人の性差別意識の測定」『実験社会心理学
　　研究』*36* (1)、103-113.

佐々木恵理 (1996)「英語の性差別語と日本語人への影響：英語教科書の調査と共に」『ことば』
　　17、13-30.

末澤奈津子 (2018)「高校英語教科書におけるジェンダー分析：コーパスを用いたコミュニケー
　　ション英語Ⅰの比較研究」『日本ジェンダー研究』*21*、95-106.

鈴木卓 (2005)「中学校英語教科書におけるジェンダー・バイアス：機能文法を用いた分析」
　　『フェリス女学院大学文学部紀要』*40*、19-28.

高橋美由紀 (2006)「いちばん変わったのは女性の役割と地位：中学教科書が映すジェンダー

政策の変遷」『英語教育』（大修館書店）、*55*（11）、19-21.

中井基博（2002）「高等学校英語教科書のセックス／ジェンダー表現」『都留文科大学研究紀要』*54*、83-96.

長尾史英（2009）「中学校英語教科書におけるジェンダー分析」『飯田女子短期大学紀要』*26*、37-46.

福沢諭吉（1889）「文明教育論」『時事新報』明治22年8月5日社説（山住正己編（1991）『福沢諭吉教育論集』東京：岩波書店、135-136.）

宮崎嘉国編（1887）『和訳詳解　英語女用文かゞみ大全』東京：宮崎嘉国刊・講英学舎蔵版.

宮本美和（2002）A comparative study of English readers for males and females in the prewar era. 和歌山大学大学院教育学研究科修士論文（未刊行）

6. Gender Differences in L2 English Persuasion Role-Plays: A Study Based on the ICNALE Spoken Dialogue

ISHIKAWA, Shin'ichiro （Kobe University）

iskwshin@gmail.com

Abstract

This paper investigated how gender differences can be seen in L2 English persuasion role-plays by Japanese learners of English at three proficiency levels (Lower, Middle, and Upper). A quantitative analysis of the data from the ICNALE Spoken Dialogue (Ishikawa, 2019), which is a newly compiled learner interview corpus, showed that (1) female participants have an overall tendency to speak less, but with a greater variety of vocabulary; (2) the gender differences, however, shrink as the proficiency level of participants increases; (3) female participants tend to use articles and past-tense verbs more often than male participants, suggesting their better control of grammar; and (4) participants' persuasion style is influenced more strongly by the differences in gender rather than those in proficiency. These findings suggest that language teachers need to pay due attention to the possible differences between female and male learners.

Keywords: Gender, Persuasion, Request, Learner Corpus, Vocabulary

1. Introduction

Gender differences have been widely discussed in the fields of sociolinguistics and pragmatics, but they are not recognized and treated appropriately in foreign language education. Teachers often give various types of communicative tasks to learners, but very few are aware of the possibility that the same task might be received differently by women and men. What matters here is to examine how and to what extent gender influences learners' L2 performance. This study, therefore, analyzes the utterances of Japanese learners of both sexes in the L2 English persuasion role-plays, where they are required to tackle tough negotiations.

Linguists, as well as psychologists, have paid extensive attention to gender differences in language use. For example, Bakan (1966) suggested that men and women differ in terms of agency and communion: men tend to be independent, egotistic, autonomous, self-assertive, and agentic, while women tend to be social and communal.

Zimmerman and West (1975) analyzed the same-sex and mixed-sex conversations and pointed out that male speakers hardly interrupt the same-sex collocutors, but they often interrupt female collocutors, while female speakers often interrupt the same-sex collocutors but they allow male collocutors to interrupt their own speeches.

Lakoff (1975) outlined the features of female speakers within the framework of her deficit model. Women tend to use hedges (e.g., "kind of"), empty adjectives (e.g., "lovely," "cute"), super-polite forms (e.g., "would you mind if⋯?"), apologies (e.g., "I'm sorry, but⋯"), tag questions (e.g., "⋯do you?"), hyper-correct prestige grammar and articulation, and indirect requests. In addition, they tend to speak less, avoid coarse language, and speak in italics by using emphatic intensifiers such as "so" and "very" and also by adding intonational emphasis.

Coats (1986) suggested that women avoid violating men's turns, and they rather choose to wait until men finish their speeches.

Tannen (1990) cast doubt on the conventional view that women are always talkative and men are not. She reported that men do not talk much to their wives at home, but they actually talk a lot with their male friends.

Broadbridge (2003) analyzed the recorded conversations of two men and two women and revealed that there were gender differences in terms of conversational dominance (interruptions and overlaps), swearing and vulgar language use, verbosity (talkativeness), and speech styles (assertive or tentative).

Hanafiyeh & Afghari (2014) analyzed English film scenarios and found out gender differences in the use of intensifiers, hedges, tag questions, and empty adjectives, as mentioned in Lakoff (1975).

Voegeli (2005) summarized major studies in the related fields and presented the list of (possible) gender differences, which the author used for the analysis of the gender identity seen in the drag king, transgender, and gender activist community. According to the Voegeli's list, female speeches are characterized by the particular types of lexis (differentiated vocabulary in trivial areas, weaker swear words, adjectives evoking frivolity and triviality, and intensifying adverbs), syntax (tag questions, hedges, subordinate clauses, average length of sentences, introductory adverbial clauses, and standard language norms), and stance (politeness, minimal reactions to show interest, cooperative conversational style, and personal and emotional style) ; while male speeches are characterized by the other types of lexis (stronger swear words and "neutral" adjectives), syntax (colloquial expressions, dialects, elliptic sentences, directives), and stance (factual—locatives and quantity-related expressions—, I-focus language, and judgment-related vocabulary).

Previous studies have shed light on various types of gender differences in language use, but how they are seen in L2 performance of learners and how it is influenced by their L2 proficiency have not been fully elucidated to date.

2. Research Design

2.1 Aim and Research Questions

Thus, the aim of this study is to examine whether the so-called gender differences are observed in L2 English persuasions by Japanese participants at three proficiency levels. This paper discusses four research questions:

RQ1: Do female participants speak less? (Amount of speech)
RQ2: Do female participants speak with more varied vocabulary? (Lexical variety)
RQ3: What vocabulary is used frequently by female participants? (High-frequent words and keywords)
RQ4: Between participants' sex and L2 proficiency, which is a

more decisive factor in influencing their persuasion styles? (Sex vs. proficiency)

2.2 Data

When examining the issues listed above, a considerable amount of natural or near-natural L2 output data is needed. Thus, this study used the data taken from the ICNALE Spoken Dialogue (Ishikawa, 2019), which is a collection of Asian learners' utterances in 30–40–minute L2 English oral interviews.

The ICNALE Spoken Dialogue includes three types of utterance data: a conversation (including initial ice-breaking talks, task-related Q&As, and final wrapping-up reflections), a picture description (oral representation of six sequential pictures), and a role-play. A picture description and a role-play are subdivided into two kinds of subtasks about different topics: a part-time job for college students and non-smoking at restaurants. The data from a role-play about non-smoking at restaurants was used for the analysis.

In this role-play, an interviewer plays the role of an owner of a restaurant that allows smoking, and interviewees play the role of customers who recently dined there. The interviewees are told to require the stubborn restaurant owner to refund their money

You recently went to a restaurant with your friend to have a meal. As the restaurant did not prohibit smoking, many people smoked, and your friend said s/he could not endure the smell of cigarettes there. So, you and your friend had to leave the restaurant, although you two had not finished meals yet. Now you make a phone call to the restaurant owner. You request the owner to refund (pay back) both of you and your friend.

Figure 1　A Role-card (Non-smoking) Presented to Participants by saying that they could not enjoy their food due to the smell of smoke from the other customers. The interviewees are given a role card, as shown in Figure 1.

The important thing here is that there was no clear wrongdoing on the restaurant side because it never says that it is a non-smoking restaurant. Thus, the interviewees need to make a somewhat unreasonable request, in which gender differences are more likely to be observed.

2.3 Participants

In total, 405 college students (including some graduate students) from ten regions in Asia and twenty native English speakers participated in the data collection for the ICNALE Spoken Dialogue. All of the non-native participants were told to report their scores on English proficiency tests such as TOEFL, TOEIC, and IELTS, and also to take a vocabulary-size test.

This study analyzed the data of 100 Japanese learners of English, who consisted of forty-eight female participants and fifty-two male participants. As the number of the participants

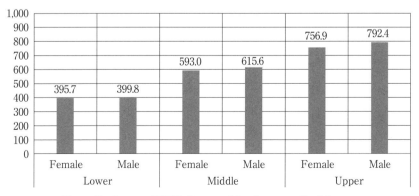

Figure 2   Average TOEIC Scores of the Japanese Participants

who took the TOEIC L/R (hereafter TOEIC) was the largest (69 out of 100 participants), scores on the other tests were converted to the estimated TOEIC scores with the use of the official score conversion formula. Then, based on the TOEIC scores, all of the participants were classified into three proficiency levels: lower (<495), middle (500–695), and upper (700–895) (Figure 2).

A two-way ANOVA showed that the difference between sexes was not significant (F=2.565; t=$-$1.062; d=$-$.33; p=.113), while the difference between levels was significant (F=249.941; p<.001). Also, the post-hoc test (Holm) showed that the differences between the low and middle levels (t=$-$12.78; p<.001) and middle and upper levels (t=$-$11.83; p<.001) were significant.

The interviewer in charge of the data collection in Japan was a male experienced L1-Japanese local English teacher in his forties.

2.4 Methods

In order to investigate the possible interplay between gender and proficiency, this study compares six participant groups: female and male participant groups at the lower, middle, and upper proficiency levels.

Concerning RQ1 (Amount of speech), (a) the average number of tokens per participant and (b) the ratio of the participants' utterances to all the utterances are investigated in each of the six participant groups. If female participants speak less (Lakoff, 1975) and avoid taking the turn in conversation (Coates, 1986), the values of (a) and (b) are expected to be lower for them than for male participants.

Next, concerning RQ2 (Lexical variety), Herdan's C value is

investigated. This is defined as the natural log of the number of types divided by the natural log of the number of tokens. Herdan's C is one of the modified versions of the type/token ratio, and it is said to be robust even when comparing texts of different lengths (Ishikawa, 2012). If female participants try to speak more politely and euphemistically (Lakoff, 1975), the value is expected to be higher for them.

Incidentally, the statistical test was not applied when examining RQ1 and RQ2 because we processed the merged data, not a set of individual participant data. As we processed the marged data, not a set of individual participant data, the statistical test was not applied when examining RQ1 and RQ2.

Concerning RQ3 (High-frequent words and keywords), the top ten frequent words and keywords are investigated for each of the six participant groups. For keyword identification, the frequencies of all words used by a target participant group are compared to those of the words used by all participants. Then, the words with the highest log-likelihood values ($G2$), namely, the words most characteristically overused by a particular participant group, are chosen as keywords.

Finally, concerning RQ4 (Sex vs. proficiency), the top fifty frequent words are chosen from the whole utterances of all participants, and the frequencies of those words used by different participant groups are examined. Then, hierarchical cluster analysis and correspondence analysis, both of which are exploratory statistical measures to visualize the relationships in given data sets, are conducted. The results of these statistical analyses are presented in the tree diagram and scatter plot, where variables having affinity are positioned in the vicinity. If different participant groups are clustered in terms of sex rather than proficiency, it can be said that sex is a more decisive factor, while if they are clustered in terms of proficiency rather than sex, it seems that sex is not necessarily a decisive factor. For the cluster analysis, I define the distance between variables as the square root of $(2-2r)$ and use the Ward method for aggregating the clusters.

3. Results and Discussion

3.1 RQ1: Amount of Speech

The average numbers of tokens per participant in six participant groups are shown in Figure 3.

Figure 3 shows that female participants at the lower and middle levels spoke less than male participants; however, those at the upper level spoke somewhat more than male participants. The gap between sexes was the largest for lower-level participants, and it seemed to narrow as participants'

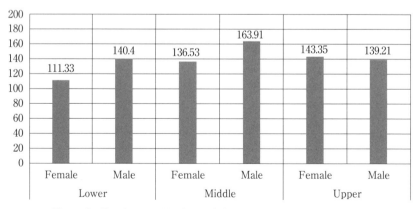

Figure 3　The Average Numbers of Tokens Uttered by a Participant

proficiency level went up. As mentioned above, some studies attribute talkativeness to women (Broadbridge, 2003), while others connect scanty in speech with them (Lakoff, 1975; Coates, 1986). The data shows that female participants at lower and middle levels speak less than male participants, but the gender difference is hardly seen for upper-level participants.

Next, let us look at the ratio of utterances by participants to all utterances by participants and interviewers, which represents how actively each of the participant groups took the lead in negotiations with interviewers (Figure 4).

When an interviewer and a participant produce the same amount of utterances in an interaction, the ratio is calculated as 50%. In this case, as participants needed to take the initiative to persuade the stubborn restaurant owner to refund, the ratio was expected to be much higher than 50%. However, the data shows that the ratios were only between 36% and 44%, suggesting that Japanese participants, regardless of gender and proficiency, may be passive even when they had to be more active and assertive.

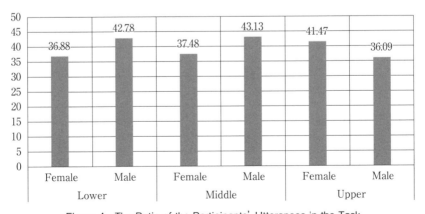

Figure 4   The Ratio of the Participants' Utterances in the Task

Concerning the gender differences, Figure 4 shows that female participants at the lower and middle levels were more passive than male participants. It also shows that this trend, however, does not apply to participants at the upper level, where female participants took more turns than male participants.

These findings may partly support the conventional belief that women are dependent, tentative, and sociable rather than independent, self-assertive, and agentic, especially when they may violate men's turns (Bakan, 1996; Tannen, 1990; Broadbridge, 2003). However, it is of note that this gender difference becomes smaller as the participants' overall L2 proficiency level goes up.

3.2 RQ2: Lexical variety

Herdan's C value is an index of how widely vocabulary is used. In the current context, as what should be said is loosely fixed, this value also reflects the lexical sophistication of participants' speech. When participants simply repeat the same request, the value would be lower, and when they try to present

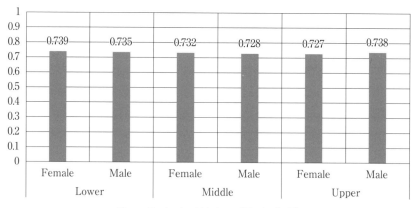

Figure 5   Lexical Variety (Herdan's C)

it in an elegant variation by adopting a variety of words and expressions, the value would be higher. If women pay attention to prestige grammar and sophistication of language (Lakoff, 1975), the value is expected to be higher for female participants.

As shown in Figure 5, the C values were higher for female participants at the lower and middle levels. It seems that, by using a greater variety of words, they try to persuade the restaurant owner in a more lexically sophisticated way than male participants. The examples below are parts of the utterances by female and male participants at the same proficiency level.

(1) Yeah and I umm would like you to return umm our money. (JPN_073_Middle_Female)

(2) So, I want you to return money. (JPN_001_Middle_Female)

(3) So --- uh --- so you --- um-hmm --- you should return the money even --- even if there --- uh --- whole money in that --- even if there --- that is the part of money. (JPN_067_Middle_Male)

(4) Uh, I want to --- I want to uh request --- uh, uh, I want to request uh to pay --- uh --- return money --- return the uh money that is the --- I paid for --- uh --- for eating in --- in your run --- your restaurant. (JPN_070_Middle_Male)

Many of the female participants' utterances, though including occasional fillers, were generally smoother, and the words were not repeated many times, which seems to prove female participants' better grammar control. The use of epistemic expressions such as "I would like you to···" shows that female participants focused on being polite even when they needed to require a refund. Meanwhile, male participants' utterances often included false-starts, self-corrections, and repetitions. Thus, the same vocabulary was reused again and again. Male participants, whose grammar control was weaker, tended to focus on being assertive even if they just repeated what they had already said, which may be related to men's overall tendency to be egotistic and tough.

However, it is of note that the value was rather lower for female participants at the upper level. As we mentioned above, the degree of the gender differences in the lexical choice largely depends on the participants' proficiency level.

3.3 RQ3: High-frequent Words and Keywords

First, the list of high-frequent vocabulary for each of the six participant groups is discussed (Table 1).

Table 1 shows that Japanese participants, regardless of gender and proficiency, tended to use almost identical vocabulary. For

Table 1　Top Ten High-frequent Words

Lower		Middle		Upper	
Female	Male	Female	Male	Female	Male
umm	uh	I	uh	I	uh
I	I	uh	I	to	I
uh	we	the	the	uh	umm
we	so	umm	to	the	the
you	the	to	so	umm	you
to	to	so	and	and	so
but	and	we	you	restaurant	to
restaurant	smoking	and	but	but	hmm
so	restaurant	restaurant	is	so	t
t	t	your	umm	your	we

example, "uh," "I," "to," and "so" were frequently used by all six participant groups; "umm" and "the" by five groups; "we" and "restaurant" by four groups; "but," the contraction "t," and "you" by three groups; and "your" by two groups. Almost all of the listed words were used by plural participant groups.

Next, the keywords characterizing each participant group are surveyed (Table 2). Gender differences were largely invisible in terms of high-frequent words, but they were observed more clearly in terms of keywords. Male participants tried to deal with the task of persuasion more actively by establishing a close relationship with the interviewers ("yeah," "oh," and "[of] course"), showing their own want and will ("want") more clearly, emphasizing that their claim was not only for themselves but also for their friend ("we"), requiring the restaurant owner to take some action ("must," "need"), and directly questioning why the interviewers hesitated over the refund ("why"). These keywords strongly support the view that men are independent, egotistic,

Table 2 Top Ten Keywords (For Participants at Lower Level)

Female		Male	
Keywords	Log-likelihood (G^2)	Keywords	Log-likelihood (G^2)
umm	18.8	uh	79.0
air	13.7	we	9.4
change	8.4	cooking	6.4
dinner	8.3	space	5.4
much	8.2	children	4.8
smoked	7.7	after	4.6
his	7.3	family	3.9
lot	6.9	get	3.5
um	6.9	must	3.3
bad	6.3	want	3.3

Table 3　Top Ten Keywords（For Participants at Middle Level）

Female		Male	
Keywords	Log-likelihood (G^2)	Keywords	Log-likelihood (G^2)
finishing	5.2	is	10.7
notice	5.2	yeah	8.0
have	4.1	it	6.0
almost	4.1	what	5.8
nonsmoking	4.1	not	4.3
an	3.9	situation	3.5
another	3.9	take	3.4
during	3.9	yesterday	3.4
my	3.7	course	3.3
she	3.6	need	2.8

Table 4　Top Ten Keywords（For Participants at Upper Level）

Female		Male	
Keywords	Log-likelihood (G^2)	Keywords	Log-likelihood (G^2)
know	5.9	hmm	13.2
I	5.8	uh	11.1
didn	5.4	dinner	10.2
to	5.3	why	9.6
smokers	5.0	do	9.2
outside	4.7	oh	6.4
said	4.2	huh	6.2
will	4.0	first	5.2
move	3.8	groups	5.2
go	3.7	send	5.2

autonomous, self-assertive, and agentic（Bakan, 1966）.

（5）*Yeah, of course,* my --- uh --- *of course* I like your restaurant's uh the food.（JPN_070_Middle_Male）

（6）Hello, uh, *I want* you to uh give back my money because

uh the smoking smell interrupt our --- our lunchtime so I feel very bad, so you *need* to give me money. (JPN_022_Middle_Male)

(7) So, *why don't* you and just uh *why don't* you send back me to uh-uh *why* don't you send back --- send me back our --- our mon --- our money. (JPN_019_Upper_Middle)

Meanwhile, female participants were characterized most clearly by a better command of grammar. They were more conscious of the number of nouns ("an," "another," and "[a] lot [of]") and the tense of verbs ("smoked" "didn['t]," and "said"), which supports the view that women try to follow the standard language norms (Voegeli, 2005) and hyper-correct prestige grammar (Lakoff, 1975).

Female participants also used many hedges to soften their own claims ("almost," "will") (Lakoff, 1975), and they hardly tried to establish a close relationship with the interviewers. This is presumably because women often bring only minimal reactions to show interest in others (Voegeli, 2005). It is true that they sometimes referred to their friend ("his," "she"), but their claims were basically self-centered ("I" and "my"), and they avoided showing their will and want and telling the interviewer to do something.

(8) But *I* couldn't eat it *almost* anything because we had to go out. (JPN_005_Upper_Female)

(9) Umm. But eh uh umm but *I* waste uh *I* waste *my* time because *I* can't enjoy --- *I* couldn't enjoy *my* --- our dinner, so uh-huh *I* --- *I* can't understood what you say.

(JPN_059_Middle_Female)

3.4 RQ4: Sex vs. Proficiency

First, the tree diagram obtained from a cluster analysis is scrutinized (Figure 6). As mentioned above, if different participant groups are clustered in terms of sex, gender can be a decisive factor, while if they are clustered in terms of proficiency, gender is not the strongest factor influencing the participants' L2 persuasion styles.

Figure 6 shows that six participant groups are divided into two large clusters if setting the cutting point around between 0.7 and 0.9 on the axis. The upper cluster includes three female participant groups, while the lower cluster includes three male clusters, which suggests that gender is a more decisive factor than proficiency when classifying participant groups. The analysis shows that female participants and male participants, regardless of proficiency, speak differently when persuading someone in L2.

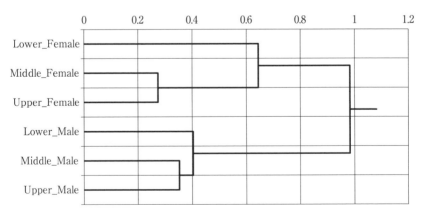

Figure 6　Tree Diagram Obtained from a Hierarchical Cluster Analysis

Next, the scatter plot obtained from a correspondence analysis is discussed (Figure 7). In Figure 7, the Z1 horizontal axis explains 43.7% of the variance of the original dataset, while the Z2 vertical axis explains only 21.6% of it, meaning that the current data should be classified firstly into the left and right regions. Then, we can see that all three female participant groups are scattered in the left half, and all three male participant groups in the right half, which corroborates what we saw in the tree diagram.

It is of note that female participant groups are most clearly characterized by the words positioned between around −0.6 and −0.2 on the Z1 axis, while male participants are characterized by those positioned between +0.1 and +0.8 on the same axis. Table

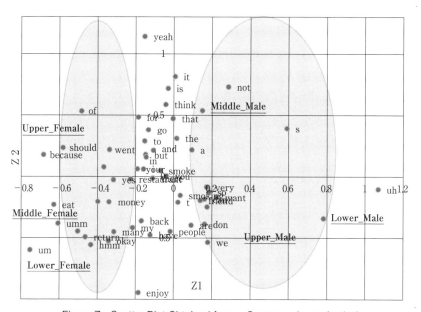

Figure 7   Scatter Plot Obtained from a Correspondence Analysis

Table 5　Vocabulary Characterizing Female and Male Participants

Female vocabulary	Male vocabulary
−0.6 to −0.2 (Z1)	+0.1 to + 0.8 (Z1)
Adjectives: many	Amplifiers: very
Interjections: yes, okay	Conjunctions: so (meaning "therefore")
Modals: should	Contraction: s
Nouns: money, restaurant	Modals: can, want
Prepositions: of	Negations: don, not
Pronouns: my	Nouns: friend
Verbs: return, went	Pronouns: we

5 lists the words relating to the female and male regions. Fillers are excluded.

Female participants tended to accept what the others said, as seen in the use of affirmative interjections ("yes" and "okay"); also, they tended to be self-centered ("my") rather than making claims on behalf of the third party. Meanwhile, their male counterparts negated what the interviewers said ("don['t]" and "not"), emphasized their own wants and wills ("can" and "want"), and tried to make a claim from the viewpoint of their friend ("we," "friend"); also they effectively highlighted their own claim by using amplifiers ("very") and logical conjunctions ("so").

These findings support the views that women usually put an emphasis on being social, polite, and personal (Bakan, 1966; Voegeli, 2005) and prefer being interrupted by male collocutors rather than interrupting them (Zimmerman and West, 1975), while men are basically egotistic (Bakan, 1966) and they never avoid confuting the collocutors and showing their own interests and want. Meanwhile, some of the views presented in the previous studies are not supported: "I-focus" (Voegeli, 2005) characterizes female participants, and the use of intensifiers

(Lakoff, 1975) is seen in the utterances by male speakers, for instance.

4. Conclusion

This paper investigated gender differences in L2 English persuasion role-plays by Japanese learners of English at three proficiency levels. The major findings can be summarized as follows:

Concerning RQ1 (Amount of speech), the analysis revealed that female participants had an overall tendency to speak less than their male counterparts; however, this tendency was only applicable to female participants at the lower and middle proficiency levels. For upper-level female participants, the so-called gender differences were not observed in terms of the amount of speech.

Then, concerning RQ2 (Lexical variety), the data suggested that female participants at lower and middle levels used a wider range of vocabulary than male participants. They had better grammar control and did not repeat the same words as many times as male participants. This difference, however, was not observed with the participants at the upper level.

Next, concerning RQ3 (High-frequent words and keywords), the analysis of the high-frequent words showed that both female and male participants used largely identical word sets. Meanwhile, the analysis of the keywords illustrated that female participants significantly overused the words such as articles and quantifiers ("an," "another," and "[a] lot [of]"), past-tense verbs ("smoked" "didn ['t]," and "said"), first-person pronouns ("I" and "my"), and hedges ("almost," "will"), suggesting that they controlled grammar in a better way, but their utterances were often I-centered and circumlocutory.

Finally, concerning RQ4 (Sex vs. proficiency), two kinds of statistical analyses showed that sex was a more decisive factor than proficiency in classifying participant groups. Female participants usually tried to avoid any conflict, even if it meant they could not receive a refund, while male participants tended to take a risk and fight to get money back anyway.

This study suggested that there may exist several types of gender gaps in the utterances in the persuasion role-plays by Japanese learners of English. However, the corpus data also showed that it might not be appropriate for us to generalize "female participants" and "male participants" without considering their L2 proficiencies. Many of the differences were not observed for upper-level participants. How to model the complicated relationship between gender and proficiency in a more scientifically reliable way would be the topic of the author's future studies.

References

Bakan, D. (1966). *The duality of human existence: Isolation and communion in Western man.* Beacon Press.

Broadbridge, J. (2003). An investigation into differences between women's and men's speech. Unpublished MA Thesis. University of Birmingham.

Coates, J. (1986). *Women, men and language.* Longman.

Hanafiyeh, M., & Afghari, A. (2014). Gender differences in the use of hedges, tag questions, intensifiers, empty adjectives, and adverbs: A comparative study in the speech of men and women. *Indian Journal of Fundamental and Applied Life Sciences, 4* (S4), 1168-1177.

Henry, A (2011) Gender differences in L2 motivation: A reassessment. In S. A.

Davies (Ed.). *Gender gap: Causes, experiences and effects* (pp.81-102). Nova Science.

Ishikawa, S. (2012). *Besikku kopasu gengogaku.* Hitsuji Shobo. [A basic guide to English corpus linguistics]

Ishikawa, S. (2019). The ICNALE Spoken Dialogue: A new dataset for the study of Asian learners' performance in L2 English interviews. *English Teaching* (Korean Association of Teachers of English), *74* (4), 153-177.

Kissau, S. (2006). Gender differences in second language motivation: An investigation of micro- and macro-level influences. *Canadian Journal of Applied Linguistics, 9* (1), 73-96.

Lakoff, R. (1975). *Language and woman's place.* Harper & Row.

Tannen, D. (1990). *You just don't understand. Women and men in conversation.* Ballantine Books.

Voegeli, V. (2005). Differences in the speech of men and women---Linguistic construction and performance of gender: The German subtitling of gender-specific English in the documentary *Venus Boyz.* Unpublished Thesis. Zurich University of Applied Sciences.

Zimmerman, D., & West, C. (1975). Sex roles, interruptions and silences in conversation. In B. Thorne & N. Henley (Eds.), *Language and sex: Difference and dominance* (pp. 105-129). Newbury House.

第3部

周辺分野（心理学・メディア研究）から 考えるジェンダー

7. 教育者のジェンダー・ステレオタイプの実態とその影響
― ステレオタイプの再生産を防止するために ―

矢野　円郁（神戸女学院大学）
yano@mail.kobe-c.ac.jp

Educators' gender stereotypes and their influence
― To prevent the propagation of
gender stereotypes ―

YANO Madoka（Kobe College）

Abstract

This paper discusses the importance of preventing the propagation of gender stereotypes in educational settings in Japan, where the problem of gender disparity is difficult to resolve. The survey findings indicate that elementary school teachers who had a greater belief in gender characteristics perceived a larger gender difference with regard to subject learning abilities, with a correlation seen in the way they approached students depending on their gender. Further, university teachers who had a greater belief in gender characteristics found it unnecessary to increase the number of female researchers and university teachers. In order to prevent the propagation of stereotypes and achieve a gender-equal society, educators in particular need to be free from such stereotypical mind-sets.

1. 日本のジェンダー不平等の現状

　男女共同参画社会基本法が1999年に施行され、20年が経った今もなお、日本社会には大きなジェンダー不平等（男女格差）が存在する。2019年12月17日、世界経済フォーラム（WEF）が発表した「男女格差報告書」では、日本の順位は過去最低となる121位であった（朝日新聞、2019）。この順位に悪影響した最大の要因は政治分野で女性政治家、閣僚が極めて少ないことであったが、政治分野に限らず、さまざまな分野で、今もなお、男性と比べて女性の地位は低い。家事・育児分担率に関しても、共働き家庭が増え、夫婦の所得の平等化が進んでもなお、男性（夫）の家事・育児時間の増加は少ない（山田、2018；山口、2017）。また、服装や身だしなみに関して、男女で異なる規定を設けている職場も多く、女性は化粧をし、ヒールの高い靴を履くことを強要されることが少なくない（毎日新聞、2019）。

　このような現状に対して、日本国民はどのような意識を持っているのであろうか。2016年の国内の世論調査では、男女の地位は平等になっておらず、「男性の方が優遇されている」と感じる国民が74.2％もおり、4年前の調査よりも増加している（内閣府男女共同参画局、2016、p.8）。また、同調査で、政治家や管理職において、「女性がもっと増える方がよい」と考える人が約半数であることも報告されている（内閣府男女共同参画局、2016、p.9）。現状に対して疑問や不満をもつ人が多いにもかかわらず、現状がなかなか改善されない原因はなんであろうか。一つには、仕方がないとあきらめる人が少なくないことが推測される。たとえば、女性のみに課される服装規定（化粧やヒールなど）に対して、疑問を持ちつつも声を上げられずに我慢してしまう人は少なくないであろう。

　ジェンダー不平等が改善されないもう一つの原因として、根強いジェンダー・ステレオタイプの存在が挙げられる。「男らしさ」「女らしさ」といっ

た固定観念をいったん獲得（学習）してしまうと、それを当然のこととして受け入れ、それを変えようという発想が生まれにくい。先述した政府の世論調査で、「夫は外で働き、妻は家を守るべきである」といった性別役割分業を肯定する人は、いまだに 40.6%（女性 37.0%、男性 44.7%）もいることが報告されている（内閣府男女共同参画局、2016、p.12）。現に女性の就業率が年々高まっており、働きたい女性だけでなく、家庭の経済的な問題から働かざるを得ない女性（妻）も増えているという現状では、たとえ「（経済的に可能ならば）妻は外で働かずに家を守る方がよい」と思っていても、「守るべきである」とまでは主張（回答）できないという人もいるであろう。このことを踏まえると、性別役割分業を肯定する人は 40%よりさらに多いと推測できる。

2. ジェンダー・ステレオタイプの規定因

　性別役割分業を肯定するか否かについての態度（性役割態度）の規定因として、性別（女性の方が男性より平等志向的）や年齢（年齢が低いほど平等志向的）、学歴（学歴が高いほど平等志向的）、職業（有職、管理職、専門職、就労期間が長いほど平等志向的）といったデモグラフィック変数・社会経済的変数が多くの研究で示されている（レビューとして、鈴木、2017）。学歴との関連から、教育の重要性が推測できる。また、性別役割分業を肯定する態度の背景には、家事や育児は女性の方が向いているとか、管理職など社会でリーダーシップをとって活躍するのは男性の方が向いているといったような信念、つまり、さまざまな能力において男女で「適性」が異なるという信念があると考えられる。このような信念は、性別特性観や性差観と呼ばれ、性役割態度の基盤であることが示されている（伊藤、2003）。
　性別特性観は、男女の生得的・生物学的な差異に対する「認識」を基盤として形成されると考えられるが、生得的・生物学的差異が、さまざまな能力、特に認知的な能力を規定するのかどうかについて明確な証拠があるわけではない。実際に、男女の能力差を示した研究は多数報告されているが、研

究の方法論や結果の解釈などさまざまな問題点が指摘されているし（Caplan & Caplan、2009 森永訳、2010）、仮に、性別によって差がある能力が本当にあったとしても、それが生得的・生物学的差異（脳やホルモンなどの性差）によるものなのか、社会的要因（家庭や学校で受けられる教育や文化における性差）によるものなのかを決定することは困難である。仮に、性差のある能力があったとして、かつ、仮に、（人為的に操作不可能な）生得的・生物学的要因の影響を完全に否定できないとしても、（操作可能な）社会的要因の存在が明らかである限りにおいては、社会的要因の影響を過小評価すべきではなく、その要因を解消すべく努力する必要がある。しかし、性別によって能力や適性が異なるという性別特性観を信じている人々が少なくないため、社会的要因の解消が進まないというのが現状である。

3. ステレオタイプの再生産（予言の自己成就）

　人々が何らかの信念や期待をもち、その信念にしたがって行動した結果、実際にその期待したり予想したりしたことが実現することを予言の自己成就という。教育の分野では、生徒に対する教師の期待が生徒の学業成績に影響することが古くから指摘されており、教師期待効果（ピグマリオン効果）としてよく知られている。井上ら（1978）は、教師の期待の種類を、一般性─個別性の観点から、「一般的な期待」「集団に対する期待」「個別的な期待」の3つのレベルに分類している。一般的な期待とは、生徒一般、子ども一般に対する期待であり、教師の教育観そのものにかかわる。一般的期待の低い教師は、自分の役割を小さく評価し、生徒に対する働きかけの意欲が低く、教育効果が上がりにくいということが起こりえる。集団に対する期待とは、一般的期待と個人に対する個別的な期待との中間的レベルで、集団の属性に注目し、それにもとづいて集団成員（の少なくともかなりの部分）について共通の推論をすること（すなわちステレオタイプ）である。

　集団に対する期待の代表的なものとして、性に基づく期待が挙げられる。たとえば、数学は女子より男子の方が得意であるといった期待を持っている

教師や保護者は少なくないが、このような女子に対するネガティブな期待が、数学に対する女子の意欲を低下させ、実際に女子の数学の成績が下がってしまうという可能性が多くの研究で指摘されている（レビューとして森永、2017）。このような期待の効果のメカニズムとしては、女子は数学が苦手であるという期待（ステレオタイプ）を持った保護者や教師が、その期待に沿った言動（たとえば数学に関して女子より男子を励ます）を行った結果、実際に期待通りの性差が実現するという、予言の自己成就で説明可能である。したがって、個人の能力を最大限に伸ばすことを目標とする教育において、教育者は、個人が属する集団に対する期待（ステレオタイプ）をいかに減らせるかが重要だといえる。

4. 教育者のもつジェンダー・ステレオタイプとその潜在的影響

本節では、教育者がもつジェンダー・ステレオタイプとそれによる行動や判断の違いに関する筆者の研究データを紹介し、教育者のステレオタイプの自覚と修正の重要性を指摘する。

4.1 大学教員、小学校教諭、大学事務職員のジェンダー・ステレオタイプの比較

矢野（2019）は、表1に示す質問項目を用いて、小学校教諭28名および大学事務職員31名に対して、性別特性観と性別役割分業観を調査した。回答者は、各質問項目に対して、「1. 全くそう思わない」、「2. あまりそう思わない」、「3. 少しそう思う」、「4. とてもそう思う」の4段階で評定した。項目番号1〜5の5項目の回答の点数（4段階評定の数値）を足し合わせたものが、「性別特性観」の得点であり、最小で5、最大で20の値をとる。項目番号6〜9の4項目の回答の点数を足し合わせたものが、「性別役割分業観」の得点であり（項目6については質問文の文意に合わせて逆転させた）、最小で4、最大で16の値をとる。得点が高いほど、性差や性別役割を肯定していることを意味する。

表1　ジェンダー・ステレオタイプに関する質問項目

1. 能力や適性は男女で異なる
2. 男女のちがいを認めあい、補うことが大切だ
3. 女らしさ、男らしさを否定すべきではない
4. 男女は生物学的に異なるのだから、何でも平等というのはおかしい
5. 男の子は男らしく、女の子は女らしく育てることは大切である
6. 女性の人生において、妻であり母であることも大事だが、仕事をすることもそれと同じくらい重要である　（※逆転項目）
7. 子どもが小さいうちは、母親は家にいた方がよい
8. 経済的に不自由でなければ、女性は働かなくてもよい
9. 女性は家事や育児をしなければならないから、あまり責任の重い、競争の激しい仕事をしない方がよい

　矢野（2019）の小学校教諭と大学事務職員のデータに、表1と同じ調査項目を用いた大学教員を対象とした調査研究（2019年度に実施）のデータを加えて再分析した結果を以下に示す。表2は、各職種の性別特性観と性別役割分業観の得点の平均と標準偏差（SD）を示したものである。まず、性別特性観の得点に職種による差があるかどうかを検討するため、1要因の分散分析を行った結果、主効果が有意であり（$F(2, 110)=12.09, p<.001$）、多重比較の結果、すべての職種間で有意な差がみられた（$p<.05$）。性別役割分業観についても同様に1要因の分散分析を行った結果、主効果が有意であり（$F(2, 108)=12.09, p<.01$）、多重比較の結果、大学教員とその他の2職種の間に有意な差がみられた（$p<.01$）。

　以上の結果から、3職種の中で、大学教員がもっともジェンダー・ステレオタイプが弱いことがわかった。回答者の男女比は、大学教員において男性

表2　各職種におけるジェンダー・ステレオタイプ

	性別特性観			性別役割分業観		
	n	平均	SD	n	平均	SD
大学教員	54	13.07	2.37	52	6.65	1.89
小学校教諭	28	14.21	2.46	28	8.00	1.71
大学事務職員	31	15.74	2.33	31	7.97	2.12

の割合がもっとも高く、回答者の年齢層も大学教員がもっとも高かった。性役割態度は、女性よりも男性の方がステレオタイプ的であり、年齢は高いほどステレオタイプ的であるという知見（第2節を参照）をふまえると、大学教員が他の2職種の人々よりもステレオタイプが弱いという結果は、性別や年齢といった人為的に変えられない属性要因よりも、教育などの環境要因の方がステレオタイプを規定する要因として影響が強い可能性を示唆していると考えられ、教育の力が期待できる。

　また、小学校教諭も、大学事務職員（教育機関に勤めてはいるが、教育者ではない人）よりも性別特性観の得点が有意に低かったものの、性別特性観を強く信じている教諭（20点満点中の19点）も存在した（矢野、2019）。このような性差に対する信念が、ステレオタイプの再生産を生じさせる可能性を、以下に示す。

4.2　各教科の能力の性差に対する認識とそれに与えるステレオタイプの影響

　矢野（2019）の小学校教諭と大学事務職員に対する調査では、8科目（国語、算数、理科、社会、音楽、家庭科、図工、体育）の能力における性差（の有無）を尋ねた。その結果、性差がないという回答の割合が低い科目が多数あり、傾向は両職種で類似していた（表3）。特に、理科や算数は男子の方が能力が高いと考える人が職種を問わず多く、逆に、家庭科や国語、音楽は女子の方が能力が高いと考える人が非常に多かった。

　この教科に対する性差認知とジェンダー・ステレオタイプとの関連を調べた結果、性別特性観の得点が高い人（ステレオタイプが強い人）ほど、各教科に対して性差があると認識しているという相関がみられ、性別特性観が最低得点（9点）であった2名の小学校教諭は、すべての教科に対して性差がないと回答していた（矢野、2019）。つまり、性差を信じる人には性差が「みえ」、性差を信じていない人には性差は「みえない」という、ジェンダー・ステレオタイプの再生産プロセスが見出された。あらゆる認知的能力について「性差がみえなくなる」状態を実現するためには、教師自身がステレオタイプ

表3 各教科の能力に対する性差の認識

		女子が上		性差なし		男子が上	
		N	%	N	%	N	%
国語	教諭	10	35.7	18	64.3	0	0.0
	事務職員	9	29.0	22	71.0	0	0.0
算数	教諭	1	3.6	21	75.0	6	21.4
	事務職員	1	3.2	18	58.1	12	38.7
理科	教諭	1	3.6	16	57.1	11	39.3
	事務職員	0	0.0	18	58.1	13	41.9
社会	教諭	1	3.6	24	85.7	3	10.7
	事務職員	2	6.5	26	83.9	3	9.7
音楽	教諭	10	35.7	18	64.3	0	0.0
	事務職員	9	29.0	22	71.0	0	0.0
家庭科	教諭	16	57.1	12	42.9	0	0.0
	事務職員	12	38.7	19	61.3	0	0.0
図工	教諭	3	10.7	25	89.3	0	0.0
	事務職員	0	0.0	24	77.4	7	22.6
体育	教諭	0	0.0	16	57.1	12	42.9
	事務職員	0	0.0	14	45.2	17	54.8

的なものの見方にとらわれないよう努力する必要があるといえる。

4.3 ステレオタイプの判断や行動への影響

　矢野（2019）は、小学校教諭に対して、生徒の性別によって働きかけが異なるかどうかを尋ねた。結果を表4に示す。厳しく叱るのは男子、お手伝いを頼みやすいのは女子というバイアスが示された。

　この働きかけの性差とジェンダー・ステレオタイプの関連を調べた結果、性別特性観が強い人ほど、働きかけの性差が大きいという相関がみられ、ステレオタイプが実際の行動に影響している可能性が示唆された。なお、この結果は教師自身が自覚している範囲のものであるため、実際の働きかけの性差はさらに大きいと予測できる。小学生児童に対して質問紙調査を行った木村（1997）の研究でも、「先生は女子に甘い」と思う児童の割合が高く（女子46.2%、男子68.9%）、逆に「男子に甘い」と思う生徒はほとんどいない

表4　小学校教諭の生徒に対する働きかけの性差に関する自覚（N=28）

	女子		性差なし		男子	
	N	%	N	%	N	%
1. 授業で指名することが多いのは	0	0.0	27	96.4	1	3.6
2. つい、厳しく叱ってしまうのは	0	0.0	16	57.1	12	42.9
3. つい、優しくしてしまうのは	2	7.1	26	92.9	0	0.0
4. 休み時間などにはなしかける（一緒に遊ぶ）ことが多いのは	2	7.1	24	85.7	2	7.1
5. 励ますことが多いのは	0	0.0	26	92.9	2	7.1
6. 仕事（お手伝い）を頼みやすいのは	7	25.0	20	71.4	1	3.6

（女子6.6%、男子3.6%）といったように、生徒たちの側にも、性別によって先生の働きかけが異なることが認識されている。

　学校は、性別にかかわらず、子どもたちの潜在能力と個性を伸ばしていける学習の場であるべきであり、このようなジェンダー平等教育を目指すにあたっては、教師各自が、自身のジェンダー・ステレオタイプや生徒への働きかけにおけるジェンダー・バイアスを自覚する必要がある。

　先述した大学教員を対象とした調査研究では、女性の研究者や大学教員の割合が少ない分野において、その割合を増やす取り組みに対する考えを調査した結果、性別特性観や性別役割分業観が強い教員ほど、女性を増やす取り組みの必要性を低く評価するという相関が見出されている。この結果は、性別によって能力や適性が異なると考えるジェンダー・ステレオタイプの強い人は、女性研究者が少ない理由をその分野における女性の能力が男性よりも低いからだと考え、社会的・環境的要因の影響を過小評価する可能性を示している。

　このように、ステレオタイプは人々の判断や行動を規定する。そして、その判断や行動の結果、実際にステレオタイプを強化するような状況が実現されてしまい、ステレオタイプの再生産が生じる。この悪循環を止め、さまざまな男女格差を解消するためには、ジェンダー平等教育の実践が最重要であり、人々は自身のステレオタイプを自覚し、今「みえる」性差が予言の自己

成就によって生み出されている可能性を常に意識するよう心掛ける必要がある。中でも教育者が率先してその努力をしてくれることを強く期待する。

5. ま　と　め

　本稿では、男女格差がなかなか解消しない日本において、教育現場におけるジェンダー・ステレオタイプの再生産の防止の重要性を論じた。ジェンダー・ステレオタイプが強い小学校教諭ほど、生徒の教科学習能力の性差を大きく認識し、生徒の性別によって働きかけが異なるという調査結果や、ジェンダー・ステレオタイプの強い大学教員ほど、女性の研究者や大学教員を増やす取り組みの必要性を低く評価するという調査結果を報告した。さまざまな男女格差を解消するためには、特に教育者が自身のステレオタイプを自覚し、ジェンダー平等教育を実践することが最重要であることを示した。

謝辞
　本稿で示した大学教員に関するデータは、2019 年度の神戸女学院大学女性学インスティテュートより研究助成を受けて実施した調査のデータである。

引用文献
朝日新聞（2019、12 月 17 日夕刊）「日本の男女格差、過去最低 121 位　女性閣僚の少なさ響く」
Caplan, P. J., & Caplan, J. B.（2009）*Thinking critically about research on sex and gender*（3rd ed.）, Boston: Pearson Allyn and Bacon.（森永康子（訳）（2010）「認知や行動に性差はあるのか：科学的研究を批判的に読み解く」京都：北大路書房）
井上健治・大沢啓子・亀谷秀樹・佐々木正宏・渡辺孝憲（1978）「教師の期待に関する研究」『東京大学教育学部紀要』*17*, 59-76.
伊藤裕子（2003）「高校生の性差観と性役割選択 ── ジェンダー意識はどう作られるか」柏木惠子・高橋惠子（編）『心理学とジェンダー　学習と研究のために』（pp.126-130）東京：有斐閣
木村涼子（1997）「教室におけるジェンダー形成」『教育社会学研究』*61*, 39-54.
毎日新聞（2019、11 月 18 日朝刊）「男、黒　女、花柄かピンク　連合が調査　職場に服装規定 57%」

森永康子（2017）「『女性は数学が苦手』— ステレオタイプの影響について考える —」『心理学評論』*60*（1），49-61.

内閣府男女共同参画（2016）「『男女共同参画社会に関する世論調査』の概要」
https://survey.gov-online.go.jp/h28/h28-danjo/gairyaku.pdf（閲覧日 2020 年 2 月 27 日）

鈴木淳子（2017）「ジェンダー役割不平等のメカニズム — 職場と家庭 —」『心理学評論』*60*（1），62-80.

山田陽子（2018）「ワーキング・マザーの『長時間労働』—『ワーク・ライブ過労死？』」『現代思想』（青土社）*46*（17），137-146.

山口一男（2017）『働き方の男女不平等 理論と実証分析』東京：日本経済新聞出版社

矢野円郁（2019）「小学校教論におけるジェンダー意識と教科学習能力の性差に対する認識の関係 — ジェンダー・ステレオタイプの再生産防止のために —」『神戸女学院大学論集』*66*（1），73-84.

8. リオオリンピックニュースにおけるジェンダー
内容分析によるジェンダー・バイアスの解明に向けて

小林　直美（愛知工科大学）

kobayashi-naomi@aut.ac.jp

Gender Bias in Television News Coverage of Olympic Athletes
— Futured on Japanese Television during the Rio de Janeiro Olympics —

KOBAYASHI　Naomi　（Aichi University of Technology）

Abstract

This thesis aims to reveal the role of gender as a factor in the nature Japanese television news coverage of the events surrounding the Rio de Janeiro Olympics. I formulated six Research Questions based on previous research about Olympic athletes.

The verification of the results show that Japanese female and male athletes received coverage relative to their proportions on the Olympic team. But sexual minorities were not reported at all. Moreover, 88.9% of the reported players were Japanese. This research provides sufficient evidence to conclude that Japanese television news focused more on female athletes' private lives, looks, and emotions than male athletes'. Therefore, some Japanese television news coverage still has gender bias.

1. は じ め に

　マス・コミュニケーションの調査方法は送り手分析、内容分析、受け手分析の大きく3つに分類することができ、それぞれ調査対象や分析手法が異なる。たとえば送り手分析はメッセージの制作過程に関わる個人、企業に対する調査・分析である。一方、内容分析はコミュニケーション内容を客観的・体系的・定量的に記述するための調査・分析方法である。受け手分析はマス・メディアに接触し、影響を受ける人々の分析である。

　この中でも内容分析は研究蓄積が多く、その歴史は1920年代のアメリカの新聞記事の分析にまで遡ることができる。その後1930年代後半にラスウェルが世論・宣伝への関心からコミュニケーション研究に用いるようになって確立した手法であり、最もポピュラーな調査・分析方法の1つといえよう。

　内容分析は、測定に際しコーディング・マニュアルを作成し、そのルールに従って調査対象の行動・言動や様々な現象に数値を付与し、統計的な手法を用いてその関係性を分析する。体系的かつ反復可能な調査によってコミュニケーションを記述するため、同様の調査を誰が行っても同じ結果になることが求められる（Riffe et al. 1998: 20）。

　一方マス・コミュニケーションにおけるジェンダー研究は、第二波フェミニズムの影響を受け様々な媒体や手法で行われた。そして現在では第三波フェミニズムによる研究が発展している。本稿は、リオデジャネイロオリンピック（以下、リオオリンピックとする）ニュースを対象に、オリンピック選手のジェンダー表象の傾向を内容分析によって明らかにする。

　なお、本稿は、すでに発表した報告書（小林2019）に、加筆修正を施しまとめたものである。

2. 先 行 研 究

　日本におけるメディアとジェンダー研究は、マス・メディアのジェンダー・バイアスに注目し、リベラルフェミニズムの立場からなされたものが多い。それらが明らかにしてきたことは、マス・メディアが男性中心の組織であり女性が少ないため、女性の視点が排除され、ステレオタイプな女性性を再生産しているという問題意識のもと研究が行われてきた。マス・メディアは受け手に規範的な女性像を提示し、ジェンダー構築に大きな影響を与えている。特にテレビ等をはじめとする主流メディアは当該社会の支配的価値を反映した情報を流通させる傾向にあるため、権力を握る男性の価値観に沿った情報を流布するイデオロギー装置であるというものであった（たとえば小玉 1989）。上述した研究は、加藤により①性別分業批判、②らしさ固定批判、③性的対象物批判（加藤 1992）、さらに松田による④差別語の使用批判（松田 1996）に分類された。

　このような第一波フェミニズムの立場から展開されているメディアにおける女性研究について松田は、メディア内容の分析とメディアの担い手分析に終始していると批判し、ジェンダーを社会的に構成していくメカニズムに焦点をあてるべきであると述べている（松田 1996）。また田中はジェンダー概念を構築主義アプローチから捉え直し、本質主義アプローチとの対立による差異を明らかにする以下の3点について検討した。①「セックス」と「ジェンダー」概念の各定義、両概念の接合から「女性」というカテゴリーがどのように定義されているか。②メディアメッセージを記号として捉え、それを解読するプロセスに重点を置き、メディアにおける女性像の表現を単に「歪められている」とする従来のステレオタイプ的な女性像研究に限界があること。③メディアが消費される実際の社会的文脈のなかでメディアの役割をアクティブ・オーディエンス論から考察することである（田中 2012）。

　これらの指摘を受け新たなアプローチが展開される。ブラックフェミニ

ズムやポストモダンフェミニズム、クィアフェミニズム等では「女性」について異なる認識を示し、バトラーは「女性」というカテゴリーを使用しながら性別二元論を批判し（Butler1991=1999）、第三世界出身の研究者たちは、「女性」内部の分断を明らかにした。これらの研究は、ジェンダー分析時に性別とは別の差異（たとえば人種やエスニシティ、セクシュアリティ、年齢、階級、障害）とのインターセクショナリティ（Crenshaw1989）に配慮するアプローチの導入に繋がった。

　続いて日本でもメディアにおけるスポーツとジェンダー問題に関する研究が発展していく。特にオリンピックに関しては性別による報道量や取り上げられる競技の差異（飯田 2007；山本 2015；山本ほか 2016）、選手の身体規範や性的対象化、性別役割分業に関する表象（阿部 2008；飯田 2003；平川 2009；田中 2012）等がある。またテーマ別に開会式（登丸 2007；登丸 2010）、ナショナリズム（阿部 2008）、送り手調査（飯田 2008；小林 2019）、オーディエンス調査（飯田 2005）、選手へのインタビュー調査（小林 2019）等があげられる。これらの研究は女性選手の報道量、文脈や映像表象が男性選手と異なり不平等であること、美しさや年齢が注目され女性選手が矮小化した扱いを受け、性の対象とされていること、身体に関する規範を明らかにした。

　欧米では Bruce がカルチュラル・スタディーズと第三波フェミニズムの視点からスポーツする女性とメディア表象に関し 15 のルールを精製した。それは①伝統的メディア報道にみるルール、②ソーシャルメディアにみるルールの大きく 2 つに分類される。前者は「美か力強さか」という二者択一の表象であり、男女の差異に着目した古く・根強い 9 つのルールと、男女の類似性を強調する現行の 4 つのルールによる合計 13 のルールから構成される。後者は「美しくかつ強い」という新時代のスポーツする女性を表す新しい 2 つのルールから成る。Bruce は従来の支配的なメディア解釈から米国における新たな言説の発現をソーシャルメディアに見出した（Bruce2015）。しかし Bruce による 15 のルールの中には、日本の傾向とは異なるものもある。Bruce はジェンダー冠詞や子ども扱いを過去のものになりつつあると述

べているが、日本では現在でもみられる（たとえば小林 2017）。

　本章ではジェンダーとメディア研究が、分析視点や枠組みを批判的に問い直し、調査対象の拡大や新たなアプローチを試み、女性のメディア表象研究が発展していることを述べた。次章では、先行研究を踏まえて行ったオリンピック選手の内容分析の目的と手法について述べる。

3. 研究目的と手法

　本章では、本研究の目的と手法について述べる。

3.1　研究目的とRQ

　本研究の目的は、リオオリンピック報道における選手の性別やセクシュアリティ、国籍、及び選手の取り上げられ方の傾向を明らかにすることである。上記の目的を達成するために、先行研究から6つのリサーチクエスチョン（以下RQとする）を設けた。RQ1, 3, 4, 5 は、先行研究（小林 2017）から修正を加えた。RQ2 は 2014 年にオリンピック憲章で性的指向による差別を禁じたこと、リオオリンピックの大会テーマの1つに「多様性」があることから設けた。またRQ6 は、先行研究（小林 2017）の調査結果から設けた。

　RQ1：女性選手と男性選手は、オリンピックチームの構成選手数に応じ
　　　　ニュースで取り上げられる。
　RQ2：セクシュアル・マイノリティの選手は、オリンピックチームの構
　　　　成比とは異なる報道を受ける。
　RQ3：メダルを獲得した選手は、メダルの獲得数に比例してニュースで
　　　　取り上げられる。
　RQ4：女らしさと強く結びつくスポーツやジェンダー差を強調するユニ
　　　　フォームを身につけるスポーツに参加する女性選手は比較的多く
　　　　の報道を受ける。
　RQ5：女性選手は男性選手と比較すると競技と関係のないプライバシー

等能力以外の面を取り上げられる傾向がある。

RQ6：女性選手は男性選手よりも「容姿」「感情・表情」について多く取り上げられる。

3.2　研究の手法、対象番組・期間

　本研究の対象番組は、日本放送協会の『ニュースウオッチ9』（放送日：月曜～金曜）と、日本テレビ放送網の『NEWS ZERO』（放送日：月曜～金曜）である。期間は、リオオリンピック開催4日前の2016年8月1日から、オリンピック終了4日後の8月25日までである。この2番組を研究対象とした理由は、第一に公共放送と民間放送の比較ができること、第二に放送時間が概ね60分であるためである。本研究はリオオリンピックの内容分析基礎項目の内、「ニュースの分野②」（以下、オリンピックニュースとする）に該当したニュースを分析したものである。また、本研究の分析単位は「報道回数」である。「報道回数」とは、1本のニュースの中で主だった選手をカウントしたものである。ただし、1本のニュースで複数のオリンピック競技結果が取り上げられた場合（「ミックス」に該当）は、それぞれの競技結果で最も注目された選手をコーディングした。分析項目は表3のとおりである。

　コーディングを担当したコーダーは、筆者が所属していた大学の学生2名である。分析にあたり、コーディング・マニュアルに基づき、1番組につき

表1　リオオリンピック　テレビニュース分析項目

内容分析基礎項目（9項目）	ジェンダー分析項目（10項目）
a 日付	a 選手の名前
b 放送局コード	b 性別
c 分／秒	c 国籍
d ニュース時間	d 競技結果
e タイトル／サブタイトルテロップ	e 選手のプライバシー
f ニュースの発生地	f 選手の容姿
g ニュースの分野①	g 選手の感情・表情
h ニュースの分野②	h 選手の呼称
i 備考	

1人のコーダーがコーディングを行った。コーダーは事前に十分なトレーニングを積み、本研究のコーディングにあたった。最終的にすべてのデータを筆者が見直し、修正を行いデータの一致度と信頼性を高めるよう努めた。

　本研究で用いた手法の詳細については報告書（小林 2019）を参照されたい。また、本研究は国際テレビニュース研究会考案による内容分析の手法を用いているが（中・日吉・小林 2015）、内容分析基礎項目で変更点がある。このため内容分析基礎項目の結果が一致しない場合があることをお断りしておく。

3.3　結　果
　本節ではリオオリンピックの内容分析結果の中からジェンダー分析項目に焦点を当て述べる。

3.3.1　報道された選手の「性別」と「国籍」
　オリンピックニュースで取り上げられた選手を、2番組で合計し「性別」と「国籍」でクロス集計したものが図1である。リオオリンピック開催期間中のニュースでは、全体の約9割（88.9％）が日本人選手の報道で占められ、そのうち日本の男性選手が194回（48.7％）、次いで日本の女性選手が159回（39.9％）であった。日本以外の選手は合計で44回（11.1％（女性選手23

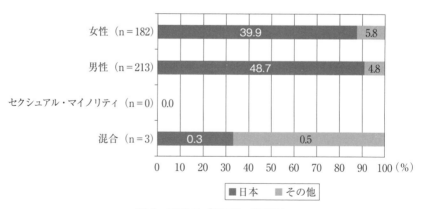

図1　選手の「性別」×「国籍」
単位：報道回数（2番組合計）

回（5.8%）、男性選手19回（4.8%）、混合2回（0.5%）、セクシュアル・マイノリティの選手の報道は国籍を問わず0回であった。

3.3.2　報道された「競技」と「性別」

　表2は、オリンピックニュースで取り上げられたオリンピック競技の報道回数と、当該ニュースで取り上げられた選手の「性別」を百分率で示したものである。全体的傾向として女性選手45.6%、男性選手53.6%、混合は0.8%、セクシュアル・マイノリティの選手は0.0%であった。

　報道の多い競技トップ5をみてみると、女性選手1位は「ミックス」（13.5%）、2位「バドミントン」（5.8%）3位「水泳」（5.0%）「レスリング」（5.0%）、5位「卓球」（4.8%）であった。男性選手の1位は「ミックス」（15.0%）、2位「水泳」（6.0%）、3位「体操」（5.8%）、4位「陸上競技」（5.5%）、5位「柔道」（4.5%）であった。今回、複数の競技結果を続けて取り上げたニュースは1つのニュースとして分類したため男女双方で「ミックス」が多くなったが、「ミックス」以外は、日本人のメダル獲得競技が報道回数上位を占めていることが明らかとなった。

3.3.3　報道回数トップ10と選手の「性別」

　図2、3は報道回数トップ10を選手の「性別」で示したものである。女性選手は全員メダリストで占められ、そのうち金メダリストは「伊調馨」「田知本遥」「金藤理絵」「髙橋礼華」「松友美佐紀」の5選手であった。男性選手は金メダリストの「荻野公介」「内村航平」「ベイカー茉秋」「白井健三」の4選手、その他メダリスト3選手、メダル獲得のない「7人制ラグビー男子日本代表」「サッカー男子日本代表」で報道回数トップ10が占められた。

　報道回数トップ10の選手の報道回数を合計すると、女性選手83回、男性選手96回で男性選手の方が多く報道されていた。その他の特徴として、男女とも全員が日本人であったことがあげられる。

　女性選手の銀・銅メダリストの内訳をみてみると、卓球3選手の銅メダル（「福原愛」「石川佳純」「伊藤美誠」）、バドミントン選手の銅メダル「奥原希望」）で、レスリング1選手の銀メダル（「吉田沙保里」）であった。男性選手トップ10の銀・銅メダリストをみてみると、「水谷隼」選手はシング

表2 報道された「競技」×「性別」

単位：報道回数（2番組合計）

競技名	女性	男性	セクシュアル・マイノリティ	混合	日本のメダル獲得数 女性	日本のメダル獲得数 男性
901（開閉会式）	0.8%	1.3%	0.0%	0.0%		
902（その他）	3.8%	3.8%	0.0%	0.8%		
903（ミックス）	13.5%	15.0%	0.0%	0.0%		
904（陸上競技）	1.0%	5.5%	0.0%	0.0%		銀1、銅1
905（水泳）	5.0%	6.0%	0.0%	0.0%	金1、銅3	金1、銀2,銅2
906（サッカー）	0.0%	3.0%	0.0%	0.0%		
907（テニス）	0.0%	2.0%	0.0%	0.0%		銅1
908（ボート）	0.0%	0.0%	0.0%	0.0%		
909（ホッケー）	0.0%	0.0%	0.0%	0.0%		
910（ボクシング）	0.0%	0.0%	0.0%	0.0%		
911（バレーボール）	0.8%	0.0%	0.0%	0.0%		
912（体操）	0.8%	5.8%	0.0%	0.0%		金2、銅1
913（バスケットボール）	0.8%	0.3%	0.0%	0.0%		
914（レスリング）	5.0%	1.0%	0.0%	0.0%	金4、銀1	銀2
915（セーリング）	0.0%	0.0%	0.0%	0.0%		
916（ウエイトリフティング）	0.5%	0.3%	0.0%	0.0%	銅1	
917（ハンドボール）	0.0%	0.0%	0.0%	0.0%		
918（自転車）	0.0%	0.0%	0.0%	0.0%		
919（卓球）	4.8%	3.3%	0.0%	0.0%	銅1	銀1、銅1
920（馬術）	0.0%	0.0%	0.0%	0.0%		
921（フェンシング）	0.0%	0.3%	0.0%	0.0%		
922（柔道）	3.0%	4.5%	0.0%	0.0%	金1、銅4	金2、銀1、銅4
923（バドミントン）	5.8%	0.0%	0.0%	0.0%	銅2	
925（射撃）	0.0%	0.0%	0.0%	0.0%		
926（近代五種）	0.0%	0.0%	0.0%	0.0%		
927（カヌー）	0.0%	0.3%	0.0%	0.0%		銅1
928（アーチェリー）	0.3%	0.0%	0.0%	0.0%		
930（トライアスロン）	0.0%	0.0%	0.0%	0.0%		
931（テコンドー）	0.0%	0.0%	0.0%	0.0%		
932（ラグビー）	0.0%	1.5%	0.0%	0.0%		
933（ゴルフ）	0.0%	0.0%	0.0%	0.0%		
合計	45.6%	53.6%	0.0%	0.8%	金7、銀1、銅10	金5、銀7、銅11

ルスで日本人男女初のメダルを獲得し、男子団体でも銀メダルを獲得した。「錦織圭」選手はプロテニスプレイヤーであり、元々注目度が高い上に銅メダルを獲得した。「瀬戸大也」選手は、400m個人リレーで1位となった萩野公介選手と一緒に出場し、銅メダルを獲得した。「ケンブリッジ飛鳥」選

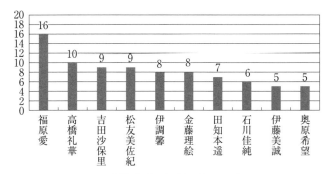

図2　女性選手の報道回数トップ10
単位：報道回数（2番組合計）

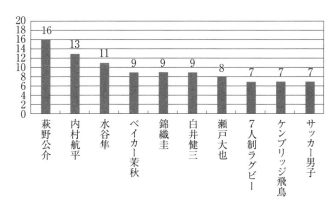

図3　男性選手の報道回数トップ10
単位：報道回数（2番組合計）

手は男子100mと男子4×100mリレーに出場し、リレーで銀メダルを獲得
した。

　以上を勘案すると、「卓球」の女性選手3名（「福原愛」「石川佳純」「伊藤
美誠」）と、「バドミントン」1選手（「奥原希望」）、陸上の「ケンブリッジ
飛鳥」選手は、メダル獲得数と順位を考慮すると報道量が比較的多いといえ
よう。

3.3.4 報道された選手の「呼称」と「選手名」

オリンピックニュース内で提示された選手やチームに対する正式名称以外の「呼称」について「性別」ごとに百分率でまとめたところ、女性選手が46.0%、男性選手は53.3%、混合0.8%、セクシュアル・マイノリティの選手への言及は全くなかった。男性選手の方がニックネーム等で多く呼ばれることが多いことが明らかとなった。

具体的にどの選手がどのように呼ばれているか調べるために、女性選手の「呼称」のトップ5を示したものが表3である。第1の特徴は、すべて日本人メダリストで占められていることである。また、卓球とバドミントンの選手で1位3位4位を占めていることが第2の特徴である。また第3の特徴としてオリンピックに連続出場している強豪選手が多い。福原選手は北京から3大会、吉田選手はアテネから4大会、石川、松本選手はロンドン、リオの2大会連続出場しており、全員がメダル獲得者である。つまり、注目度が高い強豪選手が正式名称以外の「呼称」で呼ばれる傾向にある。第5の特徴は、「○○ちゃん」等の子ども扱いがみられること。第6の特徴は格闘系競

表3 女性選手の「呼称」×「選手名」（2番組合計）

順位	選手名	呼称	回数
1位	福原愛（卓球）	泣き虫／愛ちゃん 最年長としてキャプテンとして キャプテン福原	14
2位	吉田沙保里（レスリング）	絶対女王 霊長類最強 HERO 沙保里 さおちゃん	13
3位	高橋礼華・松友美佐紀 （バドミントン）	タカマツ（ペア）	12
4位	石川佳純（卓球）	愛ちゃん2世 エース石川（佳純） 卓球3姉妹の二女 佳純ちゃん	7
5位	松本薫（柔道）	野獣	5

技に出場する女性選手の呼称が「霊長類最強」（吉田選手）、「野獣」（松本選手）等の動物にたとえられることである。

　表4は男性選手のトップ5をまとめたものである。まず水泳のマイケル・フェルプス選手が日本人以外で唯一トップ5入りしている。フェルプス選手はシドニーオリンピックから5大会連続出場し、個人・団体で金メダル23個を獲得している世界一の競泳選手である。また内村選手は北京から3大会連続出場し、個人総合2連覇を含む合計7個（金メダル3個、銀メダル4個）のメダルを獲得している。白井選手もオリンピック前の競技結果から注目度の高い選手であった。また、「王者」「エース」「チャンピオン」「"史上最速"」「（水の）怪物」等選手個人の実績や技量にちなんだ「呼称」が目立つ。また内村選手のみ「航ちゃん」と呼ばれており、子ども扱いが認められた。

　上記から、男性選手の「呼称」の特徴は、第1に注目度の高い強豪選手が愛称をつけられやすいこと、第2に選手個人の実績や技量に由来する「呼称」が多いといえよう。

表4　男性選手の「呼称」×「選手名」（2番組合計）

順位	選手名	呼称	回数
1位	マイケル・フェルプス（水泳）	（水の）怪物 憧れのヒーロー 王者	13
2位	内村航平（体操）	航平さん／航ちゃん 夫 王者	10
3位	白井健三（体操）	ひねり王子／びびり王子 世界チャンピオン 王者 航平さんの後継者	8
4位	水谷隼（卓球）	エース／エース水谷／大きなエース／日本男子のエース（水谷）	8
5位	陸上400mリレー男子日本代表（陸上）	日本の侍たち "史上最速"の4人 史上最強	5

3.3.5 報道された選手の「プライバシー」と「性別」

　図4は選手の「プライバシー」についてオリンピックニュース内で言及された内容を項目ごとに「性別」でクロス集計したものである。全体として選手の「過去や未来」（n=81）「性格」（n=41）「その他」（n=49）への言及が多く、選手の関係者への言及は少なく、「恋愛」への言及は全くなかった。また、セクシュアル・マイノリティ、混合への言及はなかった。

　男女同程度取り上げられた「プライバシー」は、「過去や未来」（女性50.6%、男性49.4%）、「子ども」（女性50.0%、男性50.0%）、「コーチ・監督」

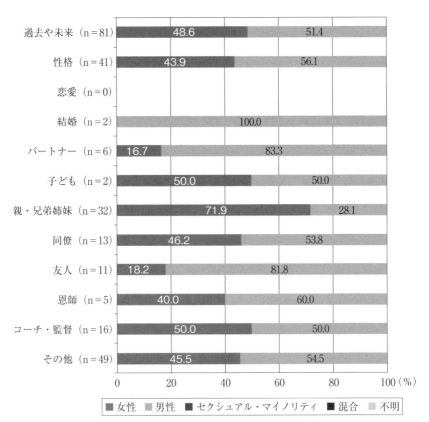

図4　選手の「プライバシー」×「性別」
単位：報道回数（2番組合計）

（女性50.0%、男性50.0%）である。女性選手の方が取り上げられることが多い項目は「親・兄弟姉妹」（71.9%）、男性選手の方が取り上げられることが多い項目は「結婚」（100.0%）、「パートナー」（83.3%）、「友人」（81.8%）、「恩師」（60.0%）、「その他」（57.1%）、「性格」（56.1%）、「同僚」（53.8%）であった。ただし、「過去や未来」以外の項目はサンプル数が少ないため、質的分析が必要である。

　以上から、選手の「プライバシー」は、「過去や未来」、「監督・コーチ」等選手の背景がわかる項目について男女同程度言及されるが、女性選手は「親・兄弟姉妹」、男性選手は幅広い関係者が多く取り上げられる傾向にあることが明らかとなった。

3.3.6　報道された選手の「容姿」と「性別」

　図5は選手の「美しさ」「力強さ」「その他」に代表される「容姿」についてオリンピックニュース内で提示された内容を項目ごとに「性別」でクロス集計した結果を百分率で示したものである。全体傾向として各選手の「美しさ」（n=28）についての提示は少なく、「力強さ」（n=121）の方が多く「混合」「セクシュアル・マイノリティ」への言及はなかった。各項目をみていくと「美しさ」については男性選手が76.5%と多く取り上げられていた。ま

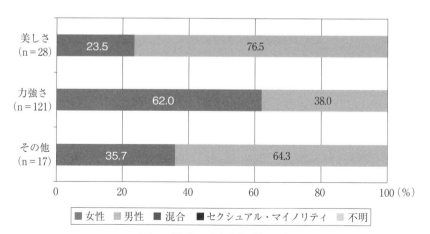

図5　選手の「容姿」×「性別」
単位：報道回数（2番組合計）

た、「力強さ」は女性選手が62.0%と多く取り上げられていた。

　上記から、「容姿」については「美しさ」よりも「力強さ」の表現が多く、女性選手の「力強さ」について多く取り上げられる傾向が明らかとなった。

3.3.7　報道された選手の「感情・表情」と「性別」

　図6は選手の「感情・表情」についてオリンピックニュース内で提示された内容を項目ごとに「性別」でクロス集計した結果を百分率で示したものである。全体傾向として選手の「喜び」（n=245）や「気迫」（n=112）をニュースで取り上げることが多いことが明らかとなった。

　「性別」でみてみると、セクシュアル・マイノリティを取り上げることはなく、女性選手は「悲しみ」（75.6%）、「緊張」（73.3%）、「怒り」（61.8%）とどちらかといえばネガティブな「感情・表情」をニュースで取り上げられることが多い。男性選手は「気迫」（61.8%）、「喜び」（58.0%）、「リラックス」（58.8%）について女性選手よりも多く提示されていた。ただし、「喜び」「気迫」以外の項目はサンプル数が少ないため、女性選手はネガティブな表情を取り上げ

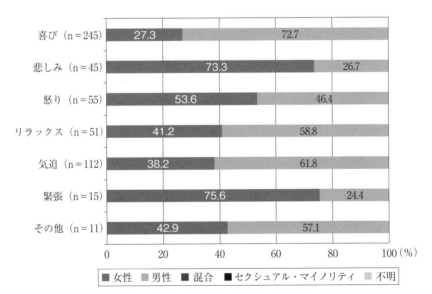

図6　選手の「感情・表情」×「性別」
単位：報道回数（2番組合計）

られることが多いと断定することは早急であり、質的分析を行う必要がある。

4. RQ の検証と考察

　本章ではリオオリンピック開催期間中のテレビニュースで取り上げられた選手のジェンダー表象について、分析結果から RQ の検証を行う。

4.1　RQ の検証
　本節ではリオオリンピック開催期間中のテレビニュースの分析結果を用い、6 つの RQ により選手のジェンダーやセクシュアリティ、国籍や取り上げられ方を検証する。

4.1.1　RQ1：女性選手と男性選手は、オリンピックチームの構成選手数に応じニュースで取り上げられる。
　リオオリンピック日本代表選手の性別割合は、女性選手 48.5%、男性 51.5%であった。これに対し女性選手 44.9%、男性選手 54.8%、混合 0.3%であった。日本代表選手の構成比より、若干男性選手の報道回数が多い結果となったが、RQ1 は支持されたといってよいであろう。

4.1.2　RQ2：セクシュアル・マイノリティの選手は、オリンピックチームの構成比とは異なる報道を受ける。
　日本代表選手にセクシュアル・マイノリティの選手は存在しなかった。また、日本以外の国籍のセクシュアル・マイノリティの選手について 2 番組では取り上げられなかった。よって今回は構成比通りの報道であったため、RQ2 は棄却された。

4.1.3　RQ3：メダルを獲得した選手は、メダルの獲得数に比例してュースで取り上げられる。
　報道回数トップ 10 の選手をみてみると、基本的にはメダル至上主義の報道結果といえよう。しかしながら、メダル獲得数や順位に関わらずニュースで多く取り上げられる選手やチームが存在した（表 3、4 参照）。それらにはメダル獲得を期待された競技や選手、あるいは元々プロスポーツとして人気

のあるサッカー等の競技があった。さらに既に指摘しているが、「卓球」の女性選手3名（「福原愛」「石川佳純」「伊藤美誠」）と、「バドミントン」1選手（「奥原希望」）、陸上の「ケンブリッジ飛鳥」選手は、メダルを獲得しているものの、順位と獲得数を考慮すると報道量が比較的多いといえよう。ゆえに、RQ3は棄却された。

4.1.4　RQ4：女らしさと強く結びつくスポーツやジェンダー差を強調するユニフォームを身につけるスポーツに参加する女性選手は比較的多くの報道を受ける。

　女性にふさわしいスポーツや「女性らしさ」を肯定する女性選手の登場と変貌について述べている梅津の分析を基にそれぞれに対応する競技を考えると、女らしい競技はシンクロナイズドスイミング、新体操、テニス、体の線を強調するユニフォームを身につける競技として、水泳・シンクロナイズドスイミング、レスリング、ビーチバレー、新体操があげられる。また、化粧やファッションが注目される者がおしゃれな選手といえよう（梅津2004）。

　これをもとに改めて女性選手の報道回数トップ10をみてみると、卓球、バドミントン、レスリング、水泳、柔道でメダルを獲得した競技の選手が取り上げられている。この中では体の線を強調するユニフォームの競技としてはレスリングと水泳が入っている。また、RQ3でも指摘したが、「卓球」と「バドミントン」の女性選手の中には、メダルを獲得しているが順位と獲得数に比して報道量が多い者もいた。これらの選手は、女らしさと結びつくスポーツやジェンダー差を強調するユニフォームを身につけていないが、容姿や年齢に注目されアイドルのように取り上げられている可能性もある。この点については選手ごとに質的分析を行わなければならないが、RQ4は一部支持されたといえよう。

4.1.5　RQ5：女性選手は男性選手と比較すると競技と関係のないプライバシー等能力以外の面を取り上げられる傾向がある。

　選手の「プライバシー」は、「過去や未来」、「監督・コーチ」等選手の背景に関する項目について男女同程度言及される傾向にある。しかし、女性選手は「親・兄弟姉妹」、男性選手は幅広い関係者が多く取り上げられる傾向

にあった（図4）。また、選手の「呼称」をみてみると、注目度が高い強豪選手は、男女ともに正式名称以外の「呼称」で呼ばれる傾向にあるが、男性選手は選手個人の実績や技量に由来する「呼称」が多いのに対し、女性選手は「○○ちゃん」等の子ども扱いが多くみられた。以上から、女性選手は未だ能力以外の面を取り上げられる傾向があり、RQ5は支持された。しかしながら、男性選手も内村航平選手が「航ちゃん」と呼ばれており、白石健三選手の「○○王子」という呼称もあり、アイドルのように取り上げられている側面も確認された。

4.1.6　RQ6：女性選手は男性選手よりも「容姿」「感情・表情」について多く取り上げられる。

　選手の「容姿」については、「美しさ」よりも「力強さ」を取り上げる傾向があり、特に女性選手の「力強さ」が男性選手よりも言及されることが多かった。また、選手の「喜び」「気迫」は男女双方でよく取り上げられていた。これらは日本代表選手の勝利を最優先とする報道方針とも一致し、勝利を喜ぶ瞬間を切り取っていることが明らかとなった。「性別」による差異は、女性選手は「悲しみ」等のネガティブな「感情・表情」が多く取り上げられ、男性選手は「喜び」「リラックス」等のポジティブなものが多かった。この点に関しては、報道回数上位の女性選手（たとえば吉田沙保里選手、福原愛選手）が試合に負けた後、泣く姿が提示されておりその影響があると考えられる。以上の点からRQ6は支持されたといえよう。

　RQ1〜6の検証結果をまとめると、リオオリンピック開催期間中のテレビニュースは、セクシュアル・マイノリティの選手を取り上げなかった。また、女性選手よりも男性選手の方が多く取り上げた。これは日本代表選手の性別構成比より若干多い報道量であった。日本の選手は、基本的にメダルを獲得すると取り上げられるが、メダル獲得数や順位に比して多く取り上げられる選手やチームが存在した。それらの中にはメダル獲得を期待されていたが敗れた場合や、プロスポーツとして人気のある競技であった場合等、複数の要因によって取り上げられているようであった。しかしその中には、選手のジェンダーが要因となって取り上げられている者の存在も示唆された。ま

た、女性選手は男性選手と比してプライバシーの側面を多く取り上げられる傾向にあった。特に女性選手の「呼称」にはいまだジェンダー・バイアスが残っているといえよう。そして選手の身体に関する「力強さ」や「喜び」「気迫」等の感情が多く取り上げられる一方で、女性選手は男性選手よりも「力強さ」や「悲しみ」等が多い結果となった。

4.2 考 察

　リオオリンピック開催期間中のテレビニュースは、メダルを獲得した日本人選手の報道で席巻され、他国の選手の活躍やセクシュアル・マイノリティの選手の存在は周縁化された。それは制作者側に日本人のメダル至上主義の報道方針が存在したためである（小林 2019：26）。そしてメダルが獲得できなかったために1本のニュースとして取り上げられなかった競技は28項目中12項目に及んだ。リオオリンピックは50名以上の選手がセクシュアル・マイノリティであることを表明したことをネットニュース（『ハフィントンポスト』2016年11月21日）や他の番組では伝えていた。性的志向の多様性（ダイバーシティ）を尊重しそれを報道で取り上げるという点は、メディアや番組によって方針が異なるようである。

　また、報道回数の多い選手はもともとメダル獲得が期待される、あるいはプロスポーツとして人気の高い競技である場合が多いが、順位やメダル獲得数に比して多く取り上げられていた選手やチームが存在した。テレビニュースは視聴者に興味や関心を持ってもらうために「背景を探る作り方」（小林2019：27）や、あらかじめストーリーを作りそれに沿った画や言葉を選手にあてはめようとしている場合があり（小林 2019：30-31）、そのようなストーリーは、視聴者に「感動」の準備をさせるために作っていると指摘されている（森田 2016：30-31）。つまり、人々を感動させるため、あるいは人々の興味・関心を引くストーリーを作る際に選手のジェンダー表象が利用されているのではないだろうか。

　たとえば女性選手は「親・兄弟姉妹」にまつわる話が多く取り上げられる。これは家族という存在に支えられる女性選手という感動のストーリーを

作っていると推測される。また、選手の「感情・表情」の中でも勝利の瞬間を切り取る「喜び」や、「気迫」を中心とした画作りは男女双方に見られた。今回、女性選手は試合に負けて泣いている「悲しみ」や「怒り」といったどちらかといえばネガティブな「感情・表情」が多く取り上げられていた。これは報道回数の多い福原愛選手や吉田沙保里選手、松本薫選手が試合に負けた影響もあると思われる。したがって他の大会との比較や個別の選手に注目した質的調査をしなければならないだろう。

　上記のような強豪選手は技量や実績にちなんだ「呼称」がつけられるが、女性選手に子ども扱いの呼称である「○○ちゃん」「××娘」というジェンダー・バイアスが残っている一方で、男性選手には「△△王子」のようなアイドルのような呼称や「□□ちゃん」という子ども扱いも見受けられた。今後は男女双方の呼称について注意を払わなければならない。

　さらに女性選手のスポーツする身体の「力強さ」への言及については、女性選手の身体や能力への称賛と捉えることは安易である。それは男女の性別による競技のすみわけ（性別分業）や、顔や体に傷がつくことへの配慮や、美しさを重視する競技に女性の性的魅力に価値をおく男性のまなざしの裏返し（飯田 2018：2-8）であることが推測されるためである。リオオリンピック代表選手へのインタビュー調査によると、男性競技というイメージが強い競技を行う女性選手はメディアに多く取り上げられていると選手自身が感じていた（小林 2019：30）。このような選手の表象は、スポーツにおいて男性性（速さや力強さ）の優位が保持されたジェンダー秩序の中でマス・メディアが選手のジェンダーによって人々の興味・関心をひく行為とも言い換えられる。

　今回、リオオリンピックニュースの内容分析を通じ、ジェンダーやセクシュアリティ、国籍等から選手のジェンダー表象の傾向を明らかにし、一部でジェンダー・バイアスが存在してることが判明した。今後の課題として、順位と比して多く報じられた女性選手・男性選手のケーススタディーを行い、選手のアイドル化傾向を探ることがあげられる。それによりどのようなジェンダー秩序がオリンピックニュースの中で構築されているのか、より精

緻な分析をすることができる。また北京オリンピックやロンドンオリンピックとの比較を行い、男女の差異や類似性、新しい表象の出現を時系列でみていくこともその一助となるであろう。

謝辞

　本研究のコーディングを担当した大井晴喜氏、渡邉侑志氏に感謝する。また、本研究は北九州市立男女共同参画センター・ムーブによる第22回「ジェンダー問題調査・支援事業」の支援を受けて行われた。

引用文献

阿部潔（2008）『スポーツの魅惑とメディアの誘惑　身体／国家のカルチュラル・スタディーズ』京都：世界思想社

Bruce, T.（2015）. New rules for new times: sportswomen and media representaion in the third wave. *Sex Roles, 73*（3/4）, 1-16.

Butler, J.（1991）. *Gender trouble: Feminism and the subversion of identity*. New York, NY: Routledge.（武村和子（訳）（1999）『ジェンダー・トラブル──フェミニズムとアイデンティティの攪乱』東京：青土社）

Crenshaw, K.（1989）. Demarginalizing the intersection of race and sex: A black feminist critique of antidiscrimination doctrine, feminist theory and antiracist politics. *The University of Chicago Legal Forum, 140*, 139-167.

平川澄子（2009）「スポーツメディアにあらわれるヒロイン」『体育の科学』*59*（9）, 609-613.

飯田貴子（2003）「新聞報道における女性競技者のジェンダー化──菅原教子から楢崎教子へ」『スポーツとジェンダー研究』*1*, 4-14.

飯田貴子（2005）「オーディエンスの多声性とジェンダー対抗的自己形成──女性競技者の新聞報道分析」『スポーツとジェンダー研究』*3*, 4-17.

飯田貴子（2007）「ジェンダー視点から検証したアテネオリンピック期間中の新聞報道」『スポーツとジェンダー研究』*5*, 31-44.

飯田貴子（2008）「スポーツジャーナリズムにおける『女性』の不在──デスクへの調査から見えてくるもの」『スポーツとジェンダー研究』*6*, 15-29.

飯田貴子（2018）「Ⅰ基礎理論　1　スポーツとジェンダー・セクシュアリティ」飯田貴子・熊安貴美江・來田享子（編）『よくわかるスポーツとジェンダー』（pp.2-3）ミネルヴァ書房

小林直美（2017）「ロンドンオリンピックにおける選手のジェンダー表象〜テレビニュース内容分析〜」『山形大学紀要（社会科学）』*48*（1）, 19-47.

小林直美（2019）『平成30年度ジェンダー問題調査・研究支援事業報告書　SNS時代におけ

るオリンピック報道～選手のダイバーシティはいかに表象されたか～』北九州市立男女共同参画センター・ムーブ

小玉美意子（1989）『ジャーナリズムの女性観』岡山：学文社

松田美佐（1996）「ジェンダー視点からのメディア研究再考」『マス・コミュニケーション研究』*48*, 190-203.

森田博之（2016）「スキャンダルまみれの『東京2020』負のスパイラルから救う道はあるのか？」朝日新聞社『Journalism』7月号，24-31.

中正樹・日吉昭彦・小林直美（2015）「ロンドンオリンピック開催期間における日本のテレビニュース報道に関する内容分析」『ソシオロジスト』*17*, 147-182.

Riffe, D., Lacy, S., & Fico, F. G. (1998). *Analyzing media messages using quantitative content analysis*. Mahwah, NJ: Lawrence Erlbaum Associates.

田中東子（2012）『メディア文化とジェンダーの政治学 ― 第三波フェミニズムの視点から』京都：世界思想社

登丸あすか（2007）「トリノ冬季オリンピック開会式における女性の役割 ― テレビニュース報道の分析から」『スポーツとジェンダー研究』*5*, 45-55.

登丸あすか（2010）「ジェンダーの視点によるオリンピック開会式分析 ― メディアのガイドラインに照らして」『文京学院大学人間学部研究紀要』*12*, 141-150.

梅津迪子（2004）「第5節　女性スポーツの商品化」飯田貴子・井谷惠子（編）『スポーツ・ジェンダー学への招待』(pp.110-117) 東京：明石書店

山本清文（2015）「ソチオリンピックにおける新聞報道の分析」『花園大学文学部研究紀要』*47*, 115-138.

山本清文・中村浩也・武内麻美（2016）「ソチオリンピックにおける新聞報道の分析（2）― 競技種目別に注目して ―」『花園大学文学部研究紀要』*48*, 27-41.

9. Rethinking Ways to Analyze and Influence Gender Representations in Media Texts

Toni Bruce（University of Auckland）

t.bruce@auckland.ac.nz

Abstract

In this paper I share what I have learned about analyzing and trying to change biased media representations of sportswomen. I discuss the importance of understanding the broader societal discourses about gender that impact the amount of coverage and style of representation of women in many different fields. In my context of sports media, I discuss different methods and their advantages for analyzing representations of gender, including the value of comparing coverage of women *and* men when identifying whether texts and images are problematic. I then discuss why I believe that analyzing media texts is not enough. Drawing on Indigenous concepts and over 30 years of research and reflection, I discuss new ways that gender activists can collaborate with image and text producers to influence change. Through analysis of media coverage, and interviews with sports media workers and change-makers, I am learning that change can occur in the context of *whakawhanaungatanga*（establishing relationships） and developing shared understandings that uphold people's honour. As a result, I am shifting my research and activism to focus on hopeful stories of change. It remains important to track gender representations over time in order to identify continuity and possibilities for change. At the same time, we need to work actively with producers of media texts (including school texts) to become resources that can help them create images and language that contributes to, rather than undermines, gender equality.

Keywords: Media, Women, Discourses, Collaboration, Methods of Text Analysis

1. Introduction

Research on media representations of sportswomen now has a long history. For more than 40 years researchers have been studying the images and words that are produced by the mainstream media. The high level of academic interest in how sportswomen are represented has resulted in thousands of published research articles. My long-term interest in this topic recently led me to attempt to synthesize the existing body of research into a coherent overview of patterns of media coverage. My review focused on research published in English and revealed a much wider range of narratives than are usually discussed by Western researchers, especially those from the USA whose work dominates the field — and thus strongly influence academic understandings of what is going on.

I first discuss some key theoretical concepts that inform my research into media representations of sportswomen. Then I briefly discuss the common methods used to analyze texts, and share some key patterns from the 15 unwritten ʻRulesʼ of media coverage I distilled from the existing research (Bruce, 2015). Finally, drawing on Indigenous concepts and over 30 years of research and reflection, I discuss the value of collaboration with image and text producers if we really want to support and influence change.

2. Why This Research Matters

Here I want to discuss why the amount and style of coverage is important. The first reason is that the stories we tell matter－they have real impacts on people's lives and their sense of possibilities. As Laurel Richardson points out, "At the individual level, people make sense of their lives through the stories that are available to them, and they attempt to fit their lives into the available stories. If the available narrative is limiting, destructive, or at odds with the actual life, people's lives end up being limited and textually disenfranchised" (1990, p.26). She continues, "Collective stories that deviate from standard cultural plots provide new narratives; hearing them legitimates replotting one's own life. New narratives offer the patterns for new lives. The story of the transformed life, then, becomes a part of the cultural heritage affecting future stories, future lives" (Richardson, 1990, p.26).

This means that the stories the media tell matter. As David Kirk points out, We don't just consume media passively, we use it to understand who we are, and what is possible: "Media culture is not merely consumed and discarded, but is utilised to construct personal identities ... not passively absorbed, but ... actively appropriated as the stuff of people's sense of self, their place in the social world, and the bases of their hopes and expectations of the future" (1993, p.18). These quotes are important because they remind us that stories are central to how we understand ourselves and others, and that stories can open up or close down our ideas about what is possible or acceptable. As a result, it is important that we analyze what stories media are telling, and what possibilities they are opening up or closing down as a result.

Cultural studies theories (see Hall, 1997) offer some important concepts for journalists, sports organizations and media scholars. First, all texts carry a *preferred meaning* that, intentionally or unintentionally, is the meaning that the 'text' producers want us to accept as readers, listeners or viewers. At the same time, all texts are *polysemic*. This means that they are open to being interpreted in different ways ranging from *dominant* (in which readers or viewers interpret in line with the preferred meaning) to *oppositional* (in which they reject the media's interpretation entirely). Most people make *negotiated* interpretations that accept some preferred meanings and challenge others.

All interpretations are also *intertextual*. This means that rather than making sense of a single story or image in isolation, we engage with it as part of a flow of texts. In part, it is the consistency of preferred media messages about certain topics that means that, over time, we come to accept many preferred meanings as the truth.

As a result, the texts of sports media do not merely reflect reality, they actively create certain kinds of reality that privilege some athletes and sports, and marginalize others. By shaping our frameworks for making sense of the world, media stories can have real impacts on people's lives, including perceptions and opportunities to play sport, access to resources, power and influence, and the ability to be represented fairly.

Finally, *articulation* describes that way that certain ideas get connected to each other so strongly that they become so taken-for-granted that no-one questions that linkage. Stuart Hall argues that some articulations form "magnetic lines of tendency" — such as the articulation between sport and men — that are very difficult, if not impossible, to break. However, these connections are not necessary, absolute or determined for all time, so it is important to ask 'under what circumstances can such connections be made, disrupted, or even unmade'? However, disruptions and re-makings are very hard to do because representation works at very deep levels (Hall, 1997) that encompass much more than the logic, reason and evidence that researchers use to make arguments for change.

3. Methods

For researchers interested in analyzing media texts, the dominant methods are quantitative content analysis and qualitative textual or discourse analysis (Bruce & Antunovic, 2018; Bruce, Hovden & Markula, 2010; Markula, 2009). Content analysis offers reliable quantitative data about representation patterns that can be shared with policy-makers, governments and producers of texts (Bruce et al., 2010). It is particularly valuable for tracking changes over time and demonstrating gender differences, through comparisons between representations of men and women. However, one drawback can emerge when studies derive their categories only from prior studies and focus their analysis on only one gender. Not only can this approach fail to identify *emerging* patterns but the lack of gender comparison may *overstate* gender differences and *miss evidence* of gender similarities (see Bruce, 2016). Researchers using content analysis often seek gender equality within existing structures, and implicitly believe that once discrimination has been identified, then legal or government action should be taken to stop it. However, the persistence of some of these patterns over time shows that identifying discrimination does not directly lead to change (Bruce et al., 2010).

The effectiveness of textual or discourse analysis lies in the ability of the researcher to reveal the relationships between the patterns identified in the analyzed texts and the broader societal context. This approach is arguably more open and less obviously rigorous than content analysis, and its strength lies in the sensitivity of the researcher to identify the preferred meanings and discourses through which women are being represented across a range of texts. Researchers using this approach tend to focus on issues of ideology, power, the relationship between culture and language and often have a social justice orientation that is highly critical of existing media (Bruce, Rankine & Nairn, 2017).

4. Changing Patterns of Representation

Table 1 identifies the 15 unwritten 'Rules' of media representation (Bruce, 2016). It emerged from my frustration at the narrow focus and overemphasis on gender differences found in the North American research that dominates the research corpus. As a

15 Rules of Representation Bruce, 2016: DOI: 10.15942/j.jcsu.2016.02.002	Status	Focus	Primarily Defined By
1. Lower broadcast production values 2. Gender marking 3. <u>Infantilization</u> 4. Non-sport-related aspects 5. Comparisons to men's sport	*Older*	Difference	Men
6. Sportswomen don't matter 7. Compulsory heterosexuality/Appropriate femininity 8. Sexualization 9. Ambivalence	*Persistent*		
10. Athletes in action 11. Serious athletes 12. Model citizens 13. Us and them	*Current*	Similarity	
14. Our voices 15. Pretty and powerful	*Emerging* *online*	Difference & similarity	Women Both genders

Figure 1   15 Rules of Representation
(© Toni Bruce)

result, I conducted a review of many of the approximately 4,000 published articles on media coverage of women's sport, focusing intentionally on research from outside the USA, which more often includes attention to gender similarities. This review also identified two emerging rules that are most visible in non-corporate media contexts. Although I will not discuss all the Rules in detail, see Bruce (2017) for a discussion that includes Japanese examples.

Briefly, the concern with the first five *Older* Rules was that they applied primarily to women's sports and female athletes, thus trivializing and undermining their skill and competence. However, there is much less evidence of *gender differences* in broadcast production values, gender marking, infantilization and non-sport-related aspects in more recent studies (Billings, Halone & Denham, 2002; Duncan, Messner & Cooky, 1999; Hallmark & Armstrong, 1999; Jones 2012). In New Zealand, the UK and Australia, we often see elite male athletes identified as 'boys' or 'lads' in similar fashion to the representation of elite sportswomen as 'girls'. Differences in gender marking are also much less evident, with sports either gender-marked for both men and women or not at all. For example, World Rugby decided in 2019 not to gender mark any of its Rugby World Cups (Agnew, 2019). As elite sportswomen become better known, the tendency to compare them to elite sportsmen may also be diminishing: although intended to compliment a sportswoman positively, researchers argue the comparison implicitly reinforces men's sport as normal and women's sport as other (Poniatowski & Hardin, 2012).

Other Rules are *persistent*, appearing in studies across time

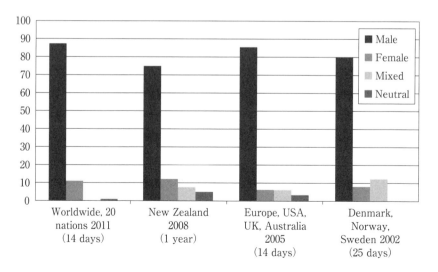

Figure 2   Quantity of Sports Media Coverage by Gender in International Studies

and culture. For example, in relation to *quantity*, women still struggle for visibility in mainstream online and print news media (Horky & Nieland, 2013; Jorgensen, 2005; Jones, 2012; Kian & Clavio, 2011; Lumby, Caple & Greenwood, 2014). Despite pockets of good journalistic practice, the success of some women's sports such as tennis in gaining public visibility, and some positive effects on quality of coverage, the overall amount of coverage remains disappointingly low. In studies ranging from two weeks to a full-year, the pattern is depressingly similar (see Figure 2).

Coverage averages around 10% in many Western nations (3 percent on TV news), with little improvement since the 1980s, and is evident in many online sites (Fink 2015; LaVoi & Calhoun, 2014; Lisec & McDonald 2012). The lack of change is particularly evident in New Zealand studies since 1979 (see Figure 3; Bruce, 2008), which illustrates the enormous gap between the coverage

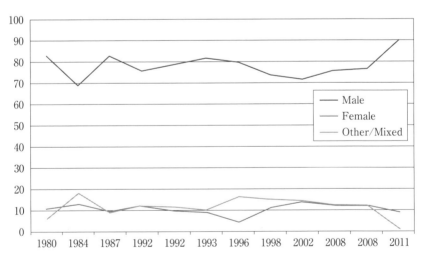

Figure 3   Percentage of Media Coverage of Sport by Gender in New Zealand Research, 1979-2011

of men and women. Some recent studies show signs of regression rather than progression (Cooky, Messner & Hextrum, 2013). This consistent finding led me to define the corporate sports media's attitude as 'Go ahead and play but don't expect us to pay any attention' (Bruce 2013, p.131) and media coverage of sportswomen as "passing showers over an ocean of media coverage of men" (Bruce & Hardin, 2014, p.312).

Figure 4, based on an analysis of a complete year of sports coverage in one newspaper, demonstrates that the most-covered sports are male-dominated. Indeed, the only reason that football showed a hint of attention to sportswomen is that New Zealand hosted the inaugural FIFA U-16 Women's World Cup that year. Only netball, an almost completely female sport, and professional

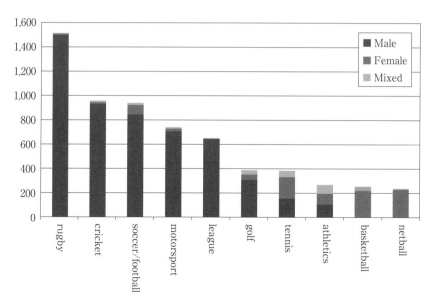

Figure 4   Number of Stories by Gender over 12 Months in One New Zealand Newspaper in 2008.

tennis showed significant attention to sportswomen but both received much less coverage overall.

Overall, one thing is clear: in mainstream print and television news media, sportswomen still don't matter very much. Despite thousands of studies and years of activism, women's sport activists, academics and sports organizations have been startlingly unsuccessful in convincing mainstream sports media to substantially increase the attention they pay to women's sport. The major exception to this Rule is the significant increase in coverage during major global events such as the Olympics, Commonwealth Games, Tennis Grand Slams or peak events such as World Cups or World Championships (Bruce, 2015, 2008; Insentia, 2016). At such times sportswomen often 'erupt' onto media screens and news pages when they are winning for the nation: at this point, they move from being seen as female athletes to being embraced as *model citizens* — a conceptual shift that makes them more worthy of coverage (Bruce, 2009; Iida, 2010; Wensing & MacNeill, 2010). However, a year-long analysis of media coverage of New Zealand Olympians in the year leading up to, and including, the 2016 Olympic Games found that sportswomen seem to matter only when they are competing, whereas there is additional media interest in men in the lead up and aftermath of major events (Insentia Insights, 2016). This finding is similar to longitudinal USA research on nightly local USA TV sports news and ESPN Sportscenter, which lead researcher Cheryl Cooky summarized as showing that "it's never too early, too soon or too late to talk about men's sports" (Cooky, 2018, personal communication; Cooky et al. 2013).

In relation to *quality*, the good news is that when women do receive coverage, it usually takes them *seriously as athletes* (Bruce 2016; Duncan, Messner & Willms, 2005; Kian, Mondello & Vincent, 2009; Markula, 2009; MacKay & Dallaire, 2009; Wolter, 2013). Images in particular tend to focus on women in action, although recent New Zealand Olympic Committee and USA research identified a slightly higher focus on celebration or emotion in photographs of sportswomen (Insentia, 2016). The focus on emotion demonstrates how *heterosexuality* and *femininity* remain important in how sportswomen are represented, and represent themselves (Thorpe, Toffoletti & Bruce, 2017). Because sport is so strongly associated with masculinity, elite sportswomen are often femininized and, where possible, their heterosexuality emphasized in relation to images or references to husbands, boyfriends, and children with male partners. Emotional acts that are strongly associated with women but not men, such as crying, are also popular, although images of elite sportsmen crying after losing (or winning) peak international events are increasingly visible, and images of sportsmen with their young children are often shown in live broadcasts.

Overt *sexualization*, in which the athlete's sexual attractiveness to men is highlighted, has arguably been evolving. The issue of sexualization remains highly contested among researchers, with some interpreting any focus on sexual attractiveness or femininity as undermining women's status as athletes (e.g., Daniels, 2012; Daniels & Wartena, 2011; Kane, LaVoi & Fink, 2013). In contrast, from a third wave feminist perspective, we are seeing the emergence of the *pretty and powerful* (or strong and sexy) female athlete (Bruce 2015; Bruce & Hardin, 2014; Heywood &

Dworkin, 2003) evident in images of sportswomen who have embraced femininity and physicality in a way that integrates their sporting and female identities. They see 'sexy' or nude poses not as exploitation but as multi-dimensional elements of who they are, even though this form of representation is primarily open to world-class, young, usually white, slender, long-haired and internationally successful female athletes. Thus, *pretty and powerful* images are argued to combine femininity and elite physicality into a coherent whole (based on the intertexuality of images across platforms), in stark contrast to the argument that sexualized and feminized images are produced in order to temper the supposed 'threat' of sportswomen's physical strength. However, *ambivalence* in media representations — in which the text and images send different messages — still echoes through media coverage, sometimes in quite complex ways (e.g., Kearney, 2011; Duffy, 2020). Recent examples come from inappropriate live interviews with elite sportswomen that undermine their sporting competence. For example, as Ada Hegerberg of Norway received international football's top award in 2018, she was asked by a male interviewer if she could "twerk" (The Guardian, 2018), and both Emilie Bouchard and Serena Williams were asked to "twirl" on court after winning tennis matches (The Telegraph, 2015).

Resistance to the ongoing marginalization, sexualization and feminization of sportswomen is evident in the relative explosion of *female voices online* (Antunovic & Hardin, 2012; Chananie-Hill, Waldron & Umstead, 2012; Hardin, 2011; LaVoi & Calhoun, 2014; Meân, 2014). The lack of coverage has been addressed by individual athletes, women's sports teams and events, and groups of women (including athletes and journalists) making podcasts, and setting up specific Twitter feeds, Instagram and Facebook accounts, some of which attract millions of followers (Bruce & Hardin, 2014). Yet what is interesting is that the women who gain high social media followings generally tend to receive high levels of corporate media coverage, especially live broadcasts of their events.

Overall, the research reveals that media coverage of women's sport is a 'messy' and contradictory space, with plenty of room for improvement. Indeed, the decades of research and thousands of studies have had remarkably little effect on media coverage — at least on the overall amount. For this reason, I have moved away from the task of repetitively recording the marginalisation of sportswomen. Instead, I am seeking out media texts, spaces and individuals and organizations that produce the kinds of gender equal and appropriate images and stories we want to see and hear.

5. *He waka eke noa* — We are all in this together

This shift in focus brings me to the final part of the talk, which focuses on a indigenous Māori whakataukī or proverb about paddling a waka/outrigger canoe. *He waka eke noa* reminds us we are not islands, and that in something as complex as media representation, everyone with an interest in the quality and quantity of images and texts of women needs to be paddling in the same direction if real and sustainable change is to occur. This way of thinking has led me to a strengths and hope approach, which "reframes rather than denies that problems exist", focusing "on what is already going well" and investigating "the strengths already demonstrated by the individuals involved and the available resources they can draw upon to enhance their situation" (Paraschak & Thompson, 2014, p.1047). This idea, which sits alongside Māori concepts, has encouraged me to ask different questions about sports media coverage: questions about what is going well, what has been successful and how those changes have been enabled. So I want to finish by trying to unpack what seems to work, what needs to work, and to reveal some of the complexity and constraints that we—as researchers — will never understand without talking to people who are working in sports media, and considering how we can actively support and become resources for media producers.

The first point is that sustainable change requires establishing, building and maintaining of relationships—*whakawhanaungatanga* —and the necessary process of *whakamana*, which is making sure that everyone's sense of self and value is maintained even when we disagree. In New Zealand, various groupings and relationships have come together in the last four years to support change, including activist networks such as Women in Sport Aotearoa, a national collaboration of women's sport researchers, a new government Women and Girls in Sport and Active Recreation Strategy and $10 million in funding, The Wonderful Group (a mentoring programme and support group for women in sports media), and a new online news site, Newsroom, that initiated a completely female sports section. The conversations and relationships established within and across these groups are powerfully supporting change.

The first step in the process of *whakawhanaungatanga* is understanding and respecting the fact that we come to the issue of media coverage of women's sport with quite different intentions and responsibilities, that are sometimes in conflict with each other. The roadblocks have included the perceived incompatibility between social justice and financial drivers, the focus on positive attention and promotion of women versus the media's independence and focus on reporting not supporting women's sport. Recognizing these differences and finding points of connection — such as the fact that we all want good quality coverage — is a necessary starting point.

Another key point is the need to understand that not all media are the same. Journalists have explained that this assumption among many sports organizations gets in the way of building the relationships that would enhance coverage. For example, a respected Australian female radio told the sports organizations at a national workshop on improving coverage that her organization was always interested in good stories, and invited them to take a business card and talk to her about what the radio station was looking for. Unfortunately, as she predicted to me, few approached her, suggesting that the organizations held a generalized deficit view of all sports journalists as sexist or uninterested in women's sport.

As researchers, we *know* some things about media coverage of women's sport, and we have been highly critical — usually from a distance — of the sports media. However, what we often *don't know* in sufficient depth are the conditions, constraints and opportunities available to those who make decisions about, and produce, sports media coverage. Yet it is through the voices of people on the ground that we can learn — "because *only they know*" the lived realities of sports media production (Webber, 2019, p.120). It is therefore important to value or *whakamana* their perspectives, rather than demonizing or inadvertently slipping into deficit or narrow stereotypes of media workers and media organizations as 'the problem'. If we are truly concerned about "what's working well, what's not working well and how things could be improved" (Webber, 2019, p.120), then talking media workers/producers is vital. Through entering the relationship with humility and openness to learning what we did not know before, we open ourselves to new insights and ways of thinking. For example, based on years of experience, Canadian Broadcasting Corporation executive Nancy Lee (personal conversation, 2018) estimates that, in relation to gender equality, 15% of sports media 'get it' (they understand they need to think about gender), 61% are trying to get it but don't really understand what the issue is, and 24% don't get it, and/or don't think it's a problem. This means that up to 75 percent of the sports broadcasting or sports media workforce has potential to be aware or become aware of how to improve coverage. From my conversations with current and former New Zealand sports journalists and broadcasters, Nancy Lee's estimates appear fairly accurate.

There are journalists committed to quality coverage of women's sport but they are in the minority and it can take time to adapt when assigned to cover women's sport. An experienced rugby commentator explained his struggle to find appropriate words to describe female rugby players because some descriptions he used for men did not feel right. In cases where media commentators do not yet have alternatives that easily flow off the tongue they can unintentionally produce 'gender bland' coverage that lacks the excitement produced by creative and energetic language (Cheryl Cooky, personal communication, 2018). Researchers can be an important resource in such cases, providing appropriate examples of language and imagery, that help media workers achieve their desire to present women's sport to a high standard.

However, even journalists who want to provide better coverage can by blocked by the 24% who don't get it, especially if those people are in powerful positions. For example, a senior male journalist's attempt to increase women's coverage was blocked by someone higher in the organization who had a history of actively resisting coverage of sportswomen. Yet the same journalist found more opportunities with another news outlet to publish a wide range of quality women's sport stories. Another example reveals the complex power relations in sports media organizations, and the complex interplay between media and audience choices, about which we are unaware unless we talk with journalists. Leading up to an Olympic Games, a male sports content editor resisted the instruction to produce a Top Ten *Sexiest* Athletes at the Games article. Instead he created a list of Athletes to Follow. Yet this small resistance got him in trouble because the public 'clicks' were not high enough, leading him to comment that if people don't want the sexiest athlete type of story, they should not click on them.

There is clear evidence that many journalists and broadcasters are among the 61% who are trying to understand the issue of gender equality. A senior female reporter for a large daily news outlet explained that her male colleagues had reached the point of asking her if something they wanted to write was sexist, but they still saw the connection between sport and men as so taken-for-granted that a large feature on family sporting dynasties featured no female dynasties even though she could have given them countless examples. Similarly, an experienced radio and television commentator and analyst for men's and women's sport explained that, in her experience, 'The decisions even at a micro level are still being made by men, who quite often just don't factor women in their thinking. It's not that they're doing it out of spite or any ill intentions but everything to do with sport is still framed through men's perspective and experiences [so] they just don't think of it' (personal communication, 2019).

As researchers, we may want to consider the same questions that Nancy Lee proposes sports media organizations ask themselves. As researchers, we should consider whether our research, and how we communicate it, is helping the 15% who understand and respect gender equality, confusing the 61% who know gender equality in sports coverage is important but are still trying to figure out what that means (because if they get confused, they either get it wrong or decide not to do anything); or adding fuel to the fire of the 24% who really don't care, don't think there is a problem and likely want no part of addressing gender equality or actively work against it.

Researchers can play a role in actively building relationships with those who produce the texts and images we are concerned about. USA media organizations are interested in individualized results about what they produce, and how they fare in relation to other similar organizations, and have shown interest in the chance to ask questions of researchers (Cheryl Cooky, personal communication, 2018). So taking our research results directly to them before any public announcements can be a productive way to *whakamana* or honour the people who work there and increase the likelihood of building relationships that might lead to change. We can also make our research publicly available through open access academic publishing, blogging, long-form journalism articles or being available for media interviews. USA sports media researcher Cheryl Cooky reported that a recent content analysis published in an open access journal was downloaded 22,000 times, and several media organizations have reminded researchers that they do not have access to academic research publications.

6. Conclusion

In conclusion, this paper is based on many years of analyzing and trying to improve the quantity and quality of media coverage of sportswomen. Although this field of research is "a vigorous and bustling space, with an increasing diversity of methodologies and feminist theoretical frameworks" (Bruce & Antunovic, 2018, p.257), it is also deeply frustrating. The ongoing challenge is how to institutionalize and normalize regular, ongoing, high-quality representations of women. My current research suggests we all need to be part of the solution: media, researchers, the public, and sports organizations – *he waka eke noa*. Building ongoing, respectful relationships and trying to understand each other's viewpoints, strengths, constraints and possibilities is one way to begin.

References

Agnew, M. (2019, August 22). Women's Rugby World Cup renamed to a gender-neutral title, in move likely to cause confusion. *China Morning Post.* Retrieved from https://www.scmp.com/sport/rugby/article/3023856/womens-rugby-world-cup-renamed-gender-neutral-title-move-likely-cause

Antunovic, D., & Hardin, M. (2012). Activism in women's sports blogs: Fandom and feminist potential. *International Journal of Sport Communication*, *5*, 305–322.

Billings, A. C., Halone, K. K., & Denham, B. E. (2002). "Man, that was a pretty shot": An analysis of gendered broadcast commentary surrounding the 2000 men's and women's NCAA Final Four basketball championships. *Mass Communication & Society*, *5*, 295–315.

Bruce, T. (2017). Sportswomen in the media: An analysis of international trends in Olympic and everyday coverage. *Japan Journal of Sport and Gender Studies*, *15*, 24–39.

Bruce, T. (2016). New rules for new times: Sportswomen and media representation in the third wave. *Sex Roles*, *74* (7–8), 361–376.

Bruce, T. (2015). Assessing the sociology of sport: On media and representations of sportswomen. *International Review for the Sociology of Sport*, *50* (4–5), 380–384.

Bruce, T. (2013). On women and femininities. *Communication and Sport*, *1* (1–2), 125–137.

Bruce, T. (2009). Winning space in sport: The Olympics in the New Zealand sports media. In P. Markula (Ed.), *Olympic women and the media: International perspectives* (pp.150–167). Hampshire, England Palgrave Macmillan.

Bruce, T. (2008). Women, sport and the media: A complex terrain. In C. Obel, T. Bruce, & S. Thompson. (Eds.), *Outstanding: research about women and sport in New Zealand* (pp.51–71). Hamilton, NZ: Wilf Malcolm Institute for Educational Research.

Bruce T., & Antunovic, D. (2018). New media methods. In L. Mansfield, J. Caudwell, B. Wheaton & B. Watson (Eds.), *The palgrave handbook of feminism and sport, leisure and physical education.* (pp.257–273). London, England: Palgrave Macmillan.

Bruce, T., & Hardin, M. (2014). Reclaiming our voices: Sportswomen and social media. In A. C. Billings & M. Hardin (Eds.), *Routledge handbook of sport and new media* (pp.311–319). New York, NY: Routledge.

Bruce, T., Hovden, J., & Markula, P. (2010). Content analysis, liberal feminism and the importance of mapping the media terrain. In T. Bruce, J. Hovden, &

P. Markula. (Eds.). *Sportswomen at the Olympics: A global comparison of newspaper coverage* (pp.19-30). Rotterdam, NL: Sense Publishers.

Bruce, T., Rankine, J., & Nairn, R. (2017). Critical discourse analysis. In M. L. Silk, D. L. Andrews, & H. Thorpe (Eds.), *Routledge handbook of physical cultural studies* (pp.467-475) New York, NY: Routledge.

Chananie-Hill, R. A., Waldron, J. J., & Umsted, N. K. (2012). Third-wave agenda: Women's flat-track roller derby. *Women in Sport and Physical Activity Journal, 21*, 33-49.

Cooky, C., Messner, M. A., & Hextrum, R. H. (2013). Women play sport, but not on TV: A longitudinal study of televised news media. *Communication & Sport, 1*, 203-230.

Daniels, E. A. (2012). Sexy versus strong: What girls and women think of female athletes. *Journal of Applied Developmental Psychology, 33* (2), 79-90.

Daniels, E. A., & Wartena, H. (2011). Athlete or sex symbol: What boys think of media representations of female athletes. *Sex Roles, 65*, 566-579.

Duffy, M. (2020, March 9). Sexist abuse towards women Aussie Rules players prompts news website action. *Sports Gazette*. Retrieved from https://sportsgazette.co.uk/sexist-abuse-towards-women-aussie-rules-players-prompts-news-website-action/

Duncan, M. C., Messner, M. A., & Cooky, C. (2000). *Gender in televised sports: 1989, 1993 and 1999.* Los Angeles: Amateur Athletic Foundation of Los Angeles.

Duncan, M. C., Messner, M. A., & Willms, N. (2005). *Gender in televised sports: News and highlights shows, 1989-2004.* Los Angeles, CA: Amateur Athletic Foundation of Los Angeles.

Fink, J. S. (2015). Female athletes, women's sport, and the sport media commercial complex: Have we really "come a long way, baby"? *Sport Management Review, 18* (3), 331-341.

Hall, S. (1997). The spectacle of the "Other". In S. Hall (Ed.), *Representation: Cultural representation and signifying practices* (pp.223-290). London, England: Sage.

Hallmark, J. R., & Armstrong, R. N. (1999). Gender equity in televised sports: An analysis of men's and women's NCAA basketball championship broadcasts. *Journal of Broadcasting & Electronic Media, 43*, 222-235.

Hardin, M. (2011). The power of a fragmented collective: Radical pluralist feminism and technologies of the self in the sports blogosphere. In A. C. Billings (Ed.), *Sports media: Transformation, integration, consumption* (pp.40–60). New York, NY: Routledge.

Heywood, L., & Dworkin, S. L. (2003). *Built to win: The female athlete as cultural icon*. Minneapolis, MN: University of Minnesota Press.

Horky, T., & Nieland, J-U. (2013). Comparing sports reporting from around the world – numbers and facts on sports in daily newspapers. In T. Horky & J-U. Nieland (Eds.), *International sports press survey 2011*. Norderstedt, Germany: Books on Demand GmbH.

Insentia Insights (2016). *Female athletes and Rio 2016: A gender analysis of New Zealand media coverage*. Wellington: Insentia Insights.

Iida, T. (2010). Japanese case study: The gender difference highlighted in coverage of foreign athletes. In T. Bruce, J. Hovden & P. Markula (Eds.), *Sportswomen at the Olympics: A global content analysis of newspaper coverage* (pp.225–236). Rotterdam, NL: Sense Publishers.

Jones, D. (2012). Swifter, higher, stronger? Online media representations of gender during the 2008 Olympic Games, in M. K. Harmes, L. Henderson, B. Harmes, & A. Antonio (Eds.), *The british world: Religion, memory, culture and society: refereed proceedings of the British World Conference* (pp.217–233). Toowoomba, Queensland: University of Southern Queensland.

Jorgensen, S. S. (2005, October 31). The world's best advertising agency: The sports press. *Mandagmorgen* [Mondaymorning], 37, pp.1–7.

Kane, M. J., LaVoi, N. M., & Fink, J. S. (2013). Exploring elite female athletes' interpretations of sport media images: A window into the construction of social identity and "selling sex" in women's sports. *Communication & Sport, 1*, 269–298.

Kearney, M. C. (2011). Tough girls in a rough game: Televising the unruly female athletes of contemporary roller derby. *Feminist Media Studies, 11*, 283–301.

Kian, E. M, & Clavio, G. (2011). A comparison of online media and traditional newspaper coverage of the men's and women's U.S. Open tennis tournaments. *Journal of Sports Media, 6* (1), 55–84.

Kian, E. M., Mondello, M., & Vincent, J. (2009). ESPN — The women's sports network? A content analysis of Internet coverage of March Madness. *Journal of Broadcasting & Electronic Media, 53*, 477-495.

Kirk, D. (1993). *The Body, Schooling and Culture*. Geelong, VIC: Deakin University Press.

LaVoi, N. M., & Calhoun, A. S. (2014). Digital media and women's sport: An old view on 'new' media. In A. C. Billings & M. Hardin (Eds.), *Routledge Handbook of Sport and New Media* (pp.320-330). New York, NY: Routledge.

Lisec, J. & McDonald, M. G. (2012). Gender inequality in the new millennium: An analysis of WNBA representations in sport blogs. *Journal of Sports Media, 7*, 153-178.

Lumby, C., Caple, H., & Greenwood, K. (2014). *Towards a level playing field: Sport and gender in Australian media January 2008-July 2009*. Canberra, ACT: Australian Sports Commission.

Meân, L. J. (2014). Sport websites, embedded discursive action, and the gendered reproduction of sport. In A. C. Billings & M. Hardin (Eds.), *Routledge handbook of sport and new media* (pp.331-341). New York, NY: Routledge.

MacKay S., & Dallaire, C. (2009). Campus newspaper coverage of varsity sports: Getting closer to equitable and sports-related representations of female athletes? *International Review for the Sociology of Sport, 44*, 25-40.

Markula, P. (Ed.) (2009). *Olympic women and the media: International perspectives*. New York, NY: Palgrave MacMillan.

Poniatowski, K., & Hardin, M. (2012) "The more things change, the more they ⋯" : Commentary during women's ice hockey at the Olympic Games. *Mass Communication and Society, 15*, 622-641.

Paraschak, V., & Thompson, K. (2014). Finding strength(s): Insights on Aboriginal physical cultural practices, *Sport in Society, 17*(8), 1046-1060.

Richardson, L. (1990). *Writing strategies: Reaching diverse audiences*. Newbury Park, CA: Sage.

The Guardian (2018, December 3). Ada Hegerberg asked if she knows how to twerk when accepting Ballon d'Or. The Guardian. Retrieved from https://www.theguardian.com/football/video/2018/dec/03/ada-hegerberg-is-asked-if-she-knows-how-to-twerk-when-accepting-ballon-dor-video

Telegraph Sport (2015, January 22). Sexism row erupts at Australian Open after Eugenie Bouchard and Serena Williams are asked to 'twirl' on court. *The Telegraph*. Retrieved from http://www.telegraph.co.uk/sport/tennis/australianopen/11362222/Sexism-row-erupts-at-Australian-Open-after-Eugenie-Bouchard-and-Serena-Williams-are-asked-to-twirl-on-court.html

Thorpe, H., Toffoletti, K., & Bruce, T. (2017). Sportswomen and social media: Bringing third-wave, postfeminism and neoliberal feminism into conversation. *Journal of Sport and Social Issues, 41* (5), 359-383.

Wensing, E., & MacNeill, M. (2010). Gender differences in Canadian English-language newspaper coverage of the 2004 Olympic Games. In T. Bruce, J. Hovden & P. Markula (Eds.), *Sportswomen at the Olympics: A global content analysis of newspaper coverage* (pp.169-182). Rotterdam, NL: Sense Publishers.

Wolter, S. (2015). A quantitative analysis of photographs and articles on espnW: Positive progress for female athletes. *Communication and Sport, 3* (2), 168-195.

Webber, M. (2019). Narratives of hope: An act of aroha. In S. Farquhar & E. Fitzpatrick (Eds.), *Innovations in narrative and metaphor — Methodologies and practices* (pp.119-132). Singapore: Springer Nature.

第4部

男女共同参画社会を目指した
英語教科書分析の資料

資料について

　研究プロジェクト「日中韓の英語教科書に見る女性表象 ― 男女共同参画社会を目指した英語教材のあり方」では、科学研究費の助成を受けて、教科書に記載された画像を男女共同参画社会推進の観点から分析したデータベースを作成してきた。本章では、プロジェクトで分析を行った教科書のうち、愛知県で採用されている2種類の中学校用英語教科書を取り上げ、1年生用教科書から作成したデータの一部を資料として掲載する。なお、動物や事物で重要性が低いと思われるイラストや写真についての記述や、別途収集した画像を特定するための画像整理番号は割愛している。

　データ作成作業は、研究協力者となる大学生が協力して行っている。大学生は、イラストや写真についての専門知識は持ち合わせていないため、必ずしも、イラスト作成者・写真撮影者の意図通りの解釈を行っていない場合もあると思われる。ただ、教員よりも、教科書を使用している生徒により近い感覚を持っているだろうと考えられるため、本データは、画像情報を受け取る側の印象や判断の記述例として有効であると考えている。

　データ作成作業にあたっては、協力者が互いに、画像と記述が一致しているかどうかの確認作業を行っているが、不備がある可能性もある。データの不備の修正を行った場合には、筆者の研究サイトに修正版を公開していく。また、本プロジェクトで作成された他のデータも、確認作業を経て、順次、同サイトに掲載予定である。当該分野に関心を持つ研究者、教科書編集関係者、学校教育関係者等によって、広く活用していただけることを望んでいる。

New Crown English Series Ⅰ

頁数	写真番号	人物番号	性別	年齢	教科書説明	特徴
表紙1	1	1	男	20代	なし	白Tシャツ緑シャツ、布バック、丘を登り、女とうさぎに手を振る
表紙1	1	2	うさぎ	不明	なし	赤ベストのウサギ。丘の斜面に立って男に手を振る
表紙1	1	3	女	20代	なし	黄色ブラウス、ショートヘア。丘の斜面で上から男に手を振る
表紙2	1	1	女	10代	フランス人	かがんでいる
表紙2	1	2	女	10代	フランス人	おんぶしている
表紙2	1	3	女	10代	フランス人	おんぶされている
表紙2	2	1	男	10代	サウジアラビア人	笑っている、制服、制帽
表紙2		2	男	10代	サウジアラビア人	笑っている、制服、制帽
表紙2		3	男	10代	サウジアラビア人	笑っている、制服、制帽
表紙2		4	男	10代	サウジアラビア人	笑っている、制服、制帽
表紙2	3	1	男	10代	ケニア人	勉強している、制服セーター
表紙2	4	1	女	10代	インド人	笑っている、制服セーター
表紙2		2	女	10代	インド人	笑っている、制服セーター
表紙2		3	女	10代	インド人	笑っている、制服セーター
表紙2		4	女	10代	インド人	笑っている、制服セーター
表紙2		5	女	10代	インド人	笑っている、制服セーター
表紙2		6	女	10代	インド人	笑っている、制服セーター
表紙3	1	1	男	10代	カンボジア人	笑っている
表紙3		2	男	10代	カンボジア人	笑っている
表紙3		3	男	10代	カンボジア人	笑っている
表紙3		4	男	10代	カンボジア人	笑っている
表紙3	2	1	男	10代	モンゴル人	肩を組んでいる
表紙3		2	男	10代	モンゴル人	肩を組んでいる
表紙3		3	男	10代	モンゴル人	肩を組んでいる
表紙3	3	1	女	10代	ブラジル人	肩を組んでいる
表紙3		2	男	10代	ブラジル人	肩を組んでいる
表紙3		3	男	10代	ブラジル人	肩を組んでいる
表紙3	4	1	女	10代	中国人	座っている、伝統衣装を着ている
表紙3	5	1	女	10代	ロシア人	笑っている、手袋をしている
表紙3		2	女	10代	ロシア人	肩に手を添えている
表紙3	6	1	女	10代	アメリカ（ハワイ）人	笑っている、花飾りを頭にのせている

表紙4	1	1	男	13	ラージ・シュラク	制服を着ている、インド人
表紙4		2	男	30代	丘大輔、英語の先生	めがねをかけている、ネクタイ
表紙4		3	女	13	エマ・シモンズ、オーストラリア人	人差し指を立てている、ヘアバンド
表紙4		4	男	13	加藤 健、日本人	手を挙げている
表紙4		5	男	13	ポール・グリーン、アメリカ人	そばかすがある
表紙4		6	男	13	田中 久美、日本人	かがんでいる
表紙4		7	女	30代	ルーシー・ブラウン、イギリス人、ALT	金髪
表紙4		8	女	13	ヤン・メイリン、中国人	手を挙げている 赤いベスト、髪の毛お団子
1	1	1	男	20代		手を振る
1		2	うさぎ	不明		手を振る
1		3	女	20代		手を振る
2	1	1	女	13	クミ	話している
2		2	男	13	ポール	話している
2	2	1	女	30代		展示物を見ている
2		2	男	13		展示物を見ている
2	3	1	男	13		リフティングをしている
2	4	1	男	13		双眼鏡を覗いている
2		2	女	13		双眼鏡を持っている
2	5	1	男	13		話している
2		2	女	13		話している
3	1	1	女	30代	ブラウン先生	話している
3	2	1	男	20代	写真	走っている
3		2	男	20代	写真	走っている
6	1	1	男	13	ケン	挨拶をしている
6		2	女	30	ブラウン先生	手を挙げている
6	2	1	男	30		迷子になっている
6		2	男	13	クミ	道案内をしている
6	3	1	女	13		話を聞いている
6		2	女	13	エマ	話している
6		3	女	13		話している
6	4	1	男	5	zoo	1人で象を見ている、赤パーカー、もしゃもしゃ頭
6		2	女	5	zoo	1人で象を見ている、ピンクワンピ、おかっぱ
6		3	男	20	歩道を歩く	オレンジもしゃもしゃ頭
6		4	女	6		zoo の前、両手を広げて話す、お姉ちゃん
6		5	男	4		zoo の前、お姉ちゃんの話を聞いている弟

6	5	1	女	3	踏切前で電車待ち	お父さんと手をつなぐ、ピンク服
6		2	男	30	踏切前で電車待ち	子どもと手をつなぐ、黄緑服
6	6	1	男	20	shop　洋品店	いりません、と、両手を前に出す
6		2	女	30	shop　洋品店	赤い野球帽をすすめる店員風女性
6	7	1	女	5	横断歩道	赤スカート、走って道路をわたる
6	8	1	男	13	school 内	赤パーカー、黒人、体操座りで先生の話を聞く
6		2	男	30	school 内	ベストスーツ、金髪先生、立って話す
6		3	不明	13	school 内	黄色、体操座りで先生の話を聞く、後ろ姿
6		4	男	13	school 内	水色、金髪あぐらで先生の話を聞く
6		5	男	30	school 内、丘先生	丘先生、赤い本をメイリンに見せる
6		6	女	13	school 内、メイリン	ピンクベスト、丘先生の話を聞く
6		7	男	13	school 前道路	ヘルメットをして、マウンテンバイクに乗っている
6		8	男	50	school 前道路	犬を連れて歩道を歩く
6		9	女	10	横断歩道	白ワンピ、ショルダーバック、横断歩道を渡る
6	9	1	男	50	park 内	ベンチに座って新聞を読む、スーツ姿
6		2	男	10	park 内	追いかけっこ、逃げる
6		3	男	10	park 内	追いかけっこ、追いかける
6		4	女	15	park 内	バトミントンをもって、やろうとしている
6		5	女	15	park 内	バトミントンをもって、やろうとしている
6		6	女	30	park 内	相手の話を聞いている、ツインテール
6		7	女	30	park 内	両手を合わせて前かがみ謝っている様子
6		8	男	-13	park 内、Shukla	膝に小さなお弁当を2つ、今からランチ
6		9	女	20	park 内	膝に大き目の弁当を広げ、今からランチ
6		10	男	0	park 内	乳母車に乗った赤ちゃん
6		11	女	30	park 内	乳母車を押すお母さん
7	1	1	男	20	station 前	掲示板を見ている、パーカー後ろ姿
7		2	女	13	station 前、エマ	駅前の歩道で友達と話す、ヘアバンド
7		3	女	13	station 前	エマと話す、眼鏡、赤袖白シャツ
7		4	男	40	station 前	駅前に立って、タクシーに手をあげている
7		5	男	40	station 前 Koban 前	Koban 前に立っている警官
7		6	女	40	station 前	駅前のタクシーに向かって手を振り走る
7		7	男	40	station 前横断歩道	車いすに乗って横断歩道を渡る
7		8	男	50	station 前横断歩道	車いすの後ろから荷物をもって歩いている
7		9	男	30	movie 前	movie 入ろうと、立っている後ろ姿
7	2	1	男	30	オープンカフェ	道に立ってじっと花壇の花を見る金髪
7		2	男	15	オープンカフェ	座ってアイスクリームを食べ、女性に話す
7		3	男	13	Paul	オープンカフェでアイスクリームを買う

7		4	女	15	オープンカフェ	座ってアイスクリームを食べ、男性の話を聞く
7		5	女	30	オープンカフェ	一人で本を読みながら座っている
7		6	男	30	オープンカフェ	アイスクリームを売っている
7		7	男	50	オープンカフェ	一人で書類を書きながら座っている
7	3	1	男	30	家の前の歩道	スーツネクタイ、頭をかく、道を尋ねる
7		2	女	13	家の前の歩道、クミ	指さして、道を教えている
7		3	女	15	郵便ポスト	手紙を入れようとしている
7		4	男	13	歩道、ケン	出会ったブラウン先生に手を振る
7		5	女	30	歩道、ブラウン先生	カバンを持つ、ケンに出会って手を振る
7	4	1	男	15	バス停	バスを待つおばあさんに話しかけている
		2	女	70	バス停	和服のおばあさん、ベンチでバスを待つ
		3	不明	15		ヘッドフォンで音楽を聴きながら歩く
7	2	1	男	30	丘先生	折り紙の鶴を持っている
7		2	女	13	メイリン	鶴を見ている
7	3	1	男	13		アイスを買っている
7		2	男	30		アイスを売っている
7	4	1	男	13	シュクラン	お弁当を持ちながら話している
7		2	女	20		お弁当を持ちながら会話をしている
8	1	1	男	13	バレーボール	スパイクをうっている
8		2	女	13	バドミントン	ジャンプスマッシュを狙っている
8		3	女	13	バドミントン	かまえている
8		4	女	13	テニス	テニスをしている
8		5	女	13	テニス	テニスをしている
8		6	女	13	水泳	クロールをしている
8	2	1	男	13	卓球	卓球をしている
8		2	男	13	陸上	ランニングしている
8		3	男	13	バスケ	シュートを打っている
8		4	男	13	バスケ	ディフェンスをしている
8		5	男	13	野球	ピッチャーをしている
8	3	1	男	13	柔道	投げられている
8		2	男	13	柔道	投げている
8		3	女	13	サッカー	シュートをしようとしている
8		4	女	13	サッカー	ディフェンスしている
8		5	女	13	スケート	片足で滑っている
8		6	男	13	クリケット	ボールを投げている
8	4	1	女	13	田中 久美	手を挙げている
8		2	男	13	ポール・グリーン	両手を挙げている
9	1	1	女	13	ヤン・メイリン	人差し指を立てている立てている

9		2	男	13	ラージ・シュラク	胸に手を当てている
10	1	1	男	13	加藤　健	胸に手を当てている
11	1	1	女	13	エマ・シモンズ	両手を挙げている
14	1	1	男	20	vet の説明	ネコをなおしている
14	2	1	男	10	boy の説明	サッカーボールを持ってピース
14	3	1	女	20	queen の説明	冠をかぶって、目を閉じ、手を挙げている
15	1	1	男	不明	singer の説明	マイクを持って歌っている
15	2	1	男	10	father の説明	父のうでにぶらさがる
15		2	男	30	father の説明	ちからこぶをつくっている
15		3	女	10	father の説明	父に抱かれている
15	3	1	女	10	girl の説明	手を振っている
15		2	男	30代	giant の説明	巨人
16	1	1	男	20代	400m リレー	黒人、走っている
16		2	男	20代	400m リレー	白人、走っている
16		3	男	20代	400m リレー	黄色人、走っている
17	1	1	男	13	バレーボール	スパイクをうっている
18	1	1	女	13	ペアをつくる	男女で座っている、おさげ
18		2	男	13	ペアをつくる	男女で座っている
18		3	女	13	ペアをつくる	男女で座っている、ポニーテール
18		4	男	13	ペアをつくる	男女で座っている、色黒
18	2	1	女	13	テキストを開く	開いている。ポニーテール
18	3	1	男	30	ALT 先生	黒板を棒で刺している
18	4	1	男	30	ALT 先生	先生が生徒を当てている
18		2	女	13	前に来て	生徒が前に行こうとしている
18	5	1	女	13	四人グループ	向かい合って座って、ディスカッション
18		2	男	13	四人グループ	向かい合って座って、ディスカッション
18		3	女	13	四人グループ	向かい合って座って、ディスカッション
18		4	男	13	四人グループ	向かい合って座って、ディスカッション
18	6	1	男	30	ALT 先生	dog と発音している
18		2	女	13	繰り返して言う	先生に続いて発音している
18	7	1	女	13	これをかけ	犬と書いている
18	8	1	男	30	ALT 先生	前に立っている
18		2	女	13	生徒	席に戻っている
18	9	1	女	13	手を挙げろ	手を挙げている
18	10	1	女	13	本を読め	本を音読している
18	11	1	女	13	ペンを置け	ペンを置いている
18	12	1	男	30	ALT 先生	ボランティアを募集している、手を挙げるのを促している
18	13	1	女	13	手を下ろせ	手を下ろしている

18	14	1	男	30	ALT 先生	話を注意して聞け、話している
18		2	女	13	生徒	先生の話を聞いている
18	15	1	男	30	ALT 先生	拍手している
18		2	男	13	生徒	時間切れで、手を頭の後ろで組んでいる
18		3	女	13	生徒	口を開けている
18	16	1	男	30	ALT 先生	拍手している
18		2	女	13	生徒	みんなで拍手している
18		3	男	13	生徒	拍手されている
18		4	男	13	生徒	みんなで拍手している
19	1	1	男	30	ALT 先生	立って聞いている
19		2	女	13	生徒	手を挙げて質問している
19	2	1	男	30	ALT 先生	早口でしゃべっている
19		2	女	13	生徒	待ってという感じで手を挙げている、もっとゆっくり話して
19	3	1	女	13	今日は何日	月曜日に棒を指している
19	4	1	女	13	はいどうぞ	友達に紙を配っている
19		2	女	13	友達	受け取っている
19	5	1	男	30	ALT 先生	生徒に話している
19		2	女	13	生徒	頭の上に？ がある、先生が言うことが分からない
19	6	1	女	13	ウサギは英語でなんというのか	ウサギを想像している
19	7	1	女	13	生徒	カレンダーの前に立っている
19	8	1	女	13	友達に	手を隣の人に向けて話している、今度はあなたの番です
19		2	女	13	友達と	聞いている
19		3	女	13	友達と	聞いている
19		4	男	13	友達と	聞いている
19	9	1	女	13	わからない	手のひらを上に向けてわからないジェスチャー
19	10	1	女	13	すべるどうかくか	綴りがわからない様子
19	11	1	女	13	誰が欠席か	隣の席を指している
19	12	1	女	13	グッジョブ	ほめられて照れている
19		2	男	13	友達に	拍手
19		3	女	13	友達に	拍手
19	13	1	女	13	すみません	先生を呼び止めている
19		2	男	30	ALT 先生	立ち止まる
19	14	1	女	13	どういう意味か	ぽかんとしている
19	15	1	女	13	今日は晴れ	晴れに指さしている
19	16	1	男	13	友達に	謝っている

19		2	女	13	気にするな	親指を立てていいよとしている
20	1	1	男	13	なし	話している、パーカーを着ている
20		2	男	13	なし	話している、カーディガンを着ている
20		3	女	13	タナカクミ	話している
20		4	男	13	カトウケン	話している
20		5	男	13	ポール・グリーン	話している
20		6	女	13	ヤン・メイリン	話している、ホットパンツをはいている
20		7	男	13	丘先生	話している、青いネクタイをしている
20		8	男	13	なし	話している
20		9	女	13	なし	話している、ワンピースを着ている
20		10	女	13	エマ・シモンズ	話している、黄色の髪留めをしている、スカートをはいている
20		11	女	13	なし	話している
21	1	1	女	13	クミ	自己紹介している
21		2	男	13	ポール	自己紹介している
22	1	1	女	13	エマ	オレンジの髪、黄色のカチューシャ
22		2	男	13	ポール	黄色のパーカー
22		3	女	13	メイリン	お団子頭
23	1	1	男	13	ケン	出身を聞いている、青いTシャツ
23		2	女	13	エマ	キャンベラ出身だと答えている、ベージュのベスト
24	1	1	男	13	なし	体操服を着ている
24		2	男	13	ポール	体操服を着ている、話を始める雰囲気
24		3	女	13	メイリン	体操服を着ている、疲れた感じ
24		4	男	13	なし	体操服を着ている、汗をかいている
24		5	女	13	エマ	体操服を着ている、ボールを持っている
24	2	1	不明	13	なし	喉が渇いた
24		2	不明	13	なし	おなかがすいた
24		3	不明	13	なし	暑い
24		4	不明	13	なし	疲れた
25	1	1	男	13	ケン	汗をかいている、飲み物を渡している
25		2	女	13	メイリン	汗をかいている、拭いている、飲み物をもらっている
27	1	1	男	13	ケン	ぶつかったことを謝っている
27	2	1	男	13	ごめん	謝っている
27		2	女	13	大丈夫	問題ないことを伝えている
27	3	1	女	13	遅れてごめん	遅刻したことを謝っている
27		2	男	13	いいよ	許している
27		3	男	13	いいよ	許している
27		4	女	13	いいよ	許している

27	4	1	女	13	大丈夫？	こけている人を気遣っている
27		2	男	13	問題ないよ	大丈夫だと言っている
27	5	1	男	13	ケン、ごめんなさい	ぶつかったことを謝っている
27		2	男	13	ぶつかる	エマとぶつかる
27		3	女	13	ぶつかる、鞄を落とす	ケンとぶつかる、ハンドバッグを落とす
27		4	女	13	エマ	大丈夫だと伝えている
27	6	1	女	13	エマ	大丈夫だと伝えている
27	7	1	男	13	さようなら	バイバイと言っている
27		2	女	13	またね	バイバイと言っている
28	1	1	男	13	健	猫の写真を見ている
28		2	女	26	ブラウン先生	猫の写真を見ている
28	2	1	女	26	ブラウン先生	ウミガメの写真を見ている
28		2	男	13	健	ウミガメの写真を見ている
28	3	1	女	26	ブラウン先生	雪の中の狐の写真を見ている
28		2	男	13	健	雪の中の狐の写真を見ている
28	4	1	女	26	ブラウン先生	フクロウの写真を見ている
28		2	男	13	健	フクロウの写真を見ている
29	1	1	女	26	ブラウン先生	狐とフクロウの写真を見て健に聞いている
29		2	男	13	健	ブラウン先生の質問に答えている
30	1	1	女	26	ブラウン先生	図書館の展示物を見ている
30		2	男	13	健	展示物の解説をしている
31	1	1	女	26	ブラウン先生	展示物について健に質問している
31	2	1	男	13	健	小銭と古いカレンダーだと答えている
32	1	1	女	13	エミ	赤いゴムで髪を止めている
32		2	男	13	ポール	黄色のパーカー
32		3	女	13	クミ	なし
32	2	1	男	40	佐藤先生	剣道を教えている
32		2	女	13	クミ	剣道の練習をしている
32		3	男	13	なし	剣道の練習をしている
32		4	男	13	なし	剣道の練習をしている
33	1	1	女	13	メイリン	クミと佐藤先生を紹介している
33		2	女	26	ブラウン先生	メイリンの話を聞いている
35	1	1	女	40	ポールの母	ポールを起こしに来た
35	2	1	男	13	ポール	眠そうにしている、青色のパジャマ
35		2	女	40	ポールの母	ポールを起こしに来た
35	3	1	男	13	ポール	寝坊したと思って焦っている
36	1	1	女	13	メイリン	黒髪、お団子頭
36		2	女	13	エマ	黄色のカチューシャ
36		3	男	13	健	なし

36	2	1	女	13	メイリン	お団子頭、青色のハイネックセーター
36		2	女	13	クミ	赤色の服
36		3	女	13	エマ	黄色のカチューシャ、紫色のセーター
36		4	男	13	ポール	緑色の服
37	1	1	男	13	健	鞄を手に嬉しそうにしている
37	2	1	男	40	健の父	健がリフティングをしているのを見ている
37		2	男	13	健	ジーンズ姿でリフティングしている
37	3	1	男	13	健	鞄からボールを取り出してうれしそうにしている
38	1	1	男	13	マイク	深緑色の服
38		2	男	13	ポール	黄色のパーカー
38		3	男	13	ジョン	白色のシャツ
38	2	1	女	13	クミ	音楽の話をしている
39	1	1	女	13	クミ	音楽の話をしている
39		2	男	13	ポール	ロックが好きだと言っている
39		3	男	13	ポール	赤いパーカーを着ている、歌っている
40	1	1	女	13	メイリン	お団子頭
40		2	女	13	ケイト	青色の服を着ている
40		3	女	13	エマ	黄色のカチューシャ
40	2	1	男	13	健	手に持っているものについて聞く
41	1	1	男	13	健	手に持っているものについて聞く
41		2	女	13	エマ	料理の本を持っている
41		3	女	13	エマ	卵焼きを作っている
42	1	1	男	13	真司	6:00 起きる
42	2	1	男	13	真司	7:00 家を出る
42	3	1	男	13	真司	7:00 夕飯を食べる
42	4	1	男	13	真司	6:10 顔を洗う
42	5	1	男	13	真司	3:30 柔道の練習をする
42		2	男	13	なし	柔道の練習をする
42	6	1	男	30	なし	漫才をしている
42		2	男	30	なし	漫才をしている
42		3	男	13	真司	8:00 テレビを見る
42	7	1	男	13	真司	6:20 服を着替える
42	8	1	男	13	真司	5:30 家に帰る
42	9	1	男	13	真司	9:00 風呂に入る
42	10	1	男	13	真司	6:30 朝ご飯を食べる
42	11	1	男	13	真司	6:00 勉強をする
42	12	1	男	13	真司	10:00 寝る
43	1	1	男	13	ポール	休憩所を探している

43	2	1	男	13	ポール	学芸員の人に休憩所の場所を聞いている
43		2	女	30	学芸員の人	教えている
43	3	1	女	30	学芸員の人	教えている
46	1	1	女	26	ブラウン先生、ロンドンから来た、音楽が好き、ギターを弾く、カラオケも好き	若草色の服
46	2	1	女	13	なし	話を聞いている
46		2	男	13	なし	話を聞いている
46		3	女	13	なし	発表している
49	1	1	男	13	ポール	黄色のパーカーを着ている
50	1	1	男	13	ポール	鞄の中を見ている
50		2	男	13	健	おにぎりを出している
50		3	女	13	メイリン	サンドイッチを持ってきた
50		4	女	13	クミ	おにぎりと卵焼きをもってきた
50		5	女	13	エマ	話している
50		6	男	13	なし	話している
50		7	男	13	なし	話している
52	1	1	男	13	健	野鳥観察をしている
52		2	女	13	エマ	野鳥観察をしている、プラスチックごみを見つけた
53	1	1	男	13	ポール	黄色のパーカーを着ている
53		2	女	13	クミ	桃色の服を着ている
54	1	1	女	13	なし	黄色の服、ギターを弾くのを了承してる
54		2	男	13	なし	青い服、ギターを弾いていいか聞く
54		3	女	13	なし	黄色の服、富士山をバックに写真を撮るのを了承している
54		4	男	13	なし	青い服、写真を撮っていいか聞いている
54		5	女	13	なし	黄色の服、ギターを弾くのを止めている
54		6	女	13	なし	赤ちゃん、寝ている
54		7	男	13	なし	青い服、ギターを弾いていいか聞く
54		8	女	13	なし	黄色の服、写真を撮るのを止めてる
54		9	男	13	なし	青い服、ミロのヴィーナスの写真を撮ろうとしている
54	2	1	男	13	ポール	水色のシャツ、花の写真を撮ろうとしている
54		2	女	13	クミ	ピンクのベスト、写真を撮ってもいいと言っている
54	3	1	男	13	ポール	水色のシャツ、花を持って帰ろうとしている
54		2	女	13	クミ	ピンクのベスト、止めている
55	1	1	女	13	なし	上を見上げている

55		2	女	13	なし	足下を見ている
55		3	女	13	なし	手を洗っている
55		4	男	35	丘先生	指示を出している
55		5	女	13	なし	写真を取っている
55	2	1	男	13	なし	上は白、下は青色の体操服を着ている
57	6	1	男	13	10月	リレーをしている、白組
57		2	男	13	10月	リレーをしている、紅組
57	7	1	男	13	3月	お内裏様
57		2	女	13	3月	おひな様
57	8	1	女	13	7月	七夕、短冊に願い事を書いている
57	10	1	男	13	4月	入学式、桜が舞っている
57		2	女	13	4月	入学式、桜が舞っている
58	1	1	女	13	ピザの注文のために電話している	青い服、ピンクの髪留め、ポニーテール
58	2	1	男	40	コック	白い帽子、赤いネクタイ
59	1	1	女	13	クミ	ピンクの服、鞄がほしいと言っている
59	2	1	女	13	クミ	ピンクの服、鞄を渡されている
59		2	男	30	店員	青色でハートのついた鞄を渡している
59	3	1	男	30	店員	どんなものがいいか聞いている
60	1	1	男	13	なし	水色のシャツ
60		2	女	13	なし	黄色の服
60		3	女	30	なし	教師、めがねをかけている、水色の服
60		4	男	13	なし	水色の服
60		5	男	13	なし	青色のセーター
60	2	1	女	13	メイリン	黄色のパーカー、誰なのか聞いている
60		2	男	35	丘先生	クリーム色のシャツ、名前を教えている
60		3	男	13	ラージ・シュクラ	赤色のベスト、インド出身
60		4	男	13	なし	黄色のセーター、青いパンツ
61	1	1	女	40	ケンの母	黄色のセーター、ネックレスをしている
61		2	女	70	ケンの祖母	藤色のブラウス
61		3	男	13	ケン	青色のパーカー、黄色の帽子
61		4	女	10	ケンの妹	ピンクのパーカー
61		5	男	43	ケンの父	ねずみ色のシャツ
61	2	1	男	15	兄	緑色のシャツ
61		2	男	45	父	若草色のカーディガン、めがねをかけている
61		3	男	75	祖父	めがねをかけている、茶色のシャツ
61		4	男	13	自分	青色のシャツ
61		5	女	43	母	濃いピンク色のセーター
61		6	女	73	祖母	藤色の着物、めがねをかけている

61		7	女	11	妹	ピンク色のシャツ
61		8	女	45	叔母	緑色のシャツ
61		9	男	47	叔父	藤色のカーディガン
62	1	1	男	13	なし	あの人は誰？ と聞いている
62		2	男	13	なし	青いシャツを着てる
62		3	男	13	なし	あの人は誰？ と聞いている
62		4	女	13	なし	ピンク色のシャツを着ている
62		5	男	13	なし	あの人は誰？ と聞いている
62		6	男	13	なし	緑色のパーカーを着ている
62		7	男	13	なし	あの人は誰？ と聞いている
62		8	女	13	なし	オレンジ色の服を着ている、お団子頭
62	2	1	男	13	ラージ	赤いベスト、人を尋ねている
62		2	女	13	メイリン	ラージに先生を紹介している
62		3	男	40	吉田先生、音楽の先生	肌色のベスト、教科書を持っている
62		4	女	26	ブラウン先生	青いセーター、手を後ろで組んでいる
63	1	1	男	40	ジョー・コスビー	写真家
63		2	女	25	サリー・ライ	サッカー選手
63		3	男	40	グリーンズ	黄色のパーカー、ドラムをたたく
63		4	女	40	グリーンズ	ピンクの服装、歌う
63		5	男	40	グリーンズ	緑色の服装、ギターを弾く
63		6	男	40	グリーンズ	黒のジャケット、タンバリンをたたく
63	2	1	男	40	彼ら	ねずみ色の服
63		2	女	40	彼ら	若草色の服
63		3	女	13	彼ら	ピンクの服装
63		4	男	2	彼ら	水色の服
63		5	女	13	あなた	クリーム色の服
63		6	男	13	自分	藤色の服
63		7	男	13	彼	黄色の服
63		8	女	13	彼女	青色の服を着ている
64	1	1	男	13	なし	テニスをしている
64		2	男	13	なし	ギターを弾いている
64		3	男	13	なし	剣道をしている
64	2	1	男	13	ラージ	エマに話しかけている
64		2	女	13	エマ	フルートを持っている
64		3	女	13	なし	フルートを吹いている
64		4	女	13	エマ	フルートを吹いている
64		5	男	13	なし	クラリネットを吹いている
64	3	1	女	13	なし	テニスをしている
64		2	女	13	なし	キーボードを弾いている

64		3	女	13	なし	けん玉をしている
66	1	1	女	13	なし	コウジかと聞いている
66		2	女	13	なし	そうだと答えている
66		3	男	13	コウジ	水色のシャツをきている
66		4	男	13	なし	コウジだと答えている
66		5	男	13	なし	誰なのか聞いている
66	2	1	女	13	なし	テニスをしている
68	1	1	男	30	デイビス先生	日本料理が好き
69	1	1	女	13	メイリン	ケンにバッグを渡している
69		2	男	13	ケン	黄色のバッグがメイリンのか聞いている
69	2	1	女	13	なし	バッグが誰のか聞いている、制服
69		2	女	13	なし	椅子に座っている、制服
69		3	男	13	なし	自分のだと言っている、制服
69		4	女	13	なし	椅子に座っている、制服
69	3	1	女	13	なし	犬がだれのか聞いている、制服
69		2	男	13	なし	自分のだと言っている
69		3	男	13	なし	彼のだと言っている、制服
69	4	1	女	13	なし	本が誰のか聞いている、制服
69		2	男	13	なし	彼女のだと言っている、制服
69		3	女	13	なし	自分のだと言っている、制服
69	5	1	男	13	ポール	鞄を探している
69		2	男	13	ケン	メイリンから鞄を受け取っている
69		3	女	13	メイリン	ケンに鞄を渡している
69		4	女	13	エマ	鞄を探している
69	6	1	女	13	なし	猫が誰のものか聞いている、制服
69		2	男	13	なし	自分たちのものだと言っている、制服
69		3	女	13	なし	自分たちのものだと言っている、制服
70	1	1	女	13	ミキ	テニスをしている
70		2	男	13	トム	ギターを弾いている
70		3	男	13	コウジ	剣道をしている
70	2	1	男	50	ブラウン先生の父	タクシードライバー、スコットランド出身、ロンドンに住んでいる
70		2	女	50	ブラウン先生の母	絵の先生、スコットランド出身、ロンドンに住んでいる
70		3	女	26	ブラウン先生	家族の紹介をしている
71	1	1	男	45	クミの父	6:15 起きる
71		2	男	45	クミの父	朝ご飯を食べる
71		3	男	45	クミの父	犬の散歩に行く
71		4	男	45	クミの父	ニュースを見る
71		5	男	45	クミの父	会社に向かう

71	2	1	女	13	なし	学校に着く
71		2	女	13	なし	宿題をする
71		3	女	13	なし	昼食を食べる
71		4	女	13	なし	おやつを食べる
71		5	女	13	なし	教室の掃除をする、ほうきを持っている
71		6	女	13	なし	教室の掃除をする、黒板の掃除をしてる
71		7	女	13	なし	教室の掃除をする、ぞうきんを持っている
71		8	女	13	なし	犬の散歩に行く
71		9	女	13	なし	サッカーの練習をする
71		10	女	13	なし	サッカーの練習をする
71		11	女	13	なし	猫に餌をやる
72	1	1	女	13	ミキ	テニスをしている
72		2	男	13	コウジ	犬とじゃれあっている
72		3	女	13	Ms Yamada	化学の実験をしている
72		4	男	13	トム	犬の散歩をしている
72	2	1	男	25	なし	クリケットをしている、守備をしている
72		2	男	25	なし	クリケットをしている、バッター
72	3	1	男	13	ケン	クリケットに興味を持っている
72		2	女	26	ブラウン先生	弟の紹介をしている
72	4	1	男	24	ピーター	ブラウン先生の弟、クリケットのバットを持っている、野球はしない
73	1	1	男	40	メイリンの父	カーキ色のカーディガン
73		2	女	40	メイリンの母	藤色の服
73		3	女	11	メイリンの妹	黄色の服
73	2	1	男	13	なし	青色のシャツ、ドラムをたたいている
73		2	女	13	なし	赤いユニフォーム、バレーをしてる
73		3	女	13	なし	赤いユニフォーム、バレーをしてる
73		4	男	13	なし	緑の服、フルートを吹いている
73		5	男	13	なし	バスケットボールをしている
73		6	男	13	なし	バスケットボールをしている
73		7	女	13	なし	ピンクの服、ギターを弾いている
73		8	男	13	なし	野球をしている
73		9	男	13	なし	野球をしている
73		10	女	13	なし	水色の服、ピアノを弾いている
73		11	女	13	なし	テニスをしている
73		12	女	13	なし	テニスをしている
74	1	1	女	26	ブラウン先生	妹を紹介している
74		2	女	13	クミ	ジーンのことについて聞いている、ピンク色の服

74	2	1	女	13	ミキ	バスケットボールをせず、休憩している。スカートをはいている
74		2	男	13	コウジ	7時だが起きていない
74		3	女	13	Ms Yamada	テレビを見ていない、ボーダーのTシャツ
74		4	男	13	トム	剣道をしていない
74	3	1	女	17	ジーン	ブラウン先生の妹、バグパイプを持っている
75	1	1	男	13	健	サッカーボールを持っている
77	1	1	男	30	なし	ワイシャツを着て、ネクタイをしている
77		2	女	70	なし	藤色の服を着ている
77		3	女	13	なし	赤いワンピースを着ている
77		4	男	13	なし	水色の服を着ている、坊主頭
77		5	女	30	なし	鞄を肩にかけている、スカートをはいている
77		6	男	70	なし	杖を突いている
77	2	1	男	13	なし	青色のジャージを着ている
78	1	1	女	13	なし	リンゴが好きだと言っている、ツインテール
78		2	女	13	なし	リンゴを四つ持っている、ツインテール
78		3	女	13	なし	リンゴを食べている、ツインテール
78	2	1	女	30	なし	玉ねぎを一個買っている
78		2	女	30	なし	料理に玉ねぎを入れて食べている
79	1	1	男	13	なし	向かい合わせに立っている
79		2	女	13	なし	向かい合わせに立っている
79		3	男	13	なし	相手の手を押している
79		4	女	13	なし	相手の手を押している
81	1	1	女	13	クミ	昼ご飯を食べるかどうか聞いている。紺色のカーディガン
81	2	1	女	13	クミ	ハンバーガーショップを指さししている。紺色のカーディガン
81		2	男	13	ポール	おなかがすいたと言っている。黄色のパーカー
81	3	1	男	13	ポール	お店で買おうといっている。黄色のパーカー
82	1	1	男	13	ラージ	紺色のセーターを着ている
82	2	1	女	13	なし	インタビューしている
82		2	男	13	なし	自分のことについて話している
86	1	1	女	13	なし	パソコンでメールを見ている。ピンク色の服
87	1	1	男	20	なし	盲目の選手、トラックを走っている
87		2	男	20	なし	伴走者
87	2	1	女	20	なし	義足の陸上選手
87	3	1	男	20	なし	チェアスキーの選手
87	4	1	男	20	なし	野球選手。バッター

87		2	男	20	なし	野球選手。ピッチャー
87	5	1	女	20	なし	車いすテニスの選手
88	1・	1	男	13	コウジ	ピアノを弾いている
88		2	男	13	トム	三味線を弾いている
88		3	女	13	ミキ	サッカーをしている
88		4	女	13	エイミー	料理をしている
88	2	1	男	13	なし	車椅子バスケットボールの選手。シュートを止めようとしている
88		2	男	13	なし	車椅子バスケットボールの選手
88		3	男	13	なし	車椅子バスケットボールの選手。シュートを打とうとしている
88		4	男	13	なし	車椅子バスケットボールの選手
88	3	1	男	13	なし	車椅子バスケットボールの選手
88		2	男	13	なし	車椅子バスケットボールの選手
88		3	男	13	なし	車椅子バスケットボールの選手
88		4	男	13	なし	車椅子バスケットボールの選手
88		5	男	13	なし	車椅子バスケットボールの選手
88	4	1	男	13	ポール	兄の紹介をしている
88	5	1	男	16	ボブ	車椅子バスケットボールの選手
89	1	1	男	13	なし	絵を描いている
89		2	女	13	なし	絵を描いている
89	2	1	男	13	なし	バスケットボールをしている
89		2	男	13	なし	バスケットボールをしている
89		3	女	13	なし	バスケットボールをしている
89	3	1	女	13	なし	泳いでいる
89		2	女	13	なし	泳いでいる
89	4	1	男	13	なし	パソコンを使って作業している
89	5	1	女	13	なし	ピアノを弾いている
89		2	女	13	なし	パソコンを使っている
89		3	女	13	なし	バイオリンを弾いている
89		4	男	13	なし	カレーを作っている
89		5	女	13	なし	絵を描いている
89		6	男	13	なし	500m泳ぐことができる
90	1	1	男	13	コウジ	ピアノを弾くことができる
90		2	男	13	コウジ	納豆が食べられる
90		3	男	13	コウジ	料理ができる
90	2	1	男	16	ボブ	車椅子を自在に操れる。バスケットボールを持っている
90		2	女	13	クミ	車椅子をうまく操れない。黄色のジャージ
90	3	1	男	13	コウジ	フルートが吹けない

90		2	男	13	コウジ	パソコンが使えない
90		3	男	13	コウジ	泳げない
92	1	1	男	13	なし	車椅子をこぐ
92		2	男	13	なし	車椅子をこぐ
92		3	男	13	なし	車椅子をこぐ、注意される
92		4	男	25	なし	笛を吹いて注意する
92	2	1	男	25	車椅子バスケットボールの選手	シュートを打っている
93	1	1	男	20	なし	ゴールボールの選手。ボールを投げている
93	2	1	男	20	なし	ゴールボールの選手。シュートを防いでいる
93		2	男	20	なし	ゴールボールの選手。シュートを防いでいる
94	1	1	女	13	メイリン	バスケットボールをしようと提案している
94	2	1	女	13	なし	料理の話をしている
94		2	男	13	なし	料理の話をしている
94	3	1	男	13	ラージ	メイリンの誘いに乗っている
95	1	1	女	13	メイリン	料理ができるか聞いている
95		2	男	13	ラージ	カレーを作れるといっている
95	2	1	女	13	メイリン	どんな映画が好きか聞いている
95		2	男	13	ラージ	ハリーポッターが好きだと言っている
95	3	1	男	13	なし	バスケットボール選手について話す
95		2	男	13	なし	バスケットボールを持っている
95		3	女	13	なし	バスケットボール選手について話す
96	1	1	男	13	なし	赤いはちまき、走るのが速い
96		2	男	13	なし	青いはちまき、走るのが遅い
96	2	1	女	13	なし	辞書を持っている
96		2	女	13	なし	レポートを書いている
98	1	1	男	13	ラージ	電話に出ている
98		2	女	13	エマ	宿題がわからなくてラージに聞く
98	2	1	女	13	エマ	困って電話している
98		2	男	13	ラージ	電話に出ている
98	3	1	女	13	なし	駆け寄っている
98		2	女	13	なし	ものが重くて助けを呼んでいる
98		3	女	13	なし	手招きしている
98		4	女	13	なし	呼ばれて歩いている
98		5	女	13	なし	手を振っている
98		6	女	13	なし	手を振っている
98		7	女	13	なし	公園に行こうと言ってる
98		8	女	13	なし	公園に行こうと言ってる
99	1	1	男	13	なし	バスに乗ろうとしている

99		2	男	13	なし	バスに乗ろうとしている
100	1	1	男	13	ポール	アメリカの学校を紹介している
100	2	1	男	13	トム	数学の問題を解いている
100		2	女	13	ミキ	顔を洗っている
100		3	男	13	コウジ	走っている
100		4	男	13	トム	料理をしてる
100		5	女	13	エイミー	料理をしてる
100	3	1	男	13	なし	授業を聞いている
100		2	女	13	なし	授業を聞いている
100		3	男	13	なし	授業を聞いている
100		4	男	13	なし	授業を聞いている
100		5	女	13	なし	授業を聞いている
100		6	女	13	なし	授業を聞いている
100		7	女	13	なし	授業を聞いている
100		8	女	40	なし	授業をしている
100	4	1	女	13	なし	本を読んでいる
100	5	1	男	13	なし	発表している
100	6	1	女	13	なし	話し合いをしている
100		2	女	13	なし	話し合いをしている
100		3	男	13	なし	話し合いをしている
101	1	1	女	13	なし	木にもたれかかり音楽を聴いている
101		2	男	13	なし	漢字を書いている
101		3	男	13	なし	漢字を書いている
101		4	女	13	なし	音楽を聴きながら宿題をしている
101		5	女	13	なし	会話している
101		6	女	13	なし	会話している
101		7	女	13	なし	会話している
101	2	1	男	13	なし	友達と話している
101		2	女	13	なし	友達と話している
101		3	女	13	なし	友達と話している
101		4	男	13	なし	漢字の勉強をしている
101		5	女	13	なし	音楽を聴いている
101		6	男	13	なし	ドアの横に立っている
101		7	女	13	なし	本を読んでいる
101		8	男	13	なし	キャッチボールをしている
101		9	女	13	なし	キャッチボールをしている
101		10	女	13	なし	手紙を書いている
101		11	男	13	なし	水を飲んでいる
102	1	1	女	13	クミ	何を勉強しているのか聞いている

102	2	1	男	13	トム	数学の問題を解いている
102		2	男	13	コウジ	パソコンを使っている
102		3	女	13	ミキ	音楽を聴いている
102		4	女	13	エイミー	泳いでいる
102	3	1	男	40	なし（先生の後ろ姿）	授業をしている
102		2	男	13	なし	授業を聞いている
102		3	女	13	なし	授業を聞いている
102		4	男	13	なし	授業を聞いている
102		5	女	13	なし	授業を聞いている
102		6	女	13	なし	授業を聞いている
102		7	男	13	なし	授業を聞いている
102		8	男	13	なし	授業を聞いている
102		9	男	13	なし	授業を聞いている
102	4	1	男	13	ポール	スペイン語の勉強をしているといっている
103	1	1	男	13	ポール	パソコンで作業している
103		2	男	13	ポール	勉強している
103		3	男	13	ポール	服を洗っている
103		4	男	13	ポール	教科書を読んでいる
103		5	男	13	ポール	歌を歌っている
103		6	男	13	ポール	足を洗っている
103	2	1	男	13	なし	ラーメンを食べている
103		2	男	40	なし	車を運転している
103		3	女	13	なし	歯を磨いている
103		4	男	13	なし	窓を開けている
103		5	男	13	なし	窓を閉めている
103		6	男	13	なし	服を着ている
103		7	女	13	なし	歌を歌っている
103		8	女	13	なし	靴を脱いでいる
103		9	女	13	なし	踊っている
104	1	1	女	20	なし	ベッドで寝ている
104	1	2	女	30	なし	お見舞いをしている
104	2	1	女	3	なし	本を読んでいる
104	2	2	女	30	なし	本を読んでいる
105	1	1	男	13	なし	アメフトをしている
105		2	男	13	なし	アメフトをしている
105		3	男	13	なし	アメフトをしている
105		4	男	13	なし	アメフトをしている
105		5	男	13	なし	アメフトをしている
106	1	1	男	13	イチロウ	話し合いをしている

106		2	男	13	ユウジ	本を読んでいる
106		3	女	13	サクラ	パソコンを使っている
106		4	女	13	カナ	話し合いをしている
106		5	男	13	ケンタ	本を読んでいる
106		6	女	13	ベッキー	話し合いをしている
106		7	女	13	アヤ	パソコンを使っている
106	2	1	女	13	ジュディ	サッカーをしている
106		2	男	13	アキラ	サッカーをしている
106		3	女	13	ユキ	サッカーをしている
106		4	女	13	ミキ	キャッチボールをしている
106		5	男	13	ショウタ	走っている
106		6	女	13	アキ	キャッチボールをしている
106		7	男	13	トオル	走っている
106	3	1	男	13	マイク	絵を描いている
106		2	男	13	タケシ	絵を描いている
106		3	男	13	タク	合唱の練習をしている
106		4	女	13	エミ	踊っている
106		5	女	13	アイ	踊っている
106		6	男	13	ジャック	合唱の練習をしている
106		7	女	13	ナナミ	合唱の練習をしている
108	1	1	女	13	なし	テニスをする
108		2	女	13	なし	テニスをしている
109	1	1	男	25	ナディム	ものを持っている
110	1	1	男	13	ラージ	緑公園への行き方を聞いている
110		2	女	13	クミ	バスか自転車でいくと言っている
110	2	1	女	13	なし	図書館に自転車で行く
110	3	1	男	13	ラージ	地図を見て考えている
110		2	女	13	クミ	地図を見て考えている
111	1	1	女	30	多くの女性	踊っている
112	1	1	女	13	エマ	パソコンを見ている
112	2	1	女	13	エイミー	バスケットボールをしている
112		2	男	13	トム	テレビを見ている
112		3	男	13	コウジ	動物園に行く
112		4	女	13	ミキ	英語の勉強をしている
112	3	1	女	13	クミ	花火を見ている
112		2	女	13	エマ	花火を見ている
112		3	男	13	なし	お参りをしている
112		4	女	13	エマ	お参りをしている
113	1	1	男	13	なし	サッカーをしている

113		2	男	13	健	サッカーをしている
113		3	男	13	なし	サッカーをしている
113		4	男	13	健	勉強している
113		5	男	13	健	テレビを見ている
113		6	男	40	健の父	料理をしている
113		7	男	13	健	料理をしている
113		8	男	13	健	電話している
113		9	男	40	健の父	レストランで夕食を食べている
113		10	男	13	健	レストランで夕食を食べている
113		11	男	40	ウェイター	なし
113		12	女	40	健の母	レストランで夕食を食べている
113		13	男	13	健	会話している
113		14	男	13	なし	会話している
113		15	男	13	健	テレビを見ている
113	2	1	男	13	なし	ドアを開けた
113		2	男	13	なし	訪れた
113		3	女	13	なし	サッカーをしている
113		4	男	13	なし	勉強している
113		5	女	13	なし	テレビを見ている
114	1	1	女	13	エマ	健と話している
114		2	男	13	健	エマと話している
114	2	1	女	13	エイミー	バスケットボールをしている
114		2	男	13	コウジ	勉強している
114		3	男	13	トム	掃除している
114		4	女	13	エイミー	本を読んでいる
114		5	男	13	トム	テレビを見ている
114		6	女	13	ミキ	勉強している
114	3	1	女	13	エマ	餅を食べている
114		2	女	13	なし	餅を食べている
115	1	1	女	70	クミの祖母	おせちを作っている
115		2	女	13	クミ	おせちを作っている
115		3	男	70	クミの祖父	おせちを作っている
115		4	女	70	クミの祖母	スキーをしている
115		5	男	70	クミの祖父	スキーをしている
115		6	女	13	クミ	スキーをしている
115		7	男	25	本屋の店員	会計をしている
115		8	女	70	クミの祖母	見ている
115		9	女	13	クミ	本を買っている
115		10	男	70	クミの祖父	見ている

115		11	女	30	服屋の店員	会計をしている
115		12	女	13	クミ	服を買っている
115		13	女	70	クミの祖母	見ている
115		14	男	70	クミの祖父	見ている
115	2	1	女	13	なし	ケーキを作った
115		2	女	13	なし	映画を見た
115		3	男	13	なし	プールで泳いだ
115		4	女	13	なし	レースで走った
115		5	女	13	なし	レースで走った
115		6	男	40	なし	外食した
115		7	女	40	なし	外食した
115		8	女	13	なし	外食した
115		9	男	30	なし	注文を聞いている
115		10	男	13	なし	旅行した
115		11	女	40	なし	会計をしている
115		12	男	13	なし	プレゼントを買った
115		13	男	13	なし	楽しい時間を過ごした
115		14	女	13	なし	楽しい時間を過ごした
117	1	1	男	13	なし	リレーで走っている
117		2	男	13	なし	リレーで走っている
117	2	1	男女同数	30	なし	初詣をしている
120	1	1	男	13	なし	野球をする
120		2	男	13	なし	昨日野球をした
121	1	1	女	70	なし	驚いた
121		2	男	30	なし	ウサギを持っている
121		3	男	70	なし	川の中を探している
121		4	女	70	なし	川の中を探している
121		5	男	0	なし	わめいている
121		6	男	70	なし	ウサギを探しに行く
121		7	女	70	なし	ウサギを持ってくるように言う
121		8	男	70	なし	山の中でウサギを探す
122	1	1	男	13	健	多くの CD に驚いている
122		2	女	13	エマ	アンが好きだという
122	2	1	女	25	アン	素晴らしい歌声を持っている
122		2	女	13	なし	バスケットボールをしている
122		3	女	13	なし	バスケットボールをしている
122		4	女	13	なし	動物と戯れている
122		5	女	70	なし	こどもをアヤしている
122		6	男	5	なし	泣いている

122	3	1	女	13	クミ	ソファに座っている
122		2	男	13	健	CD の数に驚いている
122		3	男	13	ポール	リズムに乗っている
122		4	女	13	エマ	CD を持っている
123	1	1	男	13	なし	綴りを書いて覚える
123		2	男	13	なし	動いて覚える
123		3	男	13	なし	アクセントの部分で動いて覚える
123		4	女	13	なし	CD で音を流しながら覚える
123		5	男	13	なし	想像して覚える
123		6	女	13	なし	状況を考えながら覚える
124	1	1	男	13	なし	話を聞いている
124		2	女	13	なし	話を聞いている
124		3	男	13	なし	カメラを見せている
126	1	1	女	13	アリス	ワンダーランドに落ちる
127	1	1	女	13	アリス	ハンプティダンプティに出会う
127		2	男	不明	ハンプティダンプティ	大きな卵、塀の上にいる
128	1	1	男	不明	ハンプティダンプティ	怒る
128		2	女	13	アリス	ハンプティダンプティをからかう
129	1	1	女	13	なし	自己紹介している
129	3	1	男	13	なし	寝ている
129	4	1	男	13	なし	眠そうにしている、青色のパジャマ
129	5	1	男	13	なし	足を伸ばしている
129	7	1	男	13	なし	鉛筆を持っている
129	9	1	男	13	なし	逆立ちしている
129	12	1	女	13	なし	英語の歌を歌っている
129	15	1	女	13	なし	ピンクの服
129		2	男	13	なし	緑の服
129		3	男	13	なし	青い服
129		4	女	13	なし	黄色の服
129	16	1	男	13	なし	笑顔でいる
129		2	女	13	なし	笑顔でいる
129		3	男	13	なし	笑顔でいる
129		4	女	13	なし	笑顔でいる
129	17	1	男	13	なし	走っている
133	1	1	男	60	なし	本棚について話している
133		2	男	60	なし	本棚について話している
136	1	1	男	13	なし	喉を指で押さえている
137	1	1	女	13	なし	早口言葉を言っている
137		2	男	13	なし	早口言葉を言っている

138	1	1	男	13	なし	勉強している
142	1	1	女	13	なし	手紙を書いている
142	2	2	女	13	なし	ピンクの服を着ている
142	3	3	女	13	なし	ピンクの服を着ている
143	1	1	男	13	なし	会話をしている
143	1	2	女	13	なし	会話をしている
143	2	1	男	13	なし	会話をしている
143	2	2	女	13	なし	会話をしている
143	3	1	男	13	なし	口を閉じている
143	4	1	男	10	なし	口を閉じている
144	1	1	男	13	なし	勉強している
144	3	1	男	13	なし	青い服を着ている
145	3	1	女	13	なし	三つ編みをしている
145	3	2	男	13	なし	指を指している
145	3	3	男	50	なし	裸の王様
145	3	4	男	40	なし	従者
145	4	2	男	30	なし	コートを着ている
145	5	1	男	25	なし	王子様
145	5	2	女	20	なし	シンデレラ
145	6	1	男	15	なし	桃太郎
145	7	1	男	25	なし	リーゼント
145	7	2	女	不明	なし	人魚
145	7	3	女	不明	なし	人魚
145	7	4	女	不明	なし	人魚
145	9	2	男	70	なし	浦島太郎
149	5	1	男	13	なし	サッカーをしている
149	6	1	女	13	なし	習字をしている
149	7	1	女	13	なし	本を読んでいる
150	1	1	男	13	入学式	制服を着ている
150	1	2	女	13	入学式	制服を着ている
150	1	3	女	13	入学式	制服を着ている
150	2	1	女	13	合唱コンテスト	指揮をしている
150	2	2	女	13	合唱コンテスト	合唱している
150	2	3	男	13	合唱コンテスト	合唱している
150	2	4	女	13	合唱コンテスト	合唱している
150	2	5	女	13	合唱コンテスト	合唱している
150	2	6	男	13	合唱コンテスト	合唱している
150	2	7	女	13	合唱コンテスト	合唱している
150	2	8	女	13	合唱コンテスト	合唱している

150	2	9	男	13	合唱コンテスト	合唱している
150	2	10	男	13	合唱コンテスト	合唱している
150	3	1	男	15	修学旅行	金閣寺を見ている
150	3	2	女	15	修学旅行	制服を着ている
150	3	3	女	15	修学旅行	制服を着ている
150	4	1	男	13	体育際	走っている
150	4	2	女	13	体育際	走っている
150	4	3	男	13	体育際	走っている
150	5	1	女	13	なし	伸びをしている
150	6	1	男	13	なし	お皿を洗っている
150	7	1	男	13	なし	本を読んでいる
150	8	1	女	13	なし	バーベキューをしている
150	8	2	女	13	なし	バーベキューをしている
151	1	1	女	13	なし	魚を鑑賞している
151	3	1	男	不明	ひな人形	お内裏様
151	3	2	女	不明	ひな人形	お雛様
裏表紙2	1	1	男	30	なし	金髪　目が青い　鼻が高い
裏表紙2	1	2	男	13	なし	机に座っている
裏表紙2	2	1	男	13	なし	頬杖をついている
裏表紙2	3	1	不明	13	なし	ペンギン
裏表紙2	4	1	男	13	なし	グローブを付けている
裏表紙2	4	2	女	13	なし	楽器を持っている
裏表紙2	4	3	男	13	なし	ボールを回している
裏表紙2	5	1	女	13	なし	三つ編み　眼鏡
裏表紙2	5	2	男	13	なし	文章を書いている

New Horizon English Course Ⅰ

頁数	写真番号	人物番号	性別	年齢	教科書説明	特徴
表紙1	1	1	女	20		舟に乗る、赤リュック
表紙1	1	2	男	30		舟に乗る、青ボーダーシャツ、白カバン
表紙2	1	1	男	13	日本人	普段着
表紙2	1	2	女	13	日本人	普段着
表紙2	1	3	男	13	日本人	普段着
表紙2	1	4	女	13	日本人	普段着
表紙2	1	5	男	13	日本人	普段着

表紙2	1	6	女	13	日本人	普段着
表紙2	2	1	女	13	韓国人	民族服
表紙2	2	2	男	13	韓国人	民族服
表紙2	3	1	女	13	フランス人	民族服
表紙2	3	2	男	13	フランス人	民族服
表紙2	4	1	女	13	スペイン人	民族服
表紙2	4	2	男	13	スペイン人	民族服
表紙2	5	1	女	13	ドイツ人	民族服
表紙2	5	2	男	13	ドイツ人	民族服
表紙3	1	1	女	13	中国人	民族服
表紙3	1	2	男	13	中国人	民族服
表紙3	1	3	女	13	中国人	民族服
表紙3	2	1	女	13	アメリカ人	普段着
表紙3	2	2	女	13	アメリカ人	普段着
表紙3	2	3	男	13	アメリカ人	普段着
表紙3	3	1	女	13	ロシア人	民族服
表紙3	3	2	男	13	ロシア人	民族服
表紙3	3	3	女	13	ロシア人	民族服
表紙3	4	1	女	13		民族服
表紙3	4	2	女	13		民族服
表紙3	5	1	男	13		民族服
表紙3	5	2	男	13		民族服
表紙3	6	1	女	13		民族服
1	1	1	不明	20		舟に乗る
1	1	2	不明	30		舟に乗る
4	1	1	女	13		朝の挨拶
4	1	2	男	30		朝の挨拶
4	2	1	女	13		昼の挨拶
4	2	2	女	30		昼の挨拶
4	3	1	女	13		夕方の挨拶
4	3	2	男	60		夕方の挨拶
4	4	1	男	40		就寝前の挨拶
4	4	2	女	40		就寝前の挨拶
4	4	3	女	13		就寝前の挨拶
4	5	1	女	13	Jill	
4	5	2	男	13	Takashi	
4	6	1	女	13	fine	自分の状態・気持ちを表現する
4	6	2	女	13	ok	自分の状態・気持ちを表現する
4	6	3	女	13	happy	自分の状態・気持ちを表現する

4	6	4	女	13	sleepy	自分の状態・気持ちを表現する
4	6	5	女	13	hungry	自分の状態・気持ちを表現する
4	6	6	女	13	tired	自分の状態・気持ちを表現する
5	1	1	女	13	Stand up	席を立つ
5	2	1	男	13	Sit down.	席に座る
5	3	1	女	13	Raise your hand.	手を挙げる
5	4	1	男	13	Open your book to page four.	教科書を開く
5	5	1	女	13	Close your book.	本を閉じる
5	6	1	女	30	Look at this picture.	写真を指差す
5	7	1	女	30	Listen to the cd.	ラジカセを鳴らす
5	8	1	女	30	Repeat after me.	教科書を手に持つ
5	9	1	男	13	Let's read together.	教科書を音読する
5	9	2	女	13	Let's read together.	教科書を音読する
5	10	1	男	13	Write this down.	授業を聞く
5	10	2	女	30	Write this down.	説明をする
5	10	3	女	13	Write this down.	授業を聞く
5	11	1	女	30	Quiet, please.	手を口に当てる
5	11	2	女	13	Quiet, please.	先生の方を見る
5	11	3	男	13	Quiet, please.	先生の方を見る
5	12	1	女	30	Say that again.	生徒に話しかける
5	12	2	女	13	Say that again.	先生の方を見る
5	12	3	男	13	Say that again.	先生の方を見る
5	13	1	女	30	Pardon me?	生徒の方を見る
5	13	2	女	13	Pardon me?	先生に話しかける
5	13	3	男	13	Pardon me?	先生に話しかける
5	14	1	女	30	Excuse me.	生徒の方を見る
5	14	2	男	13	Excuse me.	先生に話しかける
5	15	1	女	30	What's noto in English?	生徒の方を見る
5	15	2	男	13	What's noto in English?	先生に話しかける
6	1	1	女	30		テラスで PC を打つ
6	1	2	男	13		テラスでケーキを食べる
6	1	3	女	13		テラスでアイスを食べる
6	1	4	男	13		テラスでサンドイッチを食べる
6	1	5	女	13		テラスでジュースを飲む
6	1	6	女	30		恋人同士
6	1	7	男	30		恋人同士
6	1	8	男	40		家族連れ
6	1	9	女	10		家族連れ
6	1	10	女	15		家族連れ

6	1	11	女	30		
6	1	12	女	10		
6	1	13	女	50		
6	1	14	男	20		犬を散歩する
7	1	1	男	30		バスの運転手
7	1	2	女	13		自転車に乗る
7	1	3	男	30		ホテルでテレビを見る
7	1	4	男	30		スーパーで買い物をする
9	1	1	男	20	1月 January	和服を着る
9	1	2	女	20	1月 January	和服を着る
9	2	1	男	20	2月 February	豆まきをする
9	2	2	男	10	2月 February	豆まきをする
9	2	3	女	20	2月 February	豆まきをする
9	3	1	女	20	3月 March	着物を着る
9	3	2	男	10	3月 March	お菓子を食べる
9	4	1	女	20	4月 April	花見をする
9	4	2	男	10	4月 April	花見をする
9	4	3	男	20	4月 April	花見をする
9	4	4	女	8	4月 April	花見をする
9	5	1	男	10	5月 May	鯉のぼりを見る
9	5	2	女	20	5月 May	鯉のぼりを見る
9	6	1	女	20	6月 June	紫陽花を見る
9	6	2	男	20	6月 June	紫陽花を見る
9	7	1	女	20	7月 July	海で泳ぐ
9	7	2	男	20	7月 July	海で泳ぐ
9	8	1	男	20	8月 August	夏祭りを楽しむ
9	8	2	男	10	8月 August	夏祭りを楽しむ
9	8	3	女	20	8月 August	夏祭りを楽しむ
9	9	1	女	20	9月 September	月見をする
9	9	2	男	10	9月 September	月見をする
9	10	1	女	20	10月 October	紅葉を見る
9	10	2	男	20	10月 October	紅葉を見る
9	11	1	女	7	11月 November	七五三に行く
9	11	2	女	3	11月 November	七五三に行く
9	11	3	男	5	11月 November	七五三に行く
9	11	4	女	20	11月 November	七五三に行く
9	12	1	男	20	12月 December	年末の買い物をする
9	12	2	女	20	12月 December	年末の買い物をする
10	1	1	女	13		ギターを弾く

10	2	1	男	13		野球をする
10	3	1	女	13		サッカーをする
10	4	1	男	13		テニスをする
10	5	1	男	13		バスケットボールをする
10	6	1	女	13		バドミントンをする
10	7	1	男	13		リコーダーを吹く
10	8	1	男	13		けん玉をする
10	8	2	女	13		けん玉をする
10	9	1	女	13		ピアノを弾く
11	1	1	女	13	安藤咲	柔道部
11	1	2	男	13	伊藤光太	サッカー部
11	1	3	女	13	Deepa Mitra	インド出身、音楽好き、バンドをやっている
11	1	4	男	13	Alex Green	カナダ出身、日本文化に興味あり、「元気」のTシャツ
11	1	5	男	20	安藤春樹	咲の兄、オーストラリアの大学に通っている
11	1	6	女	20	伊藤絵美	光太の姉、ロンドンで働いている
11	1	7	男	25	Mike Baker	Ellen の弟、日本の中華料理店で働いている
11	1	8	女	30	Ellen Baker	ALT、ボストン出身
11	1	9	女	13	Becky Jones	オーストラリア出身、緑中文化部
11	1	10	男	40	Paulo Fernandes	ブラジル出身、緑中サッカー部のコーチ
11	1	11	女	30	Mary Brown	Ellen の友人、ボストン在住
13	1	1	男	13	quiz	クイズに回答する
13	1	2	男	13	quiz	クイズに回答する
13	2	1	男	13	soccer	サッカーをする
13	3	1	男	13	tennis	テニスをする
13	4	1	男	13	zoo	動物を見る
13	4	2	男	13	zoo	動物を見る
13	4	3	男	13	zoo	動物を見る
13	4	4	男	13	zoo	動物を見る
14	1	1	男	13		サッカーをする
14	2	1	女	13	OK	
14	3	1	男	13	uniform	制服を着る
14	3	2	女	13	uniform	制服を着る
15	1	1	男	13	song	歌を歌う
15	2	1	男	13	time	時計を見る
15	3	1	男	13	baseball	野球をする
15	4	1	男	13	basketball	バスケットボールをする
15	5	1	男	13	restaurant	注文する
15	5	2	男	13	restaurant	注文する

15	5	3	男	13	restaurant	メニューを見せる
17	1	1	男	13	quiz	クイズに回答する
17	1	2	男	13	quiz	クイズに回答する
17	2	1	男	13	soccer	サッカーをする
17	3	1	男	13	tennis	テニスをする
17	4	1	男	13	zoo	動物を見る
17	4	2	男	13	zoo	動物を見る
17	4	3	男	13	zoo	動物を見る
17	4	4	男	13	zoo	動物を見る
18	1	1	女	13	安藤咲	ピンクのTシャツ
18	2	1	男	13	伊藤光太	白のTシャツ、肩袖はオレンジ
18	3	1	女	13	Deepa Mitra	うす黄色Tシャツ
18	4	1	男	13	Alex Green	白Tシャツ
19	1	1	女	30	Ellen Baker	白ブラウス・ブルーカーディガン、片目ウインク
19	2	1	女	13	Becky Jones	片目ウインク
19	3	1	男	40	Paulo Fernandes	アフロ、口ひげもじゃ
20	1	1	女	30	カーペンターズ	楽器の演奏をする
20	1	2	男	30	カーペンターズ	楽器の演奏をする
20	1	3	女	30	カーペンターズ	歌を歌う、ピンクひらひらドレス
20	1	4	男	30	カーペンターズ	楽器の演奏をする
21	1	1	男	30	ビートルズ	楽器の演奏をする
21	1	2	男	30	ビートルズ	楽器の演奏をする
21	1	3	男	30	ビートルズ	楽器の演奏をする
21	1	4	男	30	ビートルズ	歌を歌う
22	1	1	女	30	Ellen Baker 先生	授業をする
22	1	2	女	13		先生の方を見る
22	1	3	男	13		先生の方を見る
22	1	4	女	13		先生の方を見る
24	1	1	女	30	Ellen Baker 先生	生徒に話す
24	1	2	女	13	咲	先生の方を見る
25	1	1	女	13	Lily Parker	白エリ薄グリーン
25	2	1	男	13	Suzuki Satoshi	オレンジ・白ボーダー
25	3	1	女	13	Tachibana Yurika	白エリ・濃いグリーン
25	4	1	女	13	Yurika	生徒同士で話す
25	4	2	男	13	Peter	生徒同士で話す
26	1	1	男	13	光太	先生に話す
26	1	2	女	30	Ellen Baker 先生	生徒に話す
26	1	3	男	13	光太	先生に話す
26	1	4	女	30	Ellen Baker 先生	生徒に話す

27	1	1	女	13	Lily	生徒同士で話す
27	1	2	男	13	智志	生徒同士で話す
30	1	1	女	13	咲	先生に話す、ペンを差し出す
30	1	2	女	30	Ellen Baker 先生	生徒に話す
30	1	3	女	13	咲	先生に話す、ペンを差し出す
30	1	4	女	30	Ellen Baker 先生	生徒に話す、ペンを受け取る
31	1	1	女	13	Lily	生徒同士で話す
31	1	2	男	13	智志	生徒同士で話す
31	2	1	男	13	Peter	傘立てに傘をしまう
31	2	2	女	13	Yurika	傘立てに傘をしまう
32	1	1	女	13	咲	先生に話す
32	1	2	女	30	Ellen Baker 先生	生徒に話す
32	2	1	女	30	Ellen Baker 先生	生徒に話す
32	2	2	女	13	咲	先生に話す
33	1	1	男	13	智志	黒板に絵を書く
33	1	2	女	13	Lily	黒板に絵を書く
34	1	1	女	30	Ellen Baker 先生	生徒の方を見る
34	1	2	女	13	咲	肩を叩く
34	1	3	男	13	Alex Green	T シャツを持つ
35	1	1	男	13	Peter	写真の中
35	2	1	男	13	智志	写真の中、野球帽、メガホンを持つ
35	3	1	女	13	百合香	写真の中、ラケットを持つ
35	4	1	男	13	卓也	生徒同士で話す
35	4	2	男	13	智志	生徒同士で話す
35	4	3	女	13	Lily	生徒同士で話す
38	1	1	女	40	インド人	パソコンを見せる、胸の空いた服
38	1	2	男	40	インド人	パソコンを見る、ジャケット
38	2	1	女	13	Deepa Mitra	自己紹介をする
39	1	1	男	13		野球をする
39	2	1	女	13		テニスをする
39	3	1	男	13		バスケットボールをする
39	4	1	男	13	卓也	自己紹介をする
39	5	1	男	13	Peter	自己紹介をする
40	1	1	女	13	咲	ギターを見る
40	1	2	女	13	Deepa Mitra	ギターを持つ
41	1	1	男	13	Peter	ギターを持つ
41	2	1	男	13	Peter	バイオリンを弾く、タキシード
41	3	1	男	13	Peter	ピアノが弾けない
41	4	1	男	13	Peter	ギターを弾く

41	4	2	女	13	百合香	そばに立って話しかける
42	1	1	男	13	光太	サッカーをする
42	2	1	女	13	咲の相手	柔道をする
42	2	2	女	13	咲	柔道をする
43	1	1	男	13	Peter	授業で手を挙げる
43	1	2	男	13	智志	授業で手を挙げる
43	1	3	女	13	Lily	授業で手を挙げる
43	1	4	女	13	百合香	授業で手を挙げる
43	1	5	女	30	White 先生	生徒の方を見る
45	1	1	男	20		音楽学校へ入る
45	1	2	女	20		音楽学校へ入る
45	1	3	男	20		音楽学校へ入る
46	1	1	女	30	店員	買い物袋を手渡す
46	1	2	男	13	Alex Green	買い物をする
48	1	1	女	30	Baker 先生	写真を指差す
48	1	2	男	13	光太	写真を見る
50	1	1	女	30	Baker 先生	ドギーバッグを指差す
50	1	2	女	13	咲	ドギーバッグに食べ物をつめる
50	1	3	男	13	光太	ドギーバッグを見る
50	1	4	女	13	Deepa Mitra	ドギーバッグに食べ物をつめる
50	1	5	男	13	Alex Green	ドギーバッグを指差す
51	1	1	女	13	Lily	立って同級生を見る
51	1	2	女	13	百合香	ラケットを2本持つ
51	2	1	男	13	Peter	立って同級生を見る
51	2	2	男	13	智志	傘を2本持つ
51	3	1	女	13	百合香	座って同級生を見る
51	3	2	男	13	卓也	CD を持つ
51	4	1	女	13	百合香	服がピンクに変わる、Lily と話す
51	4	2	女	13	Lily	服がブルーに変わる、百合香と話す
51	5	1	男	13	Peter	ギターを弾く
51	5	2	男	13	智志	ギターを弾くピーターの横に立ち話しかける
54	1	1	男	13		英語の本を持つ
54	2	1	女	13		バレーボールをする
58	1	1	男	13	光太、文化祭	カレーを作る、ハチマキと青いハッピ
58	1	2	女	13	Deepa Mitra	カレーの鍋を覗き込む、不思議に思っている
60	1	1	男	13	光太	どや顔
60	1	2	女	13	Deepa Mitra	カレーを食べる、おいしい顔
61	1	1	男	13	智志	英語の本を持つ
61	2	1	女	13	Lily	日本語の本を持つ

61	3	1	女	13	百合香	柔道着を着る
61	4	1	男	13	Peter	ゲームソフトを持つ
62	1	1	女	13	ベッキー	料理を指差し、ウインク、ヘアバンド、
63	1	1	男	13	智志	友達同士で話す
63	1	2	女	13	Lily	友達同士で話す
64	1	1	男	40	エリカの父（アメリカ人）	薬を持ってくる、ひげもじゃ実写
65	1	1	女	13	エリカ（父はアメリカ人）	体調が悪そう実写
66	1	1	女	13	咲	写真を見せる
66	2	1	男	20	咲の兄	ギターを弾く
66	3	1	男	20	咲の兄	タブレットを持つ
66	4	1	男	20	咲の兄	ミルクを飲む
66	5	1	男	20	オーストラリア人	日本語を教わる
66	5	2	男	20	咲の兄	日本語を教える
67	1	1	女	13	百合香	テニスをする
67	2	1	男	13	智志	野球をする
67	3	1	男	13	卓也	ギターを見る
67	4	1	男	13	Peter	写真を見せる
68	1	1	男	20	春樹	サーフィンをする
69	1	1	女	13	Lily	テニスをする
69	1	2	女	13	Lily	バスケットボールをする
69	2	1	男	13	智志	サッカーはしない
69	3	1	女	30	Ann	朝食を食べる
70	1	1	女	13	ベッキー	動物を指差す
70	2	1	女	10	ベッキーの妹	絵を描く
71	1	1	女	13		バイオリンを弾く
71	1	2	男	13		バイオリンを弾く
71	1	3	女	30	Ann（音楽の先生）	バイオリンを弾く・バイオリンを教える
71	2	1	男	13	Peter	テレビゲームをする
71	3	1	男	13	智志	野球をする
71	4	1	女	30	Ann が弟 Peter の写真を見せる	写真を見せる
72	1	1	女	13	エリカ（父はアメリカ人）実写	電話で話す
72	2	1	女	13	エリカ 実写	電話で話す
72	2	2	男	13	ユンホ（韓国人）実写	電話で話す
72	3	1	男	13	光太	電話で話す
72	3	2	女	13	Deepa Mitra	電話で話す
72	4	1	女	13	咲	電話で話す
72	4	2	男	13	Alex Green	電話で話す
73	1	1	男	13	ユンホ（韓国人）	電話で話す
74	1	1	女	13	人称の説明、「わたし」	ツインテール

74	2	1	男	13	人称の説明、「あなた」	ブルー　Tシャツ
75	1	1	女	13	Emma	もしゃもしゃツインテール
75	2	1	男	13	Andy	マル眼鏡
76	1	1	男	13	光太	写真を見る
76	1	2	男	40	Paulo ブラジル人	写真を指差す、黄色とグリーンのトレーニングウエア
76	2	1	女	13	Paulo の娘、Maria、ブラジル人	サッカーボールを持つ
77	1	1	男	13	Peter	ゲームソフトを持つ
77	2	1	女	13	Lily	箸を持つ
77	3	1	男	13	智志	野球をする
80	1	1	男	40	Paulo	家のソファーに座って、娘と話す
80	1	2	女	13	Maria	家のソファーに座って、親と話す
80	2	1	女	30	アメリカ女子サッカー試合	仲間と抱き合う
80	2	2	女	30	アメリカ女子サッカー試合	仲間と抱き合う
80	2	3	女	30	アメリカ女子サッカー試合	仲間と抱き合う
81	1	1	女	30	Anne	朝食を取る
81	2	1	男	13	卓也	バスケットボールをする
81	3	1	女	40	Peter の母	子供と話す
81	3	2	男	13	Peter	親と話す
82	1	1	女	13	エリカ実写	バースデーカードを書く
84	1	1	男	13	光太	探し物をする
84	1	2	女	20	Deepa Mitra	指摘をする
86	1	1	女	20	ジェーン	スカイプで話す
86	1	2	女	20	絵美	スカイプで話す
86	2	1	女	20	ジェーン	スカイプで話す
86	2	2	女	20	絵美	スカイプで話す
86	2	3	男	13	光太	スカイプで話す
88	1	1	男	13	光太	スカイプで話す
88	1	2	女	20	じぇーん	スカイプで話す
88	1	3	女	13	咲	スカイプで話す
89	1	1	女	13	百合香	ラケットバックを持つ
89	2	1	男	13	Peter	ギターバックを持つ
89	3	1	男	13	智志	野球の道具を持つ
89	4	1	女	20	写真問題	白シャツ、黒犬の散歩をする
89	4	2	男	20		白シャツ、白犬の散歩をする
89	5	1	女	20		黒シャツ、白犬の散歩をする
89	5	2	男	20		黒シャツ、黒犬の散歩をする
89	6	1	女	20		犬の散歩をする
89	6	2	男	20		犬の散歩をする

90	1	1	女	13	エリカ実写	チェックシャツ、キーボードを打つ
90	1	2	男	13	ユンホ実写	黒シャツ、パソコンの画面を指差す
94	1	1	女	30	Baker 先生	ビデオを撮る
94	1	2	男	13	光太	水を飲む
94	1	3	男	25	マイク（Baker 先生の弟）	ホールスタッフをする
94	1	4	女	13	Deepa Mitra	調理しているのを見る
94	1	5	男	13	Alex Green	メニューを見る
94	1	6	男	30	料理人	調理をする
94	1	7	女	13	咲	メニューを見る
95	1	1	男	13	Peter	ギターを弾く
95	2	1	女	13	Lily	朝食を取る
95	3	1	女	40	Peter の母	テレビを見る
95	3	2	男	13	Peter	テレビを見る
95	4	1	女	15	リスニング問題	本を読む
95	4	2	女	40		食事をする
95	4	3	男	40		食事をする
95	4	4	男	13		ギターを弾く
95	4	5	女	20		ランニングをする
96	1	1	男	30		変面（中国の伝統芸能）の格好をする
96	2	1	男	30		変面（中国の伝統芸能）の格好をする
96	3	1	男	30		変面（中国の伝統芸能）の格好をする
96	3	2	男	13	Alex Green	変面を見る
96	3	3	男	20		変面を見る
96	3	4	女	13	Deepa Mitra	変面を見る
96	3	5	女	30	Baker 先生	変面を見る
96	3	6	男	20		カメラを持つ
96	3	7	男	13	光太	タブレットを持つ
96	3	8	女	13		変面を見る
96	3	9	男	25	Mike	腕組みをする
96	3	10	女	13	咲	変面を見る
96	3	11	男	20		変面を見る
97	1	1	男	13	卓也	バスケットボールをする
97	2	1	女	13	Lily	カメラを持つ
97	3	1	男	13	Peter	歌を歌う
97	4	1	女	13	百合香	公園で話す
97	4	2	男	13	Peter	公園で話す
98	1	1	男	25	Mike	紙を持つ
98	1	2	男	13	光太	紙を見る
99	1	1	女	30	病院の看護師	廊下を歩く

100	1	1	男	50	旅行者実写	地図を持ち、道を尋ねる
100	2	1	男	50	旅行者風	後ろ姿
100	2	2	女	13	エリカ風	指さし案内する後ろ姿
101	1	1	女	13	エリカ	指さし道案内をする実写
104	1	1	男	13	慎	登校する、青シャツ
104	2	1	男	13	友人	食事をする、黄色シャツ
104	2	2	男	13	慎	食事をする、青シャツ
104	3	1	男	13	慎	サッカーをする、オレンジユニフォーム
104	4	1	男	13	慎	勉強する、青シャツ
107	1	1	女	13	百合香	テニスをする
107	1	2	男	13	智志	テニスをする
107	2	1	男	13	Peter	ご飯を食べる
107	2	2	女	40	Ann	ご飯を食べる
107	3	1	女	13	Lily	標識を指さす、漢字が読めない
107	3	2	女	40	Ms White 先生	標識を見る
107	4	1	女	40	リスニング問題	スキーをする
107	5	1	女	40		スケートをする
107	6	1	女	40		スノーボードをする
108	1	1	女	13	咲	タブレットを見る
108	1	2	女	30	Baker 先生の友人、Brown さん	タブレットを持つ
109	1	1	男	13	智志	カレーを作る
109	2	1	女	13	Lily	スイミングをする
109	3	1	男	13	Peter	耳をふさぐ
109	3	2	男	13	智志	耳をふさぐ
109	3	3	男	13	卓也	歌を歌う
109	4	1	女	13	Lily	智志のけん玉を見て、手をたたく
109	4	2	女	13	百合香	智志のけん玉を見て、手をたたく
109	4	3	男	13	智志	けん玉をする
111	1	1	男	13	智志	砂浜に海パンで立つ
111	2	1	女	13	Lily	スケートをする
111	3	1	女	13		映画に誘う
111	3	2	女	13	百合香	映画に誘われる
111	4	1	男	30	Peter	東京スカイツリーをタブレットで撮る
111	4	2	女	30	Ann	東京スカイツリーを撮る Peter を待つ
112	1	1	女	13	エリカ	父親を呼ぶ
113	1	1	男	40	エリカの父（アメリカ人）	料理をする
116	1	1	女	30	Baker 先生の友人	手を合わせる、ブルーの着物
116	1	2	女	30	Baker 先生	神社の鐘を鳴らす、ピンクの着物
117	1	1	女	13	百合香	テニスをする

117	2	1	男	13	Peter	テレビを見る
117	3	1	男	13	智志	料理をする
117	4	1	女	13	Lily	友達と話す
117	4	2	男	13	智志	友達と話す
118	1	1	男	40	Paulo	集合写真に写る
118	1	2	男	13	サッカー部メンバー	集合写真に写る
118	1	3	男	13	−60	集合写真に写る
118	1	4	男	13	キャプテン	松葉杖をつく
118	1	5	男	13	−60	集合写真に写る
118	1	6	男	13	−60	集合写真に写る
118	1	7	男	13	−60	集合写真に写る
118	1	8	男	13	−60	集合写真に写る
118	1	9	男	13	−60	集合写真に写る
118	1	10	男	13	−60	集合写真に写る
118	1	11	男	13	−60	集合写真に写る
118	1	12	男	13	−60	集合写真に写る
118	1	13	男	13	−60	集合写真に写る
119	1	1	女	30		起床する
119	2	1	女	30		駅に向かって歩く
119	3	1	女	30		帰宅する
120	1	1	女	13	咲	先生と話す
120	1	2	女	30	Baker 先生	生徒と話す
121	1	1	女	20		朝食をとる
121	2	1	男	20		テレビを見る
121	3	1	男	20		起床する
121	4	1	男	13	蝶ネクタイ	パーティーで乾杯する
121	4	2	男	13	蝶ネクタイ	パーティーで乾杯する
121	4	3	男	13	Peter、蝶ネクタイ	パーティーで乾杯する
121	4	4	女	13	ピンクドレス	パーティーで乾杯する
121	4	5	女	13	青ドレス	パーティーで乾杯する
121	5	1	男	13	Peter	湯船につかる
121	6	1	男	13	Peter	就寝する
121	7	1	男	13	Peter	夜景を見る
121	7	2	女	20	Ann	夜景を見る
121	8	1	男	20	Peter	シャワーを浴びる
121	9	1	男	20	Peter	勉強をする
122	1	1	男	13	エリカ	写真を撮る
122	2	1	女	40	エリカ母	写真に写る
122	3	1	女	40	エリカ父	写真に写る

125	1	1	女	20	ジョニー	エアーズロックを見る
125	2	1	男	20	ジョニー	カンガルーを見る
125	3	1	男	20	ジョニー	テニスをする
125	4	1	男	20	ジョニー	ラグビー観戦をする
125	5	1	男	20	ジョニー	サーフィンをする
125	6	1	女	20	店員	客の対応をする
125	6	2	女	20	ジョニー	チョコレートを購入する
127	1	1	女	13		リレーで走る
127	1	2	女	13		リレーで走る
128	1	1	男	30	物語のハンター	銃を肩に担ぐ
128	1	2	男	30	物語のハンター	銃を肩に担ぐ
128	2	1	男	30	物語のハンター	コートをかける
128	2	2	男	30	物語のハンター	コートをかける
128	3	1	男	30	物語のハンター	ビンを手に取る
128	3	2	男	30	物語のハンター	ビンを手に取る
129	1	1	男	30	物語のハンター	驚く
129	1	2	男	30	物語のハンター	驚く
142	1	1	男	20	history	武士の格好をする
142	1	2	女	20	history	十二単を着る
142	2	1	女	13	health and physical education	体側服を着る
142	2	2	男	13	health and physical education	柔道着を着る
142	3	1	男	40	English	英語の授業をする
142	3	2	男	13	English	先生の方を見る
142	3	3	男	13	English	先生の方を見る
142	3	4	女	13	English	先生の方を見る
142	4	1	女	13	moral education	ハートを手に持つ
142	4	2	男	13	moral education	ハートを手に持つ
143	1	1	女	40	entrance ceremony	娘と写真に写る
143	1	2	女	13	entrance ceremony	母親と写真に写る
143	2	1	男	13	opening ceremony	体育座りをする
143	2	2	女	13	opening ceremony	体育座りをする
143	2	3	男	13	opening ceremony	体育座りをする
143	2	4	女	13	opening ceremony	体育座りをする
143	2	5	男	13	opening ceremony	体育座りをする
143	2	6	女	13	opening ceremony	体育座りをする
143	2	7	男	13	opening ceremony	体育座りをする
143	2	8	女	13	opening ceremony	体育座りをする
143	2	9	女	30	opening ceremony	生徒に向かって話をする
143	3	1	男	13	sports day	徒競走に出る

143	3	2	男	13	sports day	徒競走に出る
143	3	3	男	13	sports day	徒競走に出る
143	4	1	女	15	school festival	焼きそばを渡す
143	4	2	男	10	school festival	焼きそばをもらう
143	4	3	女	15	school festival	焼きそばの列に並ぶ
143	4	4	男	15	school festival	お化けの仮装をする
143	5	1	男	13	fire drill	列を作って移動する
143	5	2	女	13	fire drill	列を作って移動する
143	5	3	男	13	fire drill	列を作って移動する
143	6	1	女	13	school trip	集合写真に写る
143	6	2	男	13	school trip	集合写真に写る
143	6	3	女	13	school trip	集合写真に写る
143	6	4	男	13	school trip	集合写真に写る
143	6	5	女	13	school trip	集合写真に写る
143	7	1	男	13	closing ceremony	通知表をもらう
143	7	2	女	30	closing ceremony	通知表を渡す
143	8	1	男	13	summer vacation	海に潜る
143	8	2	男	13	summer vacation	海に潜る
143	9	1	女	13	winter vacation	スキーをする
143	9	2	男	13	winter vacation	スキーをする
143	9	3	男	13	winter vacation	スキーをする
143	9	4	女	13	winter vacation	スキーをする
143	10	1	女	13	graduation ceremony	写真に写る
143	10	2	女	13	graduation ceremony	写真に写る
143	10	3	女	13	graduation ceremony	写真に写る
144	1	1	女	13	wake up	目覚める
144	2	1	女	13	get up	起床する
144	3	1	女	13	wash my face	顔を洗う
144	4	1	女	13	comb my hair	髪をとかす
144	5	1	女	13	get dressed	服を着る
144	6	1	男	13	get to school	登校する
144	6	2	女	13	get to school	登校する
144	6	3	男	13	get to school	登校する
144	7	1	女	13	enter the classroom	教室に入る
144	7	2	女	13	enter the classroom	教室に入る
144	7	3	男	13	enter the classroom	教室に入る
144	8	1	女	13	listen to the teacher	先生の方を見る
144	8	2	女	13	listen to the teacher	生徒に向かって話をする
144	9	1	女	13	raise my hand	手を挙げる

144	10	1	女	30	ask a question	生徒の方を見る
144	10	2	男	13	ask a question	先生の方を見る
144	10	3	女	13	ask a question	質問をする
144	11	1	男	13	get home	帰宅する
144	12	1	男	13	do my homework	宿題をする
144	13	1	男	13	help out in the kitchen	料理をする
144	13	2	男	40	help out in the kitchen	料理をする
144	14	1	女	40	have a dinner	夕食を食べる
144	14	2	男	13	have a dinner	夕食を食べる
144	15	1	男	13	wash the dishes	皿を洗う
144	16	1	男	13	art club	絵を描く
144	16	2	男	13	art club	ポーズをとる
144	16	3	女	13	art club	絵を描く
144	17	1	男	13	astronomy club	望遠鏡をのぞく
144	18	1	女	13	badminton team	バドミントンをする
144	19	1	女	13	basketball team	バスケットボールをする
144	19	2	女	13	basketball team	バスケットボールをする
144	19	3	女	13	basketball team	バスケットボールをする
144	20	1	女	13	brass band	楽器を吹く
144	20	2	男	13	brass band	楽器を吹く
144	20	3	女	13	brass band	楽器を吹く
144	20	4	女	13	brass band	楽器を吹く
144	20	5	男	13	brass band	楽器を吹く
144	21	1	女	13	calligraphy club	書道をする
144	22	1	女	13	chorus	合唱する
144	22	2	女	13	chorus	合唱する
144	22	3	男	13	chorus	合唱する
144	22	4	男	13	chorus	合唱する
144	22	5	男	13	chorus	合唱する
144	23	1	女	13	dance team	ダンスをする
144	23	2	女	13	dance team	ダンスをする
144	23	3	女	13	dance team	ダンスをする
144	24	1	女	13	drama club	演技をする
144	24	2	男	13	drama club	演技をする
144	24	3	女	13	drama club	演技をする
144	24	4	男	13	drama club	演技をする
144	25	1	女	13	gymnastics team	体操競技をする
144	25	2	女	13	gymnastics team	体操競技をする
144	26	1	男	13	light music club	ギターを弾く

144	26	2	女	13	light music club	ドラムを叩く
144	26	3	女	13	light music club	ギターを弾く
144	27	1	男	13	newspaper club	カメラを持つ
144	27	2	女	13	newspaper club	取材を受ける
144	27	3	女	13	newspaper club	メモをとる
144	28	1	女	13	photography club	写真を撮る
144	28	2	男	13	photography club	写真を撮る
144	29	1	女	13	softball team	バットを持つ
144	29	2	女	13	softball team	ボールを投げる
144	30	1	男	13	table tennis team	卓球をする
144	31	1	女	13	tennis team	テニスをする
144	31	2	女	13	tennis team	テニスをする
144	32	1	女	13	track and field team	ハードルを越える
144	32	2	女	13	track and field team	ハードルを越える
144	33	3	女	13	volley ball team	バレーボールをする
144	33	4	女	13	volley ball team	バレーボールをする
145	1	1	女	13	have breakfast	朝食をとる
145	2	1	女	13	brush my teeth	歯を磨く
145	3	1	女	13	get ready for school	学校の準備をする
145	4	1	女	13	leave for school	家を出る
145	5	1	女	13	walk to school	学校まで歩く
145	5	2	男	13	walk to school	学校まで歩く
145	6	1	男	13	have lunch	昼食をとる
145	6	2	女	13	have lunch	昼食をとる
145	7	1	男	13	talk with my friends	友達と話す
145	7	2	女	13	talk with my friends	友達と話す
145	7	3	男	13	talk with my friends	友達と話す
145	8	1	男	13	clean our classroom	掃除をする
145	9	1	女	13	take part in club activities	バレーボールをする
145	9	2	女	13	take part in club activities	バレーボールをする
145	9	3	女	13	take part in club activities	バレーボールをする
145	9	4	女	13	take part in club activities	バレーボールをする
145	10	1	男	13	go home	学校を出る
145	10	2	女	13	go home	学校を出る
145	10	3	男	13	go home	学校を出る
145	11	1	男	13	watch TV	テレビを見る
145	11	2	女	13	watch TV	テレビを見る
145	12	1	女	13	listen to music	音楽を聴く
145	13	1	男	13	play a video game	テレビゲームをする

145	14	1	男	13	take a bath	風呂につかる
145	15	1	女	13	go to bed	就寝する
145	16	1	男	13	体	笑う
145	17	1	男	13	体	手を挙げる
148	1	1	女	13	girl	手を挙げる
148	2	1	男	13	boy	手を挙げる
149	1	1	女	13	OK	オックーのポーズをとる
149	2	1	男	13	uniform	制服を着る
149	2	2	女	13	uniform	制服を着る
149	3	1	男	30	giant	山より大きい
154	1	1	男	70	grandfather	ネクタイ、ピンクのセーター
154	1	2	男	70	grandmother	マル眼鏡、白エリ紫セーター
154	1	3	男	70	grandfather	マル眼鏡、側頭のみ頭髪
154	1	4	女	70	grandmother	白髪
154	1	5	男	40	father	青セーター
154	1	6	女	40	mother	赤タートル
154	1	7	男	45	uncle	ネクタイ、青スーツ
154	1	8	女	45	aunt	丸首シャツ
154	1	9	女	20	sister-in-law	ウエーブロングヘア
154	1	10	男	20	brother	オレンジタートル
154	1	11	女	13	I	黄色リボン制服
154	1	12	女	10	sister	ポニーテイル
154	1	13	女	15	cousin	制服
154	1	14	女	3	niece	ツインテイル
154	1	15	男	1	nephew	よだれかけ

著者紹介

編著者
石川　有香
名古屋工業大学教授。神戸大学大学院教育学研究科・広島女学院大学大学院言語文化研究科修了、博士（文学）。専門は英語教育学。主要業績として『英語教育と文化』（共編著、大修館書店、2010）、『言語研究と量的アプローチ』（共編著、金星堂、2016）他。

著者
相川　真佐夫
京都外国語短期大学教授。神戸大学大学院総合人間科学研究科修了、博士（学術）。専門は英語教育、外国語教育政策。主要業績として『世界の言語政策第3集 ― 多言語社会を生きる』（共著、くろしお出版、2010）、『国際的にみた外国語教員の養成』（共著、東信堂、2015）他。

石川　慎一郎
神戸大学教授。神戸大学大学院文学研究科・岡山大学大学院文化科学研究科修了、博士（文学）。専門は応用言語学。主要業績として『ベーシックコーパス言語学』（ひつじ書房、2012）、『ベーシック応用言語学：L2の習得・処理・学習・教授・評価』（ひつじ書房、2017）他。

江利川　春雄
和歌山大学教授。神戸大学大学院教育学研究科修了、博士（教育学）。専門は英語教育史。主要業績として『日本の外国語教育政策史』（ひつじ書房、2018 ＊日本英語教育史学会著作賞受賞）、『近代日本の英語科教育史』（東信堂、2006 ＊日本英学史学会豊田實賞受賞）他。

小林　直美
愛知工科大学准教授。武蔵大学大学院人文科学研究科修了、博士（社会学）。専門はメディアとジェンダー。主要業績として『テレビニュースの解剖学』（共著、新曜社、2008）、*Encoding the Olympics: The Beijing Olympic Games and the Communication Impact Worldwide*（共著、Routledge、2012）他。

原　隆幸

鹿児島大学准教授。杏林大学大学院国際協力研究科・明海大学大学院応用言語学研究科修了、博士（応用言語学）。専門は応用言語学、言語政策、英語教育学。主要業績として『言語と格差』（共編著、明石書店、2015）、「グローバル時代におけるマカオの言語教育」『言語と教育』（共著、明石書店、2017）他。

トニー・ブルース（Toni Bruce）

オークランド大学教授。イリノイ大学大学院修了、PhD（Kinesiology）。専門はスポーツ社会学、特にメディアにおけるジェンダー、民族、国籍、障碍の表象分析。主要業績として *Terra Ludus: A Novel about Media, Gender and Sport.* (Sense Publishers, 2016)他。

森住　衛

大阪大学・桜美林大学名誉教授。異言語教育を通してどのような言語観・人間観・文化観・世界観が育成されるかについて関心がある。主要業績として『単語の文化的意味』（三省堂、2004）、『外国語教育は英語だけでいいのか』（共編著、くろしお出版、2016）他。

矢野　円郁

神戸女学院大学准教授。慶應義塾大学大学院社会学研究科修了、博士（心理学）。専門は認知心理学。主要業績として『時間記憶の認知心理学 — 記憶における経過時間とその主観的感覚 — 』（ナカニシヤ出版、2010）他。

ジェンダーと英語教育 — 学際的アプローチ —

2020 年 3 月 27 日　初版第 1 刷発行

■編 著 者───石川有香
■発 行 者───佐藤　守
■発 行 所───株式会社 大学教育出版
　　　　　　　〒700-0953　岡山市南区西市 855-4
　　　　　　　電話（086）244-1268　FAX（086）246-0294
■印刷製本───モリモト印刷 ㈱

ISBN978 - 4 - 86692 - 081